新时代新理念职业教育教材 · 高速铁路系列
行业紧缺人才、关键岗位从业人员培训教材

高速铁路医护急救

(修订本)

主　编　崔庆科　奚树刚
副主编　赵春丽　王若男　陈乙菲　李冬莲　隋东旭
编　委　李晓辉　张鹏程　张扬菱　钱美加　刘占成

北京交通大学出版社
· 北京 ·

内 容 简 介

本书从高速铁路救护的概念入手，在介绍人体构造的基础上，系统分析了高速铁路旅客常见病情及应急处置的措施。本书共六个项目，分别为：高速铁路急救的认知、人体构造基础知识、高速铁路旅客常见病情及应急处置、铁路红十字药箱的配备及使用、列车应急抢救技术、铁路卫生防疫。本书图文并茂，实用性强。

本书适合作为应用型本科院校、高职高专院校、中等职业学校高速铁路类专业的教材，也可作为铁路企业的职工培训教材。

图书在版编目（CIP）数据

高速铁路医护急救 / 崔庆科，奚树刚主编．—北京：北京交通大学出版社，2018.8（2024.9 重印）

ISBN 978-7-5121-3715-8

Ⅰ.①高… Ⅱ.①崔… ②奚… Ⅲ.①高速铁路-铁路运输-救援 Ⅳ.①U298.6

中国版本图书馆 CIP 数据核字（2018）第 204347 号

高速铁路医护急救

GAOSU TIELU YIHU JIJIU

策划编辑：刘 辉　　责任编辑：刘 辉

出版发行：北京交通大学出版社　　电话：010-51686414　　http://www.bjtup.com.cn

地　　址：北京市海淀区高梁桥斜街 44 号　　邮编：100044

印 刷 者：北京鑫海金澳胶印有限公司

经　　销：全国新华书店

开　　本：185 mm×260 mm　　印张：13.25　　字数：264 千字

版　　次：2022 年 2 月第 1 版第 1 次修订　　2024 年 9 月第 6 次印刷

书　　号：ISBN 978-7-5121-3715-8 / U·330

定　　价：46.00 元

本书如有质量问题，请向北京交通大学出版社质监组反映。对您的意见和批评，我们表示欢迎和感谢。

投诉电话：010-51686043，51686008；传真：010-62225406；E-mail：press@bjtu.edu.cn。

前　　言

高速铁路医护急救是高速铁路类专业，尤其是高速铁路客运乘务专业的核心课程之一。基本的医护急救技能是高速铁路从业人员特别是高速铁路客运服务人员必备的技能之一。

本书从高速铁路救护的概念入手，在介绍人体构造的基础上，系统分析了高速铁路旅客常见病情及应急处置的措施。本书共六个项目，分别为：高速铁路急救的认知、人体构造基础知识、高速铁路旅客常见病情及应急处置、铁路红十字药箱的配备及使用、列车应急抢救技术、铁路卫生防疫。本书图文并茂，实用性强。

本书由崔庆科、奚树刚担任主编，赵春丽、王若男、陈乙菲、李冬莲、隋东旭担任副主编，具体编写分工如下：项目二、项目三的任务一至任务五由崔庆科编写；项目三的任务六至任务十七、项目五的任务一至任务三由奚树刚编写；项目六由赵春丽编写；项目五的任务四和任务五由王若男编写；项目四由陈乙菲编写；项目一的任务二由李冬莲编写；项目一的任务一由隋东旭编写；附录 A、附录 B、附录 C 及部分图表由李晓辉、张鹏程、张扬菱、钱美加、刘占成编写。全书的体例设计及统稿工作由奚树刚负责。

由于编者水平有限，本书难免有不足之处，反馈本书意见及索取相关教学资源，可与出版社编辑刘辉联系（cbslh@ jg. bjtu. edu. cn，QQ39116920）。

编 者

2022 年 1 月

前 言

目　　录

项目一　高速铁路急救的认知 …………………………………………… (1)

任务一　高速铁路救护概述 …………………………………………… (1)
任务二　旅客伤病情的现场评估 …………………………………………… (3)

项目二　人体构造基础知识 …………………………………………… (9)

任务一　正常人体构造概述 …………………………………………… (9)
任务二　人体八大系统认知 …………………………………………… (12)

项目三　高速铁路旅客常见病情及应急处置 …………………………………… (26)

任务一　晕车 …………………………………………… (26)
任务二　发热 …………………………………………… (29)
任务三　中暑 …………………………………………… (32)
任务四　烧烫伤 …………………………………………… (35)
任务五　休克 …………………………………………… (37)
任务六　呕吐 …………………………………………… (41)
任务七　腹泻 …………………………………………… (42)
任务八　急性食物中毒 …………………………………………… (44)
任务九　心悸 …………………………………………… (45)
任务十　紧急分娩 …………………………………………… (46)
任务十一　小儿热性惊厥 …………………………………………… (51)
任务十二　抽搐及晕厥 …………………………………………… (52)
任务十三　癫痫 …………………………………………… (55)
任务十四　支气管哮喘 …………………………………………… (57)
任务十五　高原反应及高原病 …………………………………………… (58)
任务十六　脑卒中 …………………………………………… (59)
任务十七　旅途精神病 …………………………………………… (62)

项目四　铁路红十字药箱的配备及使用 ……（65）

任务一　铁路红十字药箱认知 ……（65）
任务二　铁路红十字药箱药品的配备及使用 ……（68）

项目五　列车应急抢救技术 ……（82）

任务一　常规生命体征及检查方法 ……（82）
任务二　心肺复苏 ……（87）
任务三　气道梗塞急救法 ……（98）
任务四　现代创伤救护技术 ……（101）
任务五　常见创伤的现场处理 ……（117）

项目六　铁路卫生防疫 ……（140）

任务一　消毒基础知识 ……（140）
任务二　常用物理消毒法简介 ……（142）
任务三　常用化学消毒法简介 ……（146）
任务四　铁路卫生法规与监督制度 ……（148）
任务五　铁路列车、车站消毒 ……（161）
任务六　常见重点传染病的表现与防疫 ……（167）

附录 A　公共场所卫生管理条例实施细则（2017 年修订版） ……（178）

附录 B　国内交通卫生检疫条例 ……（185）

附录 C　国内交通卫生检疫条例实施方案 ……（189）

参考文献 ……（205）

项目一

高速铁路急救的认知

任务一　高速铁路救护概述

【知识目标】

- 了解现代救护的特点；
- 熟悉“第一目击者”的概念。

【技能目标】

- 能够掌握现代救护的相关知识。

【相关知识】

一、高速铁路概述

高速铁路是指基础设施设计速度标准高、可供列车在轨道上安全、高速行驶的铁路，其运营速度在 200 km/h 以上，是具有专业性、规范性、研究性的科学工程术语，是一种铁路等级类型。近几年，中国高速铁路获得了飞速的发展，2017 年中国高速铁路运营里程达到2.5万km，在全球范围内稳居第一位。

二、现代救护概述

人类以空前的速度建设了现代文明。全球经济、社会发展态势，以及人们的生活方式正在发生重大的变革，人类交往日趋频繁，活动空间扩大，寿命也在增长。

在社区中，各种疾病尤其是心脑血管疾病的发生率不断上升，并往往以危重急症的形式表现出来，危及生命。

人们在出差、旅游途中，发生包括交通事故在内的意外伤害日益增多，各种突发事件，如地震、水灾、火灾等也不断地发生。我们面临的不仅是日常生活中的危重急症，还有各种意外伤害和突发事件导致的伤害。

现代救护是指在现代社会发展和人类生活的新模式下，利用科技进步成果，针对生产、生活环境下发生的危重急症、意外伤害，向公众普及救护知识，使其掌握基本救护理念与技能，成为“第一目击者”，以便能在现场及时、有效地开展救护，从而达到“挽救生命、减轻伤残”的目的，为安全生产、健康生活提供必要的保障。

三、现代救护的特点

传统的救护，是对伤病员作些简单的照顾式护理，对外伤做一些止血、包扎等处理，然后尽快地寻找交通工具将伤病员送到医院急诊室，由医师给予诊断、处理。传统的救护对现场生命垂危的心跳骤停者，常常是一筹莫展，从而错失挽救生命的良机。

现代救护是指在事发的现场，对伤病员实施及时、有效的初步救护。

现代救护是立足于现场的抢救。在医院外的环境下，“第一目击者”对伤病员实施有效的初步紧急救护措施，以挽救生命，减少伤残和痛苦。然后运用现代救护服务系统，将伤病员迅速送到相关的医疗机构，继续进行救治。

在发病的现场如家庭、道路、工作场所、交通工具及其他医院外的环境中，几分钟、十几分钟，是抢救危重伤病员最重要的时刻，医学上称为“救命的黄金时刻”。在此时间内，抢救及时、正确，生命就有可能被挽救，伤情就有可能减轻，反之，则生命丧失或伤情加重。现场及时正确救护，为医院救治创造条件，能最大限度地挽救伤病员的生命并避免伤残或减轻伤残程度。

四、第一目击者概述

“第一目击者”是指在现场为突发危重疾病或遭受意外伤害的伤病员提供紧急救护的人。

“第一目击者”包括现场伤病员身边的人（亲属、同事、救援人员、警察、消防员、保安人员、旅客、乘务员等)。“第一目击者”平时参加救护培训并获取相关培训证书，在事发现场利用所学的救护知识、技能救助伤病员。

警察、消防队员、教师，以及宾馆、旅游、民航、铁路交通及其他公共场所服务人员，在现场遇到危重伤病员的机会多，所以对这些岗位人员要实施基础救护培训。对他们定期进行基础救护知识、技能的培训与复训，可以将危重急症、意外伤害对人类生命健康的危害降到最低限度。

五、中国铁路红十字会救护工作认知

中国铁路红十字会遵循保障旅客的生命健康、提高运输质量的宗旨，发扬“人道、博爱、奉献”的精神，开展针对旅客列车乘务人员的卫生救护知识和技能的培训。在自然灾害等突发事件中，中国铁路红十字会组织乘务人员、旅客开展自救和互救，对旅客提供服务和帮助。中国红十字总会制定的《中国红十字总会自然灾害等突发公共事件应急预案》已纳入国家整体预案体系中。2006 年 9 月，中国红十字总会与卫生部联合召开了救护工作会议，之后，中国红十字会总会与公安部、交通部、国家安全生产监督管理总局、煤炭安全生产监督管理局、铁道部、民航总局等单位联合印发了关于开展卫生救护培训工作的通知，这为中国铁路红十字会救护培训工作开辟了广阔的前景。

任务二　旅客伤病情的现场评估

【知识目标】

- 了解现场评估的概念；
- 熟悉现场挽救生命的原则；
- 熟悉紧急呼救技巧；
- 熟悉判断旅客伤病情危重程度的知识；
- 熟悉旅客列车救护工作的程序。

【技能目标】

- 掌握判断旅客伤病情危重程度的技巧；
- 掌握旅客列车救护工作的程序。

【相关知识】

一、现场评估

高速铁路因其快捷、方便、安全、舒适的特点，越来越受到广大旅客的欢迎，成为人们出行的首选方式之一。我们面对的部分意外伤害、突发事件的现场很不安全，因此，作为“第一目击者”首先要评估现场情况，注意自身安全，再对伤病员所处的状态进行判断，分清病情的轻重缓急。在紧急情况下，通过眼睛观察、耳朵听声、鼻子闻味等对异常情况做出分析、判断，遵循救护原则，利用现场的人力和物力实施救护。完成现场安全评估后，再对伤病员的头部、颈部、胸部、腹部、骨盆、脊柱、四肢进行检查，看有无开放性损伤、骨折畸形、触痛、肿胀；要注意表情淡漠不语、冷汗、口渴、呼吸急促、肢体不能活动等变化为病情危重的表现；检查有无活动性出血，如有应立即止血。

（一）评估情况

评估时必须迅速检查包括现场的安全、引起疾病和损伤的原因、受伤人数，以及自身、伤病员及旁观者是否身处险境，伤病员是否仍有生命危险存在。然后，判断现场可以使用的资源及需要何种支援，以及目前可以采取的救护行动。

（二）保障安全

在进行现场救护时应首先确保自身安全。如对触电者进行现场救护时必须先切断电源，然后才能采取救护措施以保障安全。在救护中要避免使伤病员及自身陷入险境。要清楚了解自己能力的极限，在不能消除危险的情况下，应尽量与伤病员保持一定的距离，安全地实施救护。

（三）个人防护

“第一目击者”在现场救护中，应使用个人防护用品。在可能的情况下用呼吸面罩、呼吸膜等实施人工呼吸，还应戴上医用手套、眼罩、口罩等个人防护品。

二、判断旅客病情的危重程度

发现旅客不适或受伤后，救护员需要先处理威胁生命的情况，检查伤病员的意识、气道、呼吸、循环体征等。

（一）意识

先判断伤病员神志是否清醒。在大声呼唤、轻拍肩膀时，伤病员睁眼或有肢体运动等反应，表示伤病员有意识。如伤病员对上述刺激无反应，则表明其有意识障碍，已陷入危险状态。伤病员突然倒地，呼之不应，情况更为严重。

（二）气道

气道畅通是呼吸的必要条件。如伤病员有意识但不能说话、不能咳嗽，可能存在气道梗塞，必须立即检查和清除。

（三）呼吸

要评估伤病员的呼吸活动。正常成人平静状态下每分钟呼吸16～20次。危重伤病员呼吸变快、变浅乃至不规则，呈叹息样。在畅通气道后，如伤病员呼吸停止，应立即施行人工呼吸。

（四）循环体征

在检查伤病员意识、气道、呼吸之后，应对伤病员的循环体征进行检查。可以通过呼吸、咳嗽、运动能力、皮肤颜色、脉搏等情况来对循环体征进行判断。

正常成人心跳60～100次/min、儿童110～120次/min。呼吸停止，心跳随之停止；或者心跳停止，呼吸也随之停止；心跳呼吸几乎同时停止也是常见的。心跳反映在腕部的桡动脉和颈部的颈动脉的搏动上。

心脏急症如急性心脏梗死、严重的心律失常，以及严重的创伤、大失血等危及生命时，心跳或加快（超过120次/min）；或减慢（40～50次/min）；或不规则，忽快忽慢，忽强忽弱，这些均为心脏呼救的信号，都应引起重视。

（五）瞳孔反应

瞳孔是虹膜中央的孔洞，正常直径为3～4 mm。瞳孔缩小（瞳孔括约肌收缩）是由动眼神经的副交感神经支配的；瞳孔扩大（瞳孔扩大肌收缩）是由动眼神经的颈交感神经支配的。对瞳孔的检查应注意瞳孔的形状、大小、位置，双侧是否等圆、等大，必要时进行对光反射及集合反射等试验。

1. 瞳孔的形状与大小

瞳孔正常为圆形，双侧等大。瞳孔缩小，多因虹膜炎症、中毒、药物反应等造成。瞳孔扩大多因外伤、颈交感神经刺激、视神经萎缩、药物影响等造成。双侧瞳孔散大并伴有对光反射消失为濒死状态的表现。

2. 双侧瞳孔大小不等

双侧瞳孔大小不等常提示有颅内病变，如脑外伤、脑肿瘤等。双侧瞳孔大小不等，且变化不定，可能是中枢神经和虹膜的神经支配障碍，如双侧瞳孔大小不等且伴有对光反射减弱或消失，以及神志不清，往往是大脑功能受损的表现。

3. 对光反射

对光反射是检查瞳孔活动功能的测验。通常用手电筒直接照射瞳孔并观察其动态反应。正常人，当眼受到光线刺激后瞳孔立即缩小，移开光源后瞳孔迅速复原。

4. 集合反射

要求伤病员注视 1 m 以外的目标（通常是检查者所示的指尖），然后将目标逐渐移近眼球（距眼球 5 ~ 10 cm），正常人此时可见双眼内聚，瞳孔缩小，此称为集合反射。动眼神经功能受损时，睫状肌和双眼内直肌麻痹，集合反射消失。

三、紧急呼救

当列车工作人员发现了危重伤病员，经过现场评估和病情判断后需要立即呼救，要及时向专业急救机构及相关部门报告。

1. 拨打呼救电话须知

拨打呼救电话，一般应简要、清楚地说明以下几点。

（1）报告人的电话号码与姓名，伤病员姓名、性别、年龄和联系电话。

（2）伤病员所在的准确地点。

（3）伤病员目前最危重的情况，如昏倒、呼吸困难、大出血等。

（4）发生突发事件时，说明伤害性质、严重程度、受伤人数，以及现场所采取的救护措施。

注意，不要先挂断电话，要等救援医疗服务系统调度人员先挂断电话后再挂断电话。

2. 单人及多人呼救

如果有多人在现场，一名救护员留在伤病员身边开展救护，另一名救护员通知救援医疗服务系统。如遇大型意外伤害事故，要分配好救护员各自的工作，分秒必争、有序地组织实施伤病员的寻找、脱险、医疗救援工作。

只有一个救护员在场，在病人心搏骤停的情况下，应立即进行心肺复苏。如有手机在身，则在进行 1 ~ 2 min 心肺复苏后，在抢救间隙拨打呼救电话。

四、现场挽救生命的原则

无论是在家庭、会场或高速列车等场所，还是在情况复杂、危险的突发事件现场，“第一目击者”都必须对现场挽救生命的原则做到心中有数。

(1) 先保持镇定，沉着大胆，细心负责，理智科学地判断。

(2) 评估现场，确保自身与伤病员的安全。

(3) 分清轻重缓急，“先救命，后治伤”，果断采取救护措施。

(4) 尽量采取减轻伤病员痛苦的措施。

充分利用可支配的人力、物力协助救护工作开展。

五、现场救护的“生命链”

“生命链”是针对现代救护模式而提出的以现场“第一目击者”为开始，至专业急救人员到达进行抢救而组成的“链”。“生命链”越普及，危急伤病员获救的成功率就越高。

“生命链”有四个互相联系的环节。这四个环节又称四个“E”，“E”是英文单词eary（早期）的首字母，即早期识别求救、早期心肺复苏、早期心脏电除颤、早期高级生命支持。

六、旅客列车救护工作程序

旅客列车上的乘务人员（红十字救护员）在应急救护时应遵循以下工作程序。

(1) 向意识清醒的伤病员或同行人员出示救护证，表明身份，征得对方的同意后，尽快给予伤病员必要的帮助，同时向列车长报告相关情况。

(2) 安抚、保护其他旅客，避免其他旅客受到伤害。

(3) 做好必要的自我保（防）护。

(4) 及时掌握现场和伤病员的以下相关信息：

① 伤病员数量；

② 按照伤病情况初步分类（危重、重、中、轻）；

③ 危重、重伤病员生命体征概况（意识、呼吸、心跳等）；

④ 其他伤病员的伤病基本情况；

⑤ 有无继发危害因素存在；

⑥ 向列车长报告相关信息。

(5) 通过列车广播寻求旅客中从事医疗专业工作的人员的帮助，并协助、配合其开展救护工作。

(6) 按照“先救命，后治伤”的原则，对呼吸、心搏骤停的伤病员实施心肺复苏，单纯意识丧失的伤病员要进行必要的监护。

（7）利用旅客列车上配备的“铁路红十字药箱”，对伤病员进行初步处理，并做好相关的文字记录。

（8）初步判断是否向前方站报告，如需向前方站下交伤病员，要做好下交伤病员的准备工作。

（9）对疑似食物中毒的事件，注意收集可疑食品及伤病员的呕吐物和排泄物等样品。

（10）对群体不明原因性疾病或疑似传染病暴发，应对伤病员进行必要的隔离、转移，并做好其他旅客和自身的防护工作。

（11）对可能存在污染的现场，应利用旅客列车上的现有条件进行清理、消毒。

（12）若向前方停车站下交伤病员，应做好交接记录。

项目二

人体构造基础知识

任务一　正常人体构造概述

【知识目标】

- 了解正常人体的构造；
- 熟悉解剖学方位、人体切面术语。

【技能目标】

- 能够将正常人体的构造知识熟练运用于实际救护工作。

【相关知识】

一、正常人体构造概述

人体是不可分割的有机整体，其结构和功能的基本单位是细胞。形态和功能相似的细胞与细胞间质组成组织；几种组织结合成为有一定形态和功能的器官。结构和功能密切相关的器官联合起来共同执行生理活动，便构成系统。人体可分为运动、消化、呼吸、泌尿、生殖、心血管、内分泌、神经八个系统。各系统在神经系统的支配和调节下分工合作实现各种复杂的生命活动，使人体成为一个完整统一的有机体。

二、解剖姿势和常用术语

（一）人体解剖学姿势

人体解剖学姿势：身体直立，两眼平视前方，双下肢靠拢，足尖朝前，双上肢自然下垂于躯干两侧，手掌向前。在观察和说明人体各部的位置及其相互关系时，都应按照统一的人体解剖学姿势进行。

（二）解剖学方位术语

1. 上和下

上和下是描述器官或结构距头或者足相对远近关系的术语。近头者为上，近足者为下。

2. 前和后

前和后是描述器官或结构距身体前面或者后面相对远近关系的术语。近腹者为前，也称腹侧；近背者为后，也称背侧。

3. 内侧和外侧

内侧和外侧是描述器官或结构距人体正中矢状切面相对远近关系的术语。近正中矢状切面者为内侧；远离正中矢状切面者为外侧。

4. 内和外

内和外是描述空腔器官相互位置关系的术语。近内腔者为内；远离内腔者为外。

5. 浅和深

浅和深是描述与皮肤相对距离关系的术语。近皮肤者为浅；远离皮肤者为深。

6. 四肢结构的方位

描述四肢各结构的方位，是以接近躯干的一端为近端，远离躯干的一端为远端。在前臂，因为桡骨位于前臂的外侧，尺骨位于前臂的内侧，故前臂的外侧又称桡侧，内侧又称尺侧。在小腿，因为腓骨位于小腿的外侧，胫骨位于小腿的内侧，故小腿的外侧又称腓侧，其内侧又称胫侧。

（三）人体切面术语

1. 矢状面

矢状面即从前后方向，将人体或器官纵切为左右两部分的切面，如将人体纵切为左右完全等分的两半，称为正中矢状切面。

2. 水平面

水平面也称横截面，即与人体的长轴成直角的切面，将人体分为上下两部分。

3. 冠状面

冠状面也称额状面，即与矢状面垂直，从左、右方向，将人体或器官纵切为前、后两部分的切面。

人体解剖方位术语和切面术语如图 2－1 所示。

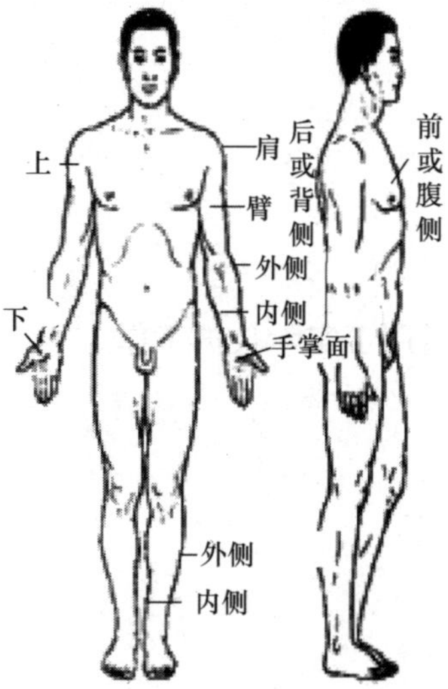

(a) 方位术语

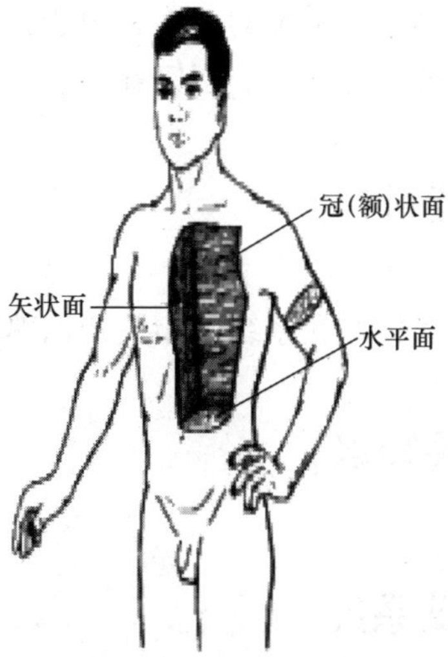

(b) 切面术语

图 2－1　人体解剖方位术语和切面术语

(四) 轴

轴在描述人体某些器官的形态，特别是关节运动时非常重要，每一关节的运动都可以假设围绕着一定的轴来进行。

1. 垂直轴

垂直轴上自头侧，下至尾侧，垂直于地面。

2. 矢状轴

矢状轴从前至后，与垂直轴成直角交叉。

3. 冠状轴

冠状轴也称额状轴，呈左右方向，与垂直轴和矢状轴垂直相交。

任务二 人体八大系统认知

【知识目标】

- 了解人体八大系统的名称和构造；
- 熟悉人体八大系统的位置和功能。

【技能目标】

- 能够将人体八大系统的相关知识熟练运用于实际救护工作。

【相关知识】

一、运动系统

运动系统包括骨、骨连结和骨骼肌三部分，它们在神经系统的支配下，对人体起着运动、支持和保护作用。骨与骨之间的连接装置称为骨连结，全身各骨通过骨连结组成骨骼，构成人体支架。附于骨骼上的肌肉称骨骼肌，骨骼肌收缩牵引骨移动位置产生运动。此外，骨与骨骼肌共同赋予人体的基本外形，并构成体腔的壁，以保护脑及内脏器官。骨在运动中起杠杆作用，关节是运动的枢纽，骨骼肌是动力器官，也就是说骨骼肌是运动的主动部分，骨和骨连结是运动的被动部分。

（一）骨

1. 骨的形态

骨是具有一定的形态和功能，坚韧而有弹性的器官，有血管和神经分布，能不断进行新陈代谢，并有修复、改造和再生能力。成人骨，按其所在的部位可分为躯干骨、颅骨和四肢骨三部分。根据外形可分为长骨、短骨、扁骨和不规则骨四类。长骨呈长管状，分一体两端。长骨中部细长部分称为体或骨干，体内的腔称骨髓腔，容纳骨髓。骨两端膨大部分称为骺，骺表面有光滑的关节面。骨干与骺邻接的部分称干骺端。长骨在运动中起重要作用，其多见于四肢，如股骨和肱骨。短骨呈立方形，位于连接牢固并有一定灵活性的部位，其既能承受重量又能进行复杂的运动，如手的腕骨和足的跗骨。扁骨呈板状，主要构成容纳重要器官的腔壁，起保护作用，如颅盖骨、胸骨、髓骨等。不规则骨的形状不规则，功能各异，如椎骨和某些颅骨。在一些不规则骨内，具有含气的腔，称含气骨，如上颌骨和额骨等。

骨的形态如图 2－2 所示。

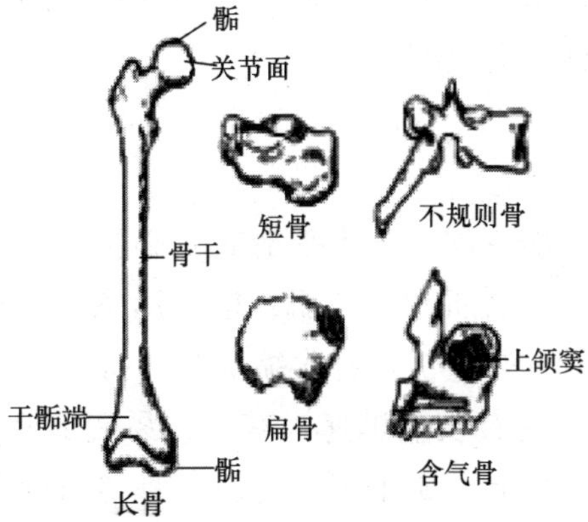

图 2－2　骨的形态

2. 躯干骨

躯干骨包括椎骨、肋骨和胸骨。脊柱由 24 块椎骨、1 块骶骨和 1 块尾骨与骨连结组成。胸椎与 12 对肋骨相连接，形成骨性胸廓。骶骨、尾骨和两侧髋骨及骨连结组成骨盆。

3. 颅骨

颅骨位于脊柱的上方，由 23 块扁骨和不规则骨组成。除下颌骨和舌骨外，都牢固地结合在一起，彼此间不能活动。颅骨分为脑颅骨和面颅骨两部分。脑颅骨围成颅腔容纳脑。面颅骨构成眼眶、鼻腔、口腔和面部的骨性支架。

4. 四肢骨骼

1）上肢骨

上肢骨由上肢带骨和自由上肢骨组成。

上肢带骨包括肩胛骨和锁骨。

自由上肢骨包括肱骨、尺骨、桡骨、腕骨、掌骨和指骨。

2）下肢骨

下肢骨由下肢带骨和自由下肢骨组成。

下肢带骨即髋骨，是不规则骨，由髂骨、坐骨和耻骨组成。

自由下肢骨包括股骨、髌骨、胫骨、腓骨、跗骨、跖骨和趾骨，后三部合称足骨。

(二) 关节

骨和骨之间的连接装置称为骨连结，其按照不同的连接方式分为直接连接和间接连接，以适应不同的人体活动。直接连接包括纤维连结、骨性结合和软骨连结，多位于颅骨和躯干骨。间接连接又称为关节或滑膜关节，是骨连结的最高级形式，其相对骨面间互相分离，具有充以滑液的腔隙，紧借其周围的结缔组织相连结，因而一般具有较大的活动性，多见于四肢骨之间。

(三) 肌

人的肌肉根据构造和功能不同可分为平滑肌、心肌和骨骼肌；根据所在的部位可分为头肌、颈肌、躯干肌、上肢肌和下肢肌；根据形态分为长肌、短肌、阔肌和轮匝肌。平滑肌构成内脏和血管的管壁，具有收缩缓慢、持久、不易疲劳等特点；心肌构成心壁；骨骼肌附着于骨，具有收缩迅速、有力、易疲劳和随人的意志舒缩等特点。平滑肌和心肌不受人的意志控制，属于不随意肌，骨骼肌则为随意肌。骨骼肌在显微镜下呈横纹状，又名横纹肌，每块骨骼肌包括肌腹和肌腱两部分。

二、消化系统

消化系统由消化管和消化腺两部分组成。消化管长约 9 m，包括口腔、咽、食管、胃、小肠（十二指肠、空肠、回肠）、大肠、肛门。临床上通常把从口腔到十二指肠的一段称为上消化道，空肠到肛门的一段称为下消化道。消化腺是分泌消化液的腺体，包括由大唾液腺、肝、胰等独立器官组成的大消化腺和分散在整个消化管壁内的小消化腺。消化系统的主要功能是摄取食物，将其中的营养物质进行物理性和化学性消化吸收，作为机体活动的来源和生长发育的原料。

(一) 消化管

1. 口腔

口腔向前，以口裂通向体外，向后经咽峡通向咽喉。口腔内的主要器官是牙与舌。牙是人体最坚硬的器官，嵌入上下颌骨牙槽内，分别排列成上牙弓和下牙弓，主要功能是咬碎和切磨食物，并对语言发声有辅助作用。舌是口腔中可随意运动的器官，其以骨骼肌为基础，表面覆以黏膜，有协助咀嚼、吞咽食物，辅助发音和感受味觉的功能。

2. 咽喉

咽是消化管，上端膨大部分是消化和呼吸共用的通道。咽腔自上而下分为三部分，即鼻腔、口腔和喉咽。

3. 食管

食管是消化管中最窄的部分，其有三个生理性狭窄部位，这些狭窄部位是食物易滞留的部位，也是肿瘤好发部位。

4. 胃

胃的入口称贲门，与食管相接；出口称幽门，与十二指肠相连。

5. 小肠

小肠是消化管中最长的一部分，也是最重要的食物消化、吸收场所，其上起自胃的幽门，下接盲肠，可分为十二指肠、空肠和回肠三部分。

6. 空肠和回肠

空肠和回肠全长为身长的3.5～4.0倍，两者之间无明显界限。

7. 大肠

大肠全长1.5 m，成方框形围绕在回肠、空肠的周围。大肠可分为盲肠、阑尾、结肠、直肠和肛管。

（二）消化腺

1. 肝

肝是人体中最大的消化腺，其主要功能为：参与物质代谢、排泄；解毒、吞噬；造血、再生等。肝呈不规则的楔形，可分上下两面，左右两叶。

2. 胆囊

胆囊位于肝下面的胆囊窝内，其呈长梨形，可分为底、体、颈、管四部分。胆囊的功能是储存和浓缩胆汁。

3. 胰

胰为长菱柱状，可分为头、体、尾三个部分。其位于胃的后方，为人体第二大腺体，由内分泌部和外分泌部两部分构成。内分泌部主要分泌胰岛素和胰高血糖素（直接进入血液，调节血糖代谢）；外分泌部分泌胰液，经胰管排入十二指肠，其有分解蛋白质、糖类和脂肪的作用。

4. 腹膜

腹膜衬于腹、盆壁内面的部分，称为壁腹膜，贴附于脏器表面的部分，称为脏腹膜。腹膜可分泌少量浆液，滋润脏器表面，减少脏器摩擦。在病理情况下，腹膜渗出液体增加，可形成腹水。腹膜具有广阔的表面，并有较强的吸收能力，故腹膜炎伤病员多采取半卧位，以减少对毒素的吸收，此外腹膜对脏器还可以起到支持、固定、修复及防御作用。壁腹膜与脏腹膜之间或者脏腹膜之间互相返折移行，形成许多结构，这些结构不仅对器官起着连接和固定的作用，也是血管、神经等进入脏器的途径，如网膜、系膜、韧带和凹陷等。

三、呼吸系统

呼吸系统由肺外呼吸道和肺两大部分构成。肺外呼吸道包括鼻、咽、喉、气管和主支气管。肺由肺内各级支气管及肺泡构成。肺外呼吸道和肺内各级支气管是气体进出的场所，肺泡则是进行气体交换的主要场所。临床上经常把鼻、咽、喉称为上呼吸道，把气管和各级支气管称为下呼吸道。呼吸系统的主要功能是进行机体与外界环境的气体交换，机体利用呼吸系统从外界吸收的氧，经过生物氧化过程产生能量，供新陈代谢所需，而在生物氧化过程中产生的二氧化碳，则最终由呼吸系统排出体外，以保证机体生理活动的正常进行，此外鼻兼有嗅觉功能，喉兼有发音功能。

（一）肺外呼吸道

1. 鼻

鼻是呼吸道的起始部，又是嗅觉器官，包括外鼻、鼻腔和鼻旁窦三个部分。外鼻位于面部中央，两眼之间。鼻腔以骨和软骨作为支架，衬以黏膜和皮肤构成。分为前后两部分，前部为鼻前庭，后部为固有鼻腔。鼻前庭内生有较粗的鼻毛，可过滤空气中的灰尘。固有鼻腔是鼻腔的主要部分。固有鼻腔的黏膜可根据其结构和功能的不同，分为嗅区和呼吸区。嗅区的黏膜含有嗅细胞，能感觉嗅味刺激；而呼吸区黏膜上皮有纤毛，黏膜内含有丰富的血管和黏液腺，其主要功能是对呼入的空气进行加温、湿润并过滤空气中的灰尘。

2. 喉

喉既是呼吸道的组成部分，又是发音器官，其位于颈前部正中。喉是复杂的管状器官，由喉软骨、软骨的连结、喉肌和黏膜构成。喉软骨是喉的支架，主要包括甲状软骨、环状软骨、会厌软骨和杓状软骨等。

3. 气管和主支气管

气管和主支气管是连接喉和肺之间的管道，由软骨环及连接各软骨环的结缔组织和平滑肌构成。气管位于食管前方，分为左、右主支气管。

（二）肺

肺为呼吸系统最主要的器官，也是进行气体交换的场所。肺内含大量空气，其质软而轻。肺处于胸腔内，其形态近似圆锥状。

（三）胸膜和纵隔

胸膜是一层薄而光滑的浆膜，脏胸膜贴于肺表面，深入肺裂内，又称为肺胸膜；壁胸膜衬于胸壁内面、纵隔侧面和膈上面。脏、壁胸膜在肺根处相互移行，在左右肺周围各形成一个完全封闭的潜在性腔隙，称为胸膜腔，其内含少量浆液，可减少呼吸时胸膜的摩擦。

纵隔是两侧胸膜之间所有的器官和组织的总称，是分隔左右两个胸膜腔的隔障。

四、泌尿系统

泌尿系统由肾、膀胱、输尿管和尿道四部分组成。其主要功能是排出机体中溶于水的代谢产物。机体在代谢过程中所产生的废物，如尿素、尿酸等，通过血液循环到达肾脏，通过肾脏的生理作用产生尿液，通过一系列的管道到达肾盂，然后经输尿管输送到膀胱暂时储存。排尿时，膀胱收缩将尿液经尿道排出体外。

（一）肾

肾为似蚕豆形的实质性器官，表面光滑，质柔软，分上、下两端，前、后两面，内、外两缘。

（二）输尿管

输尿管为细长的肌性管道，左右各一，长 25 ~ 30 cm，其起于肾盂下端，止于膀胱。

（三）膀胱

膀胱是储存尿液的肌性囊状器官，其形状、大小和位置均随尿液充盈度而变化，成人膀胱的容量为 300 ~ 500 ml，最大容量可达 800 ml。膀胱空虚时呈三棱锥体形，分为尖、底、体、颈四部。

（四）尿道

男性尿道与女性尿道的功能和结构不完全相同，男性尿道除排尿外，兼有排精功能。

女性尿道长 3 ~ 5 cm，较男性尿道短、宽、直，仅有排尿功能。由于女性尿道特殊的结构特征，故较易引起尿路感染。

五、生殖系统

生殖系统的主要功能是产生生殖细胞，繁殖后代，分泌性激素，以维持第二性征。男性生殖器和女性生殖器都由内、外生殖器两部分组成。内生殖器由生殖腺、生殖管道和附属腺组成；外生殖器则以两性交接的器官为主。

（一）男性生殖系统

1. 男性的内生殖器

男性的生殖腺是睾丸，它是产生精子和分泌男性激素的器官；生殖管道包括附睾、输精管、射精管和尿道；附属腺包括精囊、前列腺和尿道球腺。精子由睾丸产生后先储存于附睾内。射精时精子经输精管、射精管和尿道排出体外。附属腺的分泌液供给精子营养并有利于精子活动，其与精子共同组成精液。

2. 男性外生殖器

男性的外生殖器包括阴囊和阴茎，阴囊容纳睾丸和附睾。

1）阴囊

阴囊是位于阴茎根部后下方的皮肤囊袋，阴囊壁由皮肤和肉膜组成。肉膜为浅筋膜，可随外界温度的变化调节阴囊内的温度，以利于精子的发育与生存。阴囊包裹睾丸和附睾。

2）阴茎

阴茎由两个阴茎海绵体和一个尿道海绵体构成，外包以皮肤和筋膜。阴茎可分为头、体、根三部分，尿道海绵体位于阴茎海绵体腹侧，尿道贯穿其全长。阴茎前端膨大部分为阴茎头，后端膨大部分为尿道球。阴茎皮肤薄而柔软，有伸展性，皮下无脂肪组织。

3. 男性尿道

男性尿道具有排尿和排精的功能，男性尿道起自膀胱的尿道内口，止于阴茎头的尿道外口。长 16～22 cm，管径 0. 5～0. 7 cm。其分为前列腺部、膜部和海绵体部。

（二）女性生殖系统

女性的内生殖器由卵巢、输卵管、子宫和阴道组成。女性的外生殖器即女阴，包括阴阜、大阴唇、小阴唇、阴道前庭、阴蒂和前庭大腺等。

1. 女性内生殖器

1）卵巢

卵巢是成对的实质性器官，其呈扁卵圆形，位于骨盆腔侧壁的卵巢窝内，是产生卵子和分泌女性激素的器官。

2）输卵管

输卵管为一对细长弯曲的肌性管道。临床上将卵巢和输卵管合称为子宫附件。

3）子宫

子宫是壁厚、腔小的肌性器官，是产生月经和孕育胎儿的场所。子宫位于盆腔中央，膀胱与直肠之间，下端接阴道，两侧有卵巢和输卵管。子宫似前后稍扁的倒置梨形，分为底、体、颈三部。

4）阴道

阴道是肌性管道，富有伸展性，前邻膀胱和尿道，后邻直肠，是导入精液、排出月经血和分娩胎儿的通道。

2. 女性外生殖器

1）阴阜

阴阜位于耻骨及耻骨前面的皮肤隆起区（皮下富有脂肪，性成熟期后皮肤上生有阴毛）。

2）大、小阴唇

大阴唇是一对纵行隆起的皮肤皱褶，富含色素，并生有阴毛，两侧大阴唇之间围成女阴裂，在女阴裂的前、后端，其左右相互联合形成唇前连合和唇后连合。小阴唇位于大阴唇内侧，为一对较薄的皮肤皱褶，表面光滑无毛。

3）阴道前庭

阴道前庭位于两侧小阴唇之间的裂隙，前部有较小的尿道外口，后部有较大的阴道口，在阴道口与小阴唇之间偏后方有前庭大腺导管开口。

4）阴蒂

阴蒂由两个阴蒂海绵体构成。

5）前庭大腺

前庭大腺位于阴道口的两侧，前庭球后端的深面，形如豌豆，导管向内开口于阴道前庭，如因炎症阻塞导管，可形成前庭大腺囊肿。

六、心血管系统

心血管系统由心、动脉、毛细血管和静脉组成，内有血液周而复始地循环流动。心为心血管系统的动力器官，并具有内分泌功能。动脉运送血出心，在行程中逐渐分为大动脉、中动脉和小动脉。静脉是引导血液返回心的管道，起于毛细血管，在引导血液回心过程中不断地接纳属支，最后注入心房，大多数静脉有静脉瓣，可防止血液回流。毛细血管是连于最小的动静脉之间的微细血管，管壁极薄，血流缓慢，是血液与组织细胞进行物质及气体交换的场所。心血管系统的主要功能是将消化管吸收的营养物质、被吸入的氧气和内分泌腺产生的激素，运到全身各器官组织和细胞。同时又将它们的代谢产物及二氧化碳等，运送到肺、肾、皮肤等器官，以排出体外，进而保证机体新陈代谢的正常进行。此外，心血管系统还具有内分泌功能，参与机体多种功能调节。

（一）血液循环的路径

血液由心室射出，经动脉毛细血管和静脉返回心房，这种周而复始的循环流动形成血液循环，依据循环途径不同，其可分为体循环和肺循环两部分，这两个循环同步进行，通过房室口相通。血液循环的路径如图 2－3 所示。

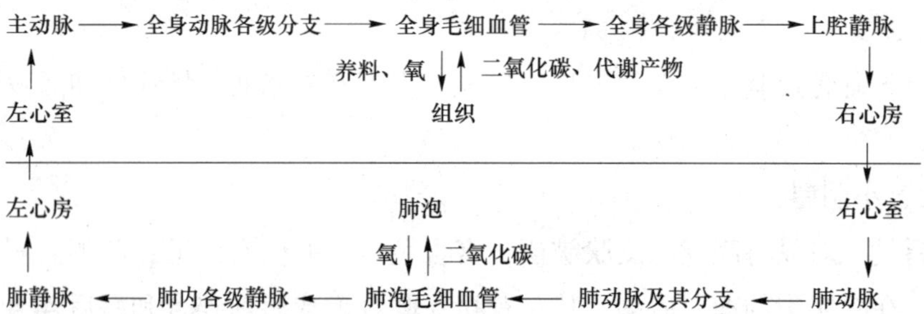

图 2－3　血液循环的路径

动脉毛细血管和静脉相互沟通外，还存在广泛的多形式的血管吻合。毛细血管在组织内部普遍吻合形成毛细血管网；动脉和动脉之间的吻合，常见的有动脉网、动脉弓和动脉环等；静脉和静脉之间的吻合，常见的有静脉网、静脉弓和静脉丛等。这些吻合对维持血液循环，保证器官的血液供应有重要作用。

（二）心

心像倒置、前后略扁的圆锥体，大小似本人的拳头。其可分为一尖、一底、两面、三缘，表面上有四条沟。心尖由左心室构成，朝向左前下方。心底朝向右后上方，与出入心的大血管相连。两个面为胸肋面和膈面。三缘分别为左缘、右缘和下缘。

四条沟分别为冠状沟、前室间沟、后室间沟和房间沟。心有四个腔，即右心房、右心室、左心房、左心室，左、右心房间有房间隔，左、右心室间有室间隔，左半心和右半心不通，但同侧心房与心室借房室口相通。

（三）动脉

动脉是指从心运血到全身各器官的血管，全身的动脉可分为肺循环的动脉和体循环的动脉。

1. 肺循环的动脉

肺循环的动脉主要是肺动脉干，其发自右心室，经主动脉前方行至左后上方，至主动脉弓下缘分为左、右肺动脉。左肺动脉横行向左至左肺门，分两支入左肺。右肺动脉经主动脉和上腔静脉至右肺门，分三支入右肺。

2. 体循环的动脉

体循环的动脉分为主动脉、头颈部动脉、上肢动脉、胸部动脉、腹部动脉、盆部动脉、下肢动脉。

（四）静脉

静脉起自毛细血管，逐级汇合，最后汇合成大静脉注入心房。全身的静脉可分为肺循环的静脉和体循环的静脉。

1. 肺循环的静脉

参与肺循环的静脉为肺静脉，左右各一对，分别为左上、左下肺静脉和右上、右下肺静脉，这些静脉均起自肺门，向内行走，注入左心房后部的两侧，将含氧量高的动脉血送回心。

2. 体循环的静脉

体循环的静脉包括上腔静脉、下腔静脉和心静脉。

七、内分泌系统

内分泌系统是神经系统以外，另一个重要的调节系统，内分泌腺的分泌物称为激素，其直接渗入腺体内部的毛细血管、毛细淋巴管借脉管系统运到全身。

（一）内分泌系统的结构和功能

内分泌腺按存在方式可分为两大类：一类是形态结构上独立存在，肉眼可见的，称为内分泌器官，如垂体、松果体、甲状腺、甲状旁腺、肾上腺和胸腺等。另一类是分散在其他器官组织中的内分泌细胞团块，称为分泌组织，如胰腺中的胰岛细胞、睾丸中的间质细胞、卵巢中的卵泡细胞和黄体细胞，以及分散在消化道管壁内的内分泌细胞等。内分泌腺分泌激素，对机体新陈代谢，生长发育，生殖功能，维持机体内环境，有着重要调节作用，这种调节称体液调节。一种激素，一般只作用于某种特定的细胞或器官，这些被激素作用的细胞或者器官，称为该激素的靶细胞或靶器官，内分泌腺分泌的激素减少或增多，都可以引起机体的功能紊乱，甚至形成疾病。

（二）内分泌器官

1. 甲状腺

甲状腺为棕红色，呈H形，分左叶和右叶。甲状腺分泌含碘的甲状腺素，主要作用是促进机体新陈代谢，维持正常生长发育，特别对骨骼和神经系统发育极为重要，甲状腺功能低下或亢进时，都会影响机体的正常功能。

2. 甲状旁腺

甲状旁腺为绿豆大小的棕黄色椭圆形小体，一般有上下两对，上甲状旁腺一般在甲状腺侧叶后缘中部结缔组织内；下甲状旁腺在甲状腺下动脉附近。甲状旁腺分泌甲状旁腺素，主要作用是调节钙磷代谢，维持血钙平衡。

3. 肾上腺

肾上腺呈黄色，左右各一，分别位于两肾上端的内上方，腹膜之后。肾上腺实质分浅层的皮质和深层的髓质两部分，肾上腺皮质分泌盐皮质激素、糖皮质激素和性激素，分别调节机体的水盐代谢，糖和蛋白质代谢，影响性行为和副性征。肾上腺髓质分泌肾上腺素和去甲肾上腺素，前者可提高心肌兴奋性，使心跳加快，后者主要促进小动脉平滑肌收缩致血压升高。

4. 垂体

垂体不成对，位于颅中窝的垂体窝内。垂体是最复杂的内分泌腺，根据其作用和结构特点，分为腺垂体和神经垂体两大部分。腺垂体（主要是远侧部）能分泌多种激素，如生长激素、促甲状腺激素、促肾上腺皮质激素、促性腺激素、催乳素和黑色素细胞刺激素等。神经垂体的作用是储存和释放由丘脑下部产生的抗利尿激素和催产素。

5. 松果体

松果体分泌的激素有抑制性成熟的作用。

6. 胸腺

胸腺既是内分泌器官也是淋巴器官，胸腺位于上纵隔前部，可分为大、小不等的左、右叶。胸腺随年龄增加而增大至青春期，成年后逐渐萎缩，由脂肪所代替。

八、神经系统

神经系统由脑、脊髓及与其相连的脑神经和脊神经组成，其在机体各器官、各系统中处于主导地位。神经系统的基本功能如下。

（1）控制和调节其他系统的功能活动，使机体成为一个完整统一体。

（2）通过调整机体功能活动，使机体适应不断变化的外界环境，维持机体内、外环境的统一。

（3）人类大脑皮质得到了高度发展，出现了分析语言的中枢，其构成了思维、意识活动的物质基础。人类不仅能被动地适应环境变化，而且能主动地认识世界和改造世界，使自然为自己服务。

（一）神经系统的概况

1. 神经系统的组成和功能

神经系统按照位置和功能可分为中枢神经系统（CNS）和周围神经系统（PNS）。中枢神经系统包括脑和脊髓。脑位于颅腔内，脊髓位于椎管内。周围神经系统包括与脑相连的12对脑神经和与脊髓相连的31对脊神经。神经系统按照功能可分为躯体神经系统和自主神经系统（又称内脏神经系统或植物性神经系统），它们的中枢部都在脑和脊髓，周围部分称躯体神经和内脏神经。躯体神经包括躯体感觉和躯体运动神经，主要分布于皮肤和运动系统，管理皮肤的感觉和运动系统的感觉。内脏神经，又称自主神经，主要分布于内脏、心血管和腺体，管理内脏的感觉和运动。

2. 神经系统的组成

神经系统主要由神经组织构成，神经组织由神经细胞和神经胶质细胞构成。神经细胞又称神经元，是神经系统的结构和功能的基本单位，有感受刺激和传导冲动的作用。神经元由胞体和突起构成，胞体是神经元的代谢和营养中心。突起又分为接受刺激、将冲动传入胞体的树突和将冲动传出胞体的轴突。神经元根据突起的数目分为假单极神经元、双极神经元和多极神经元；根据功能分为感觉神经元、运动神经元和联络神经元。一个神经元与另一个神经元相联系的接触点称突触。神经胶质细胞，没有传递冲动的功能，其广泛分布于中枢神经系统和周围神经系统，是神经系统的间质或支持细胞。神经胶质细胞除具有营养、保护和修复的功能外，还是许多神经递质的受体和离子通道，对调节神经系统活动起着十分重要的作用。

3. 神经活动的基本方式

神经活动的基本方式为反射，反射是神经系统对内、外环境刺激所做出的反应。反射活动的基础形态是反射弧，反射由以下五个基本部分组成：感受器 → 感觉神经元→中枢→运动神经元 → 效应器。反射弧中任何一个环节发生障碍，反射活动将减弱或消失。

（二）脊髓

1. 脊髓的位置和结构

脊髓位于椎管内，呈前、后稍扁的圆柱形，上端平枕骨大孔与延髓相连，下端平第一腰椎下缘。

2. 脊髓的功能

脊髓的功能主要为传导功能和反射功能。脊髓是感觉和运动神经传导的重要通路；可执行一些简单的反射活动，如躯体反射和内脏反射。躯体反射又分为浅反射和深反射，浅反射为刺激黏膜和皮肤的感受器引起骨骼肌的收缩的反射；深反射为刺激肌、腱感受器所引起的反射。

（三）脊神经

脊神经共 31 对，即颈神经 8 对、胸神经 12 对、腰神经 5 对、骶神经 5 对、尾神经 1 对。

（四）脑

1. 脑的位置和结构

脑位于颅腔内，形态和结构复杂，可分为端脑、间脑、小脑、中脑、脑桥和延髓六个部分，通常将中脑、脑桥和延髓合称为脑干。12 对脑神经，除第一对连于端脑，第二对连于间脑，其他均连于脑干。

2. 脑干

脑干位于颅底内面的斜坡上，自下而上为延髓、脑桥、中脑。平枕骨大孔处延髓与脊髓相续；宽大的中部为脑桥；上部缩窄为中脑，其上接间脑。延髓和脑桥的背面与小脑相连，它们之间的腔室为第四脑室。第四脑室上通脑水管，向下与中央管相续。

3. 小脑

小脑位于颅后窝，在大脑半球枕叶的下方，脑桥与延髓的背侧。小脑的主要功能是维持身体的平衡、调节肌张力和协调随意运动。

4. 间脑

间脑位于脑干与端脑之间，大部分被大脑半球掩盖，仅部分腹侧部露于脑底。间脑主要包括背侧丘脑、后丘脑、上丘脑、底丘脑和下丘脑。下丘脑具有多种功能，是神经内分泌中心；调节皮质下植物性中枢，调节体温、摄食、生殖、水盐代谢及内分泌活动；与边缘系统联系密切，参与情绪行为反应。

5. 端脑

端脑又称大脑，由两大脑半球连接而成。两侧大脑半球之间的裂隙称为大脑纵裂；大脑与小脑之间的裂隙称为大脑横裂。大脑被三条恒定的沟即外侧沟、中央沟和顶枕沟分为了五个分叶，分别为：额叶、顶叶、颞叶、枕叶和岛叶。大脑是高级神经活动的物质基础，可对进入大脑的各种冲动进行分析、做出反应，且具有高度分析和综合的能力，从而构成思维和语言活动的物质基础。

（五）脑神经

脑神经共12对，按照出入脑部位的前后依次为：①嗅神经；②视神经；③动眼神经；④滑车神经；⑤三叉神经；⑥展神经；⑦面神经；⑧前庭蜗神经；⑨舌咽神经；⑩迷走神经；⑪副神经；⑫舌下神经。

（六）内脏神经

内脏神经是调节内脏、心血管运动和腺体分泌的神经，通常不受人的意志控制，是不随意的，故又称为植物性神经。其分为内脏运动纤维和内脏感觉纤维，分别构成内脏运动神经和内脏感觉神经。

内脏感觉纤维数目较少，细纤维占多数，痛阈较高，对于正常的内脏活动一般不引起主观感觉，但较强烈的内脏活动时可引起一定的感觉，如胃饥饿时的收缩可引起饥饿感觉；直肠、膀胱的充盈可引起膨胀感觉等。内脏对切割等刺激不敏感，但对牵拉、膨胀、冷热、缺血等刺激则十分敏感。内脏感觉的传入途径比较分散，内脏痛往往是弥散的，而且定位亦不准确。

项目三

高速铁路旅客常见病情及应急处置

任务一　晕　　车

【知识目标】

- 了解晕车的原因及临床表现；
- 了解晕车的应急处置方法。

【技能目标】

- 能够准确判断伤病员是否为晕车并实施应急处置。

【相关知识】

一、概述

（一）概念

晕车，又称晕动病，指当机体受到不正常的运动刺激时所产生的晕眩、恶心、呕吐、乏力、出冷汗，严重时可导致休克的急性症候群，其根据原因不同可分为晕车、晕船、晕机等。

(二) 临床表现

临床上晕动病根据症状的轻重分为轻、中、重3型，轻型仅有咽部不适、唾液增多、疲乏、头晕、头痛、嗜睡、面色稍苍白等症状；中型有恶心、呕吐、头晕、头痛加重、面色苍白、出冷汗等症状；重型表现为上述症状加剧，呕吐不止、心慌、胸闷、四肢冰冷、表情淡漠、唇干舌燥，严重者可出现脱水、电解质紊乱等反应。

(三) 病因

晕动病与高温、高湿、车厢内通风不良有关，乘车人身体过度疲劳和饮食不当也是发生晕动病的原因。车厢内特殊气味的刺激及紧张的气氛也可以导致晕动病发作。对于绝大多数有过晕动病病史的伤病员来说，心理因素也是一个重要诱发因素。

二、应急处置

(一) 穴位按摩

掐中冲穴：用较重的手法掐中冲穴（见图3-1）约10 s。按揉内关穴：用拇指按揉内关穴（见图3-2）1 min。按摩关元穴：用掌摩法在关元穴（人体前正中线，肚脐正下方4横指处，关元穴见图3-3），顺时针、逆时针各按摩30次。按足三里穴：按揉足三里穴（膝关节前外侧窝下4横指处，足三里穴见图3-4）1~2 min。

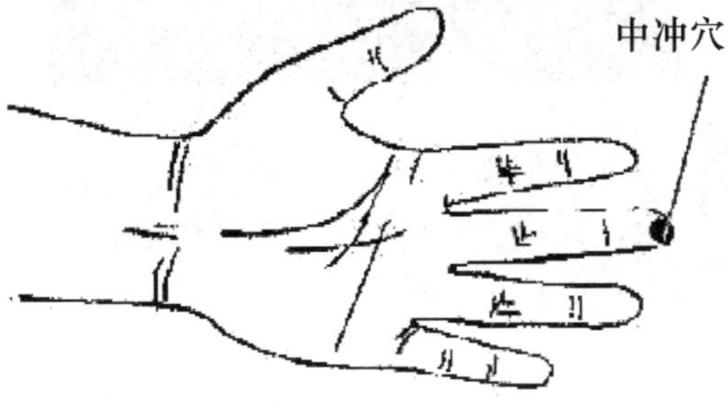

图3-1　中冲穴

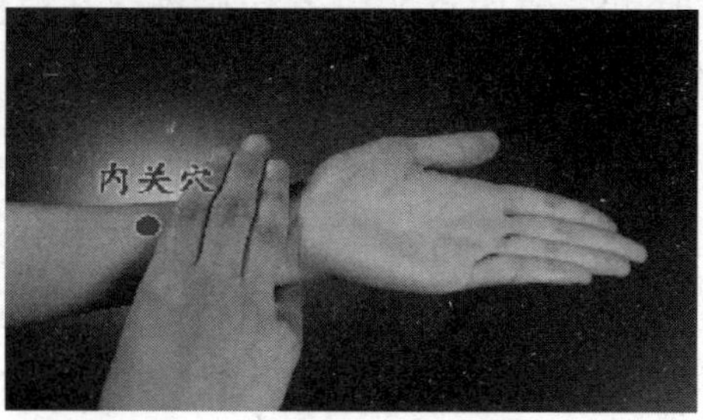

图 3－2　内关穴

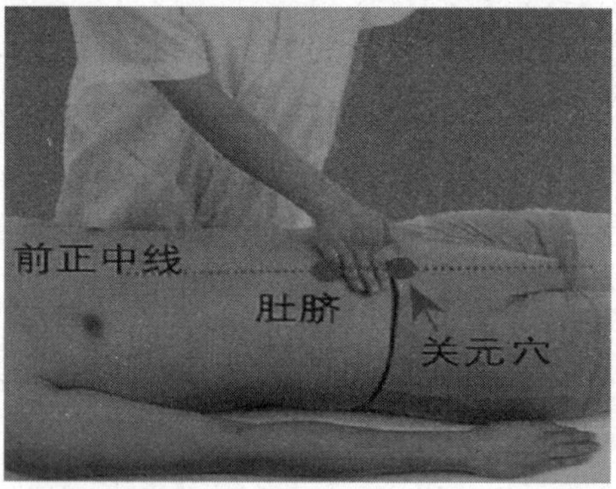

图 3－3　关元穴

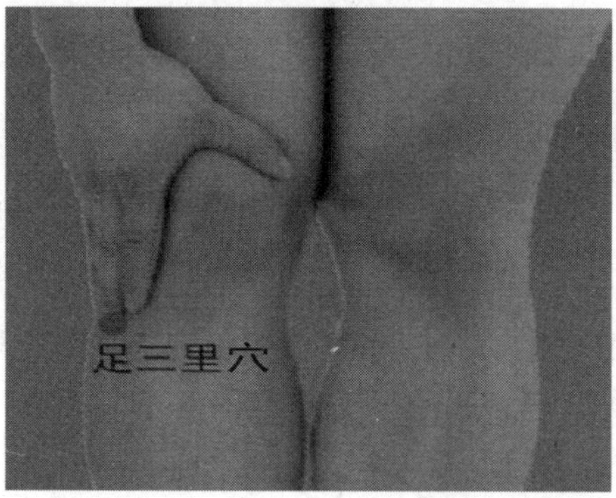

图 3－4　足三里穴

（二）食疗与用药

1. 生姜

生姜性味辛温，有发表健胃、止呕解毒等功效，素有“呕家圣药”之称，是临床上治疗恶心、呕吐的常用物品。药理研究表明，生姜中的姜烯酮有很强的末梢性镇吐作用。姜烯酮还有镇静的作用，能起到防治晕车的效果。

2. 橙皮

橙皮挥发油具有使人体中枢神经镇静的作用和减轻应激性的效果，能使人消除疲劳和缓解晕车现象。柑橘类果实的香精油主要存在于外果皮的油细胞中，可将橙皮表面朝外，向内对折，然后对准两鼻孔挤压，皮中便会喷射出带芳香味的油雾，这种油雾能有效防治晕车。

3. 氢溴酸东莨菪碱贴片

氢溴酸东莨菪碱贴片是铁路红十字药箱的常备药，其具体介绍见本书项目四的相关内容。

4. 盐酸异丙嗪片

盐酸异丙嗪片是铁路红十字药箱的常备药，其具体介绍见本书项目四的相关内容。

（三）穴位贴敷

1. 姜片贴脐

肚脐又名神阙穴，与诸经百脉相通，起着调节各脏腑生理活动的作用。肚脐部表皮角质层薄弱，药物有效成分非常容易穿透弥散，且脐部给药有利于药物直达病所，更好地发挥疗效。将肚脐周围清洁干净，取厚姜片一片，用医用胶布固定，可配合揉按来刺激穴位，促进药物吸收。

2. 伤湿止痛膏贴脐

取伤湿止痛膏一片，清洁好肚脐周围的皮肤，将膏药贴于肚脐上，还可再贴两张在内关穴上，交替按摩 5 ~ 10 min。

任务二　发　　热

【知识目标】

- 了解发热的概念及病因；
- 掌握发热的表现；
- 掌握发热的应急处置方法。

【技能目标】

- 能够对发热进行应急处置。

【相关知识】

旅客在出行的过程中，会有突然发热的情况。对于高热和超高热的伤病员，需要及时降温，否则会出现虚脱、昏迷，甚至休克症状。

一、概述

发热是指病理性体温升高，因机体受到内、外致热源或者各种病因的影响，导致体温调节中枢功能障碍，引起以体温超出正常范围为主的临床症状。一般体表温度大于 37.3 ℃即为发热。急性发热是热程在两周以内的发热，见于多种感染性疾病和非感染性疾病。

在发热中绝大多数为感染性发热，其主要病原体为病毒，常见于上呼吸道感染、流行性感冒、化脓性感染、腮腺炎、肺炎、急性肝炎、麻疹、猩红热、流行性脑脊髓膜炎、细菌性痢疾及钩端螺旋体病等。在非感染性疾病中，恶性组织细胞病、淋巴瘤、噬血细胞综合征等也会导致发热。

二、临床表现

1. 发热的临床分度

按发热的高低分为：

（1）低热——体温为 37.3～38.0 ℃；

（2）中热——体温为 38.1～39.0 ℃；

（3）高热——体温为 39.1～41.0 ℃；

（4）超高热——体温超过 41.0 ℃。

2. 临床过程与特点

在临床上，发热的过程大致可分为 3 期，各期的临床症状有所差异。

（1）体温上升期。此期主要表现为皮肤苍白、干燥，疲乏无力、肌肉酸痛、畏寒或寒战，口唇发绀等现象。体温升高有两种方式：①骤升型，体温在几小时内达39～40 ℃或以上，常伴有寒战；②缓升型，体温逐渐上升并在数日内达到高峰，多不伴寒战。

（2）高温持续期。在此期间，体温达到高峰并保持在一定水平。临床上主要表现为皮肤潮红而灼热，呼吸加速，头痛，烦躁和口渴等，此时可有小量出汗。

（3）体温下降期。在此期间，由于机体的自卫作用，致热原已被清除，或因伤病员口服了解热药物治疗，体温调节中枢会使机体产热减少、散热增多，从而导致体温逐渐下降，达到正常水平。体温下降期会大量出汗，皮肤潮湿。体温下降有两种方式：①骤降，体温于数小时内迅速下降至正常，常伴有大汗淋漓；②渐降，体温在数天内逐渐降至正常。

三、应急处置

（一）一般发热、原因不明的发热不要急于解热

对于热度不高或不太持久的发热，不会有太大危害，所以在疾病未得到确诊前，不必强行解热。解热本身不能使疾病康复。疾病一经确诊而及时治疗，则热可自退。急于解热会干扰热程，掩盖病情，甚至降低机体抵抗力，影响诊断的准确性。

（二）应及时解热的情况

高热、高温中暑、高热伴休克或者心功能不全，以及儿童和恶性肿瘤等特殊人群的急性发热，引起伤病员明显不适、头痛、意识障碍和惊厥时，应立即给予解热治疗。

（三）解热的措施

1. 物理降温

1）热敷

如果体温不是太高，可以采用热敷来退热。用35 ℃左右的湿热毛巾反复擦拭伤病员额头、四肢，使身体散热，直到退热为止。如果伤病员出现发抖、面色发灰、肢端冷等不适反应，应立即停敷；如果体温上升到39 ℃以上，忌用热敷，应以冷敷或者酒精擦拭处理，以免体温继续升高。

2）冷敷

如果高热让伤病员无法忍受，可以采用冷敷。将冰块或冰水做成冰袋、冰枕等，或者使用湿冷毛巾冷敷头部、手腕、腋下及腹股沟等处，其他部位应以衣物盖住，尤其要注意脚部保温。冷敷以降低头部温度为主，减少代谢及耗氧，保护大脑，起到减少并发症和后遗症的作用。当湿冷毛巾达到体温时，应进行更换。

3）酒精擦拭

将纱布或柔软的毛巾，用酒精沾湿，擦拭伤病员颈部、胸部、腋下、腹股沟、后背，以及手脚心等血管丰富的部位，以扩张皮肤血管，增加皮肤的散热能力。酒

精具有挥发性，可吸收并带走大量的热量，使体温下降，以缓解症状。要注意，酒精浓度不可过高，否则大面积地使用高浓度的酒精可刺激皮肤，吸收表皮大量的水分。对于婴幼儿应避开心前区，时刻观察其面色变化，30 min 测一次体温，以防降温过度。

如果物理降温效果不满意，可适当配合药物降温。

2. 药物治疗

退热药一般选用非甾体类抗炎药物。一般选择阿司匹林和对乙酰氨基酚。如果单一使用其中一种无法有效控制高热，可同时口服两种药。还可用退热栓剂塞肛等方法。在退热过程中应注意大量出汗后血压和神志的改变。

未满 18 岁的青少年慎用阿司匹林；儿童在体温达到 38.5 ℃以上时，一般选择口服布洛芬和对乙酰氨基酚。

在降温过程中应密切观察伤病员，以防降温过快、过低，引起伤病员虚脱；在此过程中应适当补充易消化的营养食物、糖和维生素，并注意纠正水、电解质和酸碱平衡的紊乱，尤其要补充足够的水分，防止脱水和虚脱的发生。

任务三 中 暑

【知识目标】

- 了解中暑的不同类型；
- 熟悉中暑的临床表现和应急处置方法。

【技能目标】

- 能够准确判断中暑情况并及时进行应急处置。

【相关知识】

一、概述

中暑是指人体在高温环境下，由于水和电解质丢失过多、散热功能障碍，引起的以中枢神经系统和心血管功能障碍为主要表现的热损伤性疾病，是一种威胁生命的急症，可因中枢神经系统和循环功能障碍导致死亡、永久性脑损害或肾衰竭。

高温环境作业，或在室温较高（大于 32 ℃）、湿度较大（大于 60%）、通风不良的环境中长时间或强体力劳动，是中暑的致病因素。机体对高温环境的适应能力不足，如年老、体弱、肥胖、甲状腺功能亢进和应用某些药物、汗腺功能障碍（如硬皮病、先天性汗腺缺乏症、广泛皮肤烧伤后瘢痕形成）等情况容易发生中暑。

二、临床特点

根据临床表现的轻重程度，中暑分为先兆中暑、轻症中暑和重症中暑。

1. 先兆中暑

伤病员在高温环境工作或生活一定时间后，出现口渴、乏力、多汗、头晕、目眩、耳鸣、头痛、恶心、胸闷、心悸、注意力不集中，体温正常或略高（不超过 38 ℃）。

2. 轻症中暑

出现早期循环功能紊乱，包括面色潮红、苍白、烦躁不安、表情淡漠、恶心、呕吐、大汗淋漓、皮肤湿冷、血压偏低、心率加快、体温轻度升高。

3. 重症中暑

中暑伤病员会出现高热、痉挛、惊厥、休克、昏迷等症状。重症中暑分为热痉挛、热衰竭、热射病。

（1）热痉挛临床表现为四肢、腹部、背部肌肉的肌痉挛和收缩疼痛，尤以腓肠肌为特征，常体现出对称性和阵发性特点，也可出现肠痉挛性剧痛。伤病员意识清楚，体温一般正常。热痉挛可以是热射病的早期表现，常发生于高温环境下强体力作业或运动时。

（2）热衰竭表现为头晕、眩晕、头痛、恶心、呕吐、脸色苍白、皮肤湿冷、大汗淋漓、呼吸增快、心律失常、晕厥、肌痉挛、血压下降甚至休克。中枢神经系统损害不明显，病情轻而短暂者也称为热晕厥，可发展为热射病。热衰竭常发生于老年人、儿童和患慢性疾病的病人。

（3）热射病又称中暑高热，属于高温综合征，是中暑最严重的类型。伤病员在全身乏力、出汗、头晕、头痛、恶心等早期症状的基础上，出现高热、无汗、神志障碍，体温高达 40 ~ 42 ℃，甚至更高。可有皮肤干燥、灼热、昏迷、抽搐、呼吸急促、心动过速、瞳孔缩小、脑膜刺激征等表现，严重者出现休克、心力衰竭、脑水肿、肺水肿、急性肾衰竭、急性重型肝炎、多器官功能衰竭等症状。

三、鉴别

在高温环境中，繁重的体力工作或剧烈运动之后（或过程中）出现相应的临床表现即可以诊断为中暑。对肌痉挛伴虚脱、昏迷伴有高热的伤病员也应考虑中暑。须注意排除流行性乙型脑炎、细菌性脑膜炎、疟疾、脓毒症、伤寒等原因引起的高温综合征。

四、应急处置

（一）先兆及轻症中暑

先兆中暑伤病员应立即转移到阴凉、通风环境，口服淡盐水或者饮用含有盐分的清凉饮料，稍事休息即可恢复正常。轻症者除口服淡盐水或含盐清凉饮料并休息外，对有循环功能紊乱者，可经静脉补充5%葡萄糖盐水，需注意静脉滴注速度不能太快，并要加强观察，直至恢复。

还可在额部、颞部涂抹清凉油或风油精，并口服人丹10～20粒，稍事休息后即可缓解。

（二）重症中暑

1. 热痉挛

补充氯化钠，静脉滴注5%葡萄糖盐水或生理盐水1 000～2 000 ml。

2. 热衰竭

及时补足血容量，防止血压下降。可用5%葡萄糖盐水或生理盐水静脉滴注。

3. 热射病

（1）将伤病员转移到通风良好的低温环境，可使用电风扇、空调等进行降温。按摩伤病员四肢及躯干，促进循环散热，监测体温、血压等。

（2）给予吸氧。

（3）降温：降温速度与身体恢复密切相关。体温越高，持续时间越长，对组织造成的损害就越严重。通常情况下应在1 h内使直肠温度降至37.8～38.9 ℃。

体外降温：头部降温可采用冰帽、电子冰帽，或用装满冰块的塑料袋紧贴两侧颈动脉及双侧腹股沟。全身降温可使用冰水、酒精擦拭皮肤。

体内降温：用冰盐水200 ml进行胃或直肠灌洗；也可静脉滴注低温的5%葡萄糖盐水，开始时滴速控制在30～40滴/min。

补钠和补液，维持水、电解质平衡，纠正酸中毒。低血压时应首先及时输液补足血容量，必要时应用升压药（如多巴胺）。重症中暑应急处置示意图如图 3－5 所示。

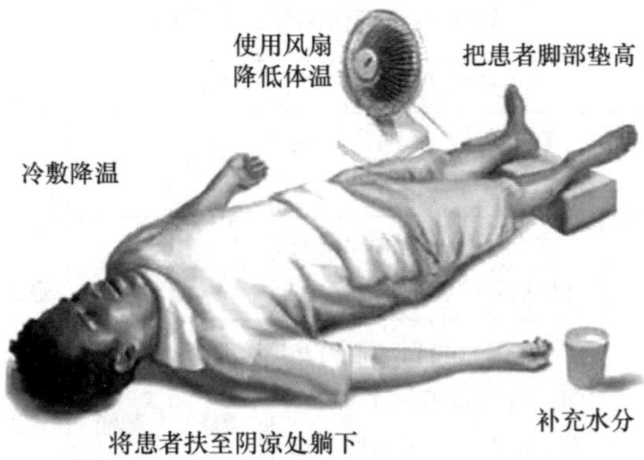

图 3－5　重症中暑应急处置示意图

任务四　烧　烫　伤

【知识目标】

- 了解烧烫伤的概念。

【技能目标】

- 掌握烧烫伤的应急处置办法。

【相关知识】

一、概述

烧烫伤指各种热源、光电、放射线等因素所致的人体组织损伤。热源包括：热水、热液、热蒸汽、热固体或火焰等。烧烫伤是一种常见的意外损伤，对于大面积烧伤，须紧急救治。

二、烧伤深度的鉴别

烧伤深度的鉴别表如表 3－1 所示。

表 3－1 烧伤深度的鉴别表

深度	损伤深度	外观及体征	感觉	拔毛	创面愈合过程
Ⅰ度	伤及表皮层，生发层健在	红斑，无水疱，轻度肿胀	痛明显	痛	3～5 天痊愈脱屑，无瘢痕
浅Ⅱ度	伤及真皮乳头层，部分生发层健在	水疱形成，基底红润，渗出液多，水肿重	剧痛	痛	2 周内痊愈，色素沉着，数月可退，不留瘢痕
深Ⅱ度	伤及真皮层	水疱基底粉白或红白相间，创面微潮，水肿重，有小出血点，干燥后可见毛细血管网	微痛	微痛	3～5 周愈合，瘢痕较重
Ⅲ度	伤及皮肤全层，甚至脂肪、肌肉、骨骼	创面苍白、焦黄或炭化，干燥，硬如皮革，表面肿胀不明显，可见粗大血管网	痛觉丧失	不痛，易拔除	周围上皮向中心生长或植皮方能愈合，遗留瘢痕或畸形，严重者需后期整形

三、应急处置

（1）迅速脱离热源。

（2）浅度烧伤，包括Ⅰ度烧伤和烧伤直径在 3 英寸（7.6 cm）以下的Ⅱ度烧伤（浅Ⅱ度烧伤），其处置方法如下。

① 冷却疗法。如图 3－6 所示，用冷水对创面进行淋洗、浸泡，或用毛巾包裹冰块进行冷敷（不可将冰块直接敷在创面上），最常用且方便的方法是用自来水淋洗。冷却疗法持续时间最好达到 10～15 min 或至创面不疼痛或疼痛明显减轻为止。冷却疗法可以起到降温、止痛和减轻局部肿胀的效果。

② 用无菌纱布覆盖创面（不宜使用毛巾或者其他可以与患处开放性伤口发生粘连的辅料），覆盖不宜过紧。纱布覆盖可以保持伤口清洁，减少疼痛，保护皮肤水疱。

③ 适当使用非处方止痛药。

④ 不要自行挤压患处，撕破水疱。不要在创面乱涂东西（如蛋清等），以免发生感染。

（3）深度烧伤，包括烧伤直径大于 3 英寸（7.6 cm）的Ⅱ度烧伤（深Ⅱ度烧伤）和Ⅲ度烧伤，其处置方法如下。

切勿强力撕脱燃烧的衣物；应迅速熄灭火焰并脱离现场，可以用冷水冲淋衣物后将其剪开脱去，切勿强力撕脱。

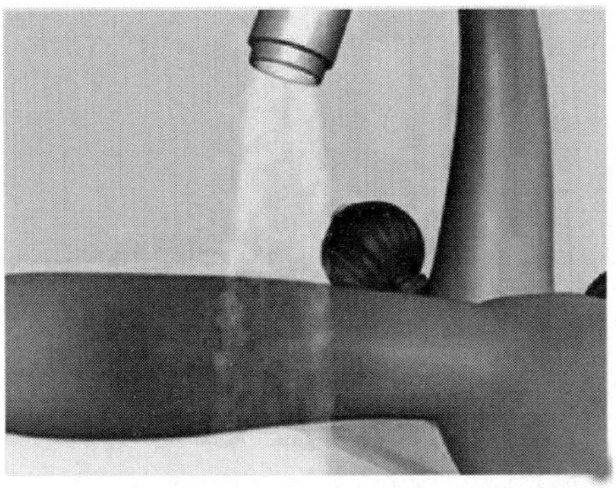

(a) 用冷水淋洗

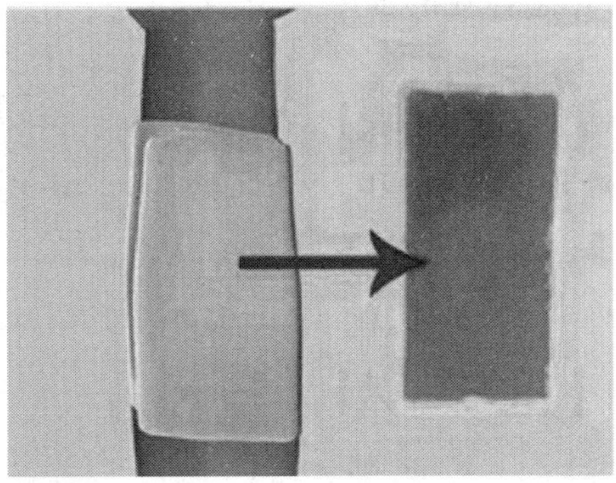

(b) 用毛巾包裹冰块进行冷敷

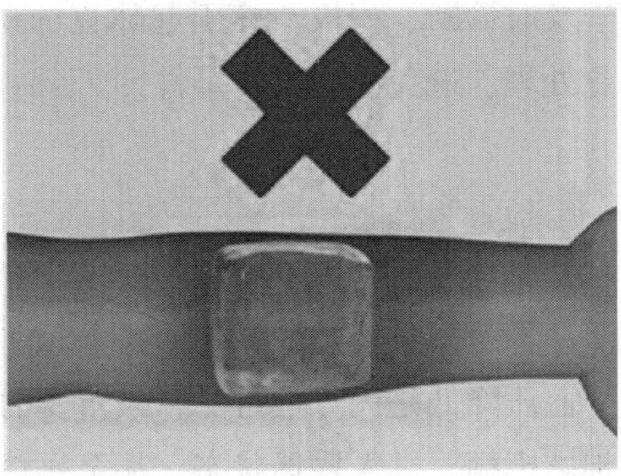

(c) 不可将冰块直接敷在创面上

图3－6　冷却疗法

① 切勿将大面积深度烧伤部位浸入冷水中，以免引起体温和血压急剧降低，造成休克。

② 注意观察伤病员是否出现休克症状，如出现呼吸、心跳停止，应紧急实施心肺复苏，并积极采取抗休克治疗，适当补充液体。

③ 抬高烧伤肢体。

④ 使用透气湿润的无菌纱布覆盖烧伤创面，勿用牙膏、蛋清等涂抹创面。

⑤ 重度烧伤伤病员应视情况进行破伤风预防治疗。

任务五　休　　克

【知识目标】

- 了解休克的定义及其发生的原因；

- 熟悉休克的临床表现。

【技能目标】

- 掌握休克的应急处置方法。

【相关知识】

旅客在出行的过程中，会有突发休克的情况，需要紧急进行处理，如不及时处理，短时间内即可导致死亡。及时诊断、积极治疗引起休克的病因是防止休克发生的最有效措施，要及时进行紧急处理，避免发生不良事件。

一、定义

休克为一种急性症状，是因各种致病因素作用引起的有效循环血容量急剧减少，导致器官和组织微循环灌注不足，致使组织缺氧、细胞代谢紊乱和器官功能受损的急性循环功能不全综合征。血压降低是休克最常见、最重要的临床特征。如不及时抢救，可能会导致反应迟钝、神志模糊，进入昏迷状态，甚至死亡。

二、临床表现

1. 休克早期

在原发症状体征为主的情况下出现轻度兴奋征象，如意识尚清，但烦躁焦虑，精神紧张，面色、皮肤苍白，口唇轻度发绀，脉搏快速跳动、呼吸频率增加，四肢发冷及干渴等。

2. 休克中期

伤病员烦躁，意识不清，呼吸表浅，四肢温度下降，脉弱，血压降低，皮肤湿冷等。

3. 休克晚期

脉搏快速而微弱；不规则地喘气；瞳孔放大，对光线反应迟钝；神志不清，最终昏迷并死亡。

三、应急处置

休克是临床上常见的紧急情况，应该抓紧时间进行救治，在休克早期进行有效的干预，控制引起休克的原发病因，遏止病情发展，有助于促进伤病员的康复。

（一）现场急救措施

（1）如图3－7所示，伤病员采取平卧位，下肢应略抬高，以利于大脑血流供应。如有呼吸困难可将头部和躯干抬高一点，以利于呼吸；伴有心衰、肺水肿等情况出现时，应取半卧位。

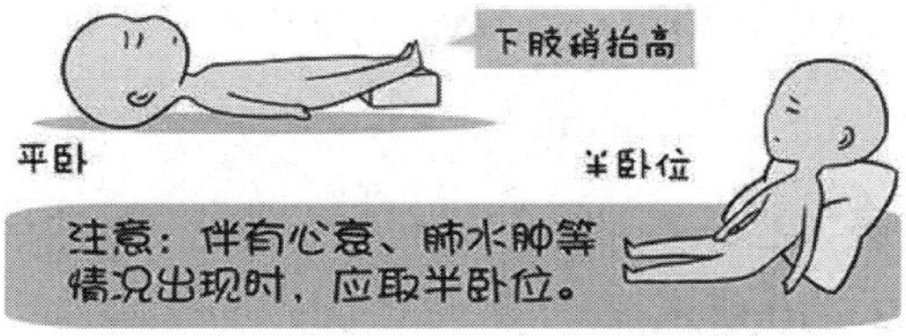

图3－7　休克伤病员急救体位

（2）保持呼吸道通畅（尤其对于休克伴昏迷者）。保持呼吸道通畅的方法是将伤病员颈部垫高，下颌抬起，使头部最大限度地后仰，同时头偏向一侧，以防呕吐物和分泌物误吸入呼吸道。

（3）维持比较正常的体温，低体温时注意保温，高体温时尽量降温；及早建立静脉通路，并用药物维持血压，可用小剂量镇痛、镇静药，但要防止呼吸和循环抑制。

保持呼吸道通畅和保暖如图3－8所示。

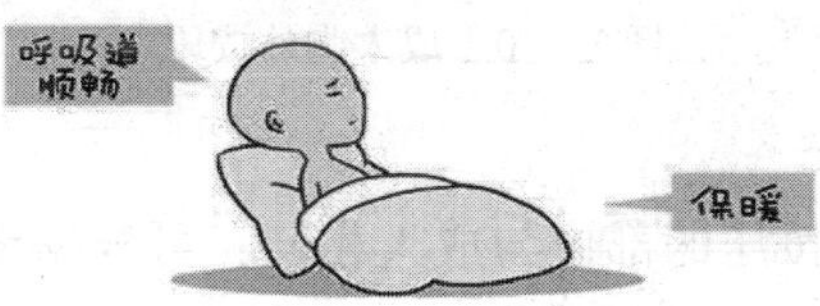

图3－8　保持呼吸道通畅和保暖

（4）尽量保持伤病员安静，避免人为搬动，以免增加心脏负担，使休克加重；如是因为过敏导致的休克，应尽快使伤病员脱离致敏场所和致敏物质，口服脱敏药物。

（5）有条件时要立即吸氧，对于未昏迷的伤病员，应酌情让其饮用含盐饮料；同时应立即将伤病员送至医院抢救。

（二）实施心肺复苏治疗

当伤病员失去知觉时，如果呼吸和心跳停止，应施行心肺复苏治疗。

1. 先要判断伤病员意识

呼叫伤病员，或者轻拍伤病员肩部，看其是否有反应；检查呼吸，耳面贴近伤病员口鼻，感觉伤病员呼吸，观察其胸廓起伏；触摸颈动脉，看是否有搏动，切忌不可同时触摸两侧颈动脉。判断颈动脉搏动如图3－9所示。

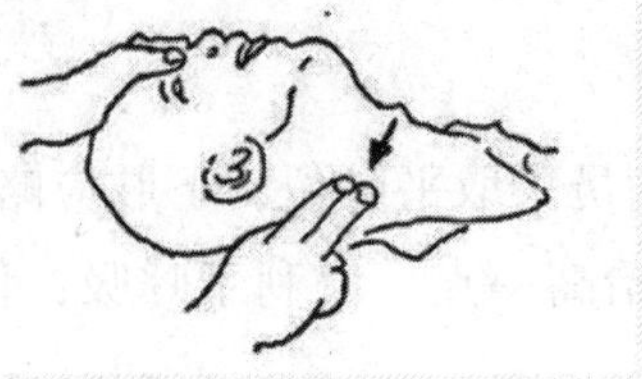

图 3-9 判断颈动脉搏动

2. 胸外按压

（1）成人的胸外按压方法。

成人胸外按压如图 3-10 所示。

成人胸外按压的具体方法可参考本书项目五的相关内容。

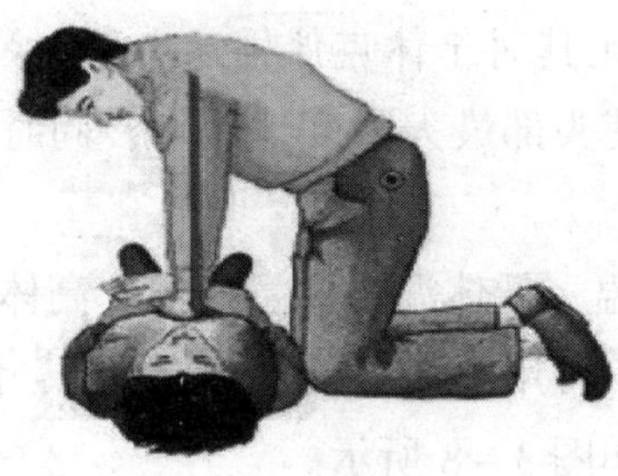

图 3-10 成人胸外按压

（2）儿童胸外按压方法。

针对 1~8 岁的儿童，按压的部位与成人相同；可根据伤病员身材大小调节按压的力量，可用一手或两手按压。1~8 岁的儿童的胸外按压方法可参考本书项目五的相关内容。

（3）婴儿胸外按压方法。

不到 1 岁的婴儿的胸外按压方法可参考本书项目五的相关内容。

3. 开放气道

保证伤病员平躺在地面或硬板床上，昏迷的人常常会因呼吸道异物或舌后坠而造成气道堵塞，这时施救人员要跪在伤病员身体的一侧，以右侧为佳，清理呼吸道异物，然后一手按住其额头向下压，另一手托起其下巴向上抬。下颌与耳垂的连线垂直于地平线，这样就说明气道已经被打开。开放气道如图 3-11 所示。开放气道的其他方法可参考本书项目五的相关内容。

4. 人工呼吸

人工呼吸如图 3-12 所示。

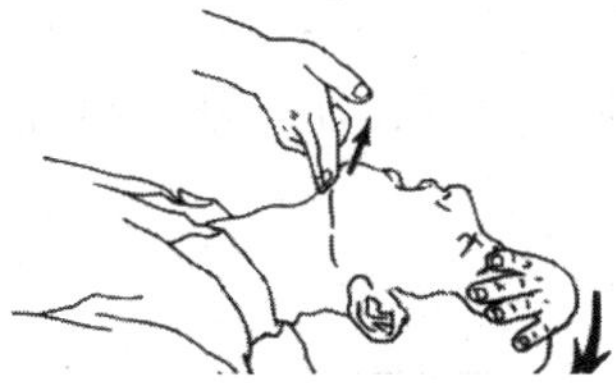

图 3－11　开放气道

人工呼吸的具体方法可参考本书项目五的相关内容。

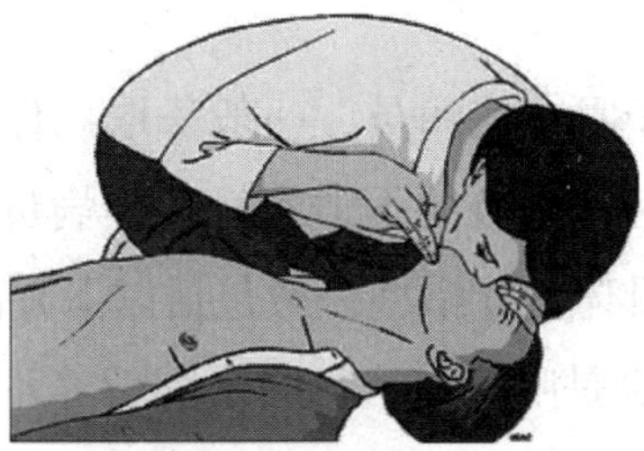

图 3－12　人工呼吸

任务六　呕　　吐

【知识目标】

- 了解呕吐的概念；
- 熟悉呕吐的应急处置方法。

【技能目标】

- 能够运用呕吐的应急处置方法解决旅客的实际问题。

【相关知识】

一、概念

呕吐是一种常见的急症，其病因很多，主要见于消化系统疾病，如急性胃肠炎、肠梗阻等。呕吐也可以是其他疾病的症状之一，常见的有尿毒症、心肌梗死、酒精或药物中毒、晕动病、偏头痛、神经性贪食症、剧烈疼痛等。呕吐严重者可以导致严重的电解质紊乱、脱水甚至死亡。

二、治疗

及时识别危急状况和造成呕吐的原因，并进行信息采集，包括呕吐持续的时间，呕吐物中有无血液，以及有无严重基础疾病的伴随症状，还应检查伤病员意识水平、腹部情况等重要生命体征。

列车上受条件所限，对于呕吐伤病员，一般采取确保周围空气畅通，让伤病员静坐或平躺休息等措施，以减轻伤病员的不适，轻症伤病员恢复后，可继续旅行，重症伤病员须下车治疗。呕吐的具体治疗措施一般包括以下方面。

（1）一般处理：摄入减少是呕吐伤病员脱水和营养不良的主要原因，可进行静脉补液并进行心电监护。

（2）病因治疗：是缓解恶心、呕吐的根本办法。

（3）对症治疗：止吐剂常用的有异丙嗪、丙氯拉嗪、氟哌啶醇等。

（4）中药治疗：若呕吐物酸腐，有明显饮食物积滞的情况，可选用保和丸 1 ~ 2 丸口服，可先用压舌板探吐后，再服药。若起病急骤，并伴发热，恶寒，胸腔满闷，可口服藿香正气水 1 支，并密切观察伤病员情况。

任务七 腹　　泻

【知识目标】

- 了解腹泻的概念、分类；
- 熟悉腹泻的应急处置方法。

【技能目标】

- 能够对腹泻伤病员进行应急处置。

【相关知识】

一、概述

腹泻是常见的急症之一，85% 的病例与感染有关。大多数腹泻是自限性的，只需加强护理和对症治疗便可恢复。感染性腹泻可以引起严重后果，特别是在易感人群中可以导致大规模发病和死亡；非感染性腹泻同样可以对健康人和伤病员造成巨大威胁。腹泻也可以是腹部疾病、内分泌疾病、中毒及其他系统疾病的临床表现之一，因此，只有在广泛考虑或排除其他病因之后才能将其诊断为胃肠炎或病毒性腹泻。

腹泻是相对伤病员的正常状况而言的，大便的量和次数增加，或粪便呈水样为腹泻的明显特征。痢疾是由病原体引起的炎症性腹泻，病原体侵犯肠道黏膜，在大便中出现血液、黏液和蛋白成分，常伴其他症状如发热、腹痛、食欲缺乏、脱水和体重下降。

二、分类

腹泻有急性和慢性之分，病程小于 4 周的称为急性腹泻，超过 4 周的为慢性腹泻。腹泻还可分为：渗透性腹泻、分泌性腹泻、炎症性腹泻和异常动力性腹泻 4 种类型。

一般情况下，将腹泻分为感染性和非感染性两种。感染性腹泻的病因包括病毒、细菌和寄生虫感染。

1. 感染性腹泻

① 细菌和寄生虫在临床上可以引起侵袭性炎症，造成大规模的发病和死亡，特别是对于易感人群和未获得适当治疗者。部分侵袭性细菌，可以引起菌血症、脓毒血症和死亡。

② 病毒和部分细菌只引起自限性分泌性腹泻，表现为轻度脱水，而全身症状轻微。

③ 急性阿米巴痢疾在临床上很难与细菌性痢疾相鉴别，由特殊病原菌引起的感染性腹泻很少能在非实验室检查的条件下明确诊断。

2. 非感染性腹泻

① 尽管非感染性腹泻在临床表现上可能和感染性腹泻并无多大区别，但是有必要考虑是否存在腹部器官的外科疾病，包括胃肠道出血、缺血性肠病、急性阑尾炎、肠

套叠、异位妊娠和肠梗阻等。

② 接触或食入毒物，如重金属中毒、食入植物或鱼类毒素等。

③ 应该考虑到内分泌疾病（如肾上腺功能不全）和一些其他系统疾病，还要特别注意伤病员所用药物和既往手术史。

三、应急处置

1. 快速评估和处理

治疗腹泻伤病员应当从评估伤病员的整体健康状况和进行必要的监测开始。

（1）监测评估：监测血压、脉搏、呼吸频率等。

（2）应急处理：对循环不稳定者应给予吸氧、建立静脉通道、补充生理盐水。如果腹泻肯定是由感染所致，并且有全身感染的表现，应给予早期抗生素治疗。

2. 进一步治疗

如果有证据表明伤病员病情严重，或有中毒表现，或已经出现循环不稳定，则需要积极进行治疗。对于年老、年幼、有严重基础疾病者应尽可能转送医院，住院治疗。

腹泻伤病员的初始治疗包括支持护理及评估脱水程度。轻到中度脱水者可以选择口服补液来治疗。对儿童伤病员，按 50 ~ 100 ml/kg 剂量补充糖盐水。对于严重脱水的伤病员，则应选择静脉补充生理盐水，儿童按20 ml/kg剂量快速静脉补充生理盐水，必要时可重复补液。

如果腹泻是由某种特异性病原菌引起，在列车上很难给予有针对性的用药，因此应安排伤病员尽快下车治疗。

任务八　急性食物中毒

【知识目标】

- 了解急性食物中毒的概念、分类；
- 熟悉急性食物中毒的临床表现。

【技能目标】

- 掌握急性食物中毒的应急处理方法。

【相关知识】

一、概述

急性食物中毒的含义广泛，凡是食用被致病菌及其毒素污染的食物，或被毒物（重金属、农药等）污染的食物，以及自身含有某种毒素的食物，引起的急性中毒性疾病都可称为急性食物中毒。急性食物中毒具有潜伏期短、发病急、多群体发病等特征，且具有明显的季节性特征，如急性细菌性食物中毒多发生在夏季。

二、分类

根据急性食物中毒的病因一般将其分为两大类。

（1）细菌性食物中毒：常见的致病菌有沙门菌属、变形杆菌、产肠毒素性大肠杆菌等，它们均有一定的传染性。葡萄球菌和肉毒杆菌引起的食物中毒与其产生的毒素有关，不具传染性。

（2）非细菌性食物中毒：食用被有毒化学物质污染的食物或食用有毒动植物。

三、应急处置

（1）对于刚进食毒物出现中毒症状的伤病员，应立即进行催吐，使食物脱离体内。

（2）对于以急性胃肠炎为主要症状的伤病员，症状轻者可不给予特殊处理，症状严重者应密切观察，以确定其是否可以继续旅行。

（3）针对病原菌的治疗，可选择应用抗生素、抗毒素。

（4）补液，纠正电解质紊乱。

任务九　心　　悸

【知识目标】

- 熟悉心悸的概念。

【技能目标】

- 能够对心悸进行应急处置。

【相关知识】

一、概述

心悸是一种自觉心脏跳动不适而形成的心慌感。当心脏收缩过强、心动过速、心动过缓或其他心律失常时，伤病员均可感觉心悸。除上述因素外，该症状还与精神因素和伤病员注意力有关。心律失常是指心脏冲动的频率、节律、起源部位、传导速度或激动顺序的生理异常，临床主要表现为心悸，可由各种病因所致。

心悸伤病员常用“心乱”“心脏停搏感”“心慌”等词汇来形容。心悸可因病因不同，而出现不同的临床表现。

二、应急处置

心悸与心律失常无关时一般无须特殊治疗，对于心律失常伴随严重血流动力学障碍的伤病员，应尽快安排其下车治疗。

任务十　紧 急 分 娩

【知识目标】

- 了解正常分娩的过程；
- 熟悉异常分娩及并发症；
- 熟悉异常分娩的应急处置方法。

【技能目标】

- 遇到紧急分娩者能做好护理并能进行应急处置。

【相关知识】

一、概述

分娩过程较为复杂，需在具备专业人员和相关设施（超声、胎心监护、吸引器、产钳等）的条件下进行，但如果在特殊情况下遇到分娩情况，需要我们了解正常分娩和异常分娩的基本知识和技能。围产期保健内容对于产妇和胎儿很重要，这些保健内容包括预产期、是否多胎妊娠、胎儿大小、骨盆测量、胎盘位置、羊水穿刺结果、血型和既往并发症，在列车上通过询问产妇及陪同家属，尽量收集这些信息。

紧急分娩高危的原因主要由难以预计的并发症引起，如阴道流血、胎膜早破、子痫、早产、胎盘早剥、急产、先露异常及脐带相关的急症。因紧急分娩风险高，应在最短的时间内将产妇转运到妇产科及儿科力量较强的医院，早产儿还需要转至新生儿监护病房。

二、正常分娩

大部分正常分娩不需太多的人为干预，产后恢复良好。分娩期间母儿脆弱，需要严密观察，从而降低死伤率。虽然紧急分娩风险高，但大部分为正常分娩过程，列车乘务人员应了解经阴道分娩的机制并能辨认相关并发症。

（一）假临产

孕晚期，子宫出现明显的收缩。孕周大于30周后，原先小而不协调的宫缩可规律发生并被孕妇感知，虽然无明显疼痛感，但孕妇可感知子宫或下腹部紧张感，但这种宫缩不足以引起宫颈扩张，此种情况下宫口未开，胎膜完整，要注意勿损伤胎膜，引起早产。

（二）临产

真正的分娩指周期性的规律宫缩，频率、持续时间、强度逐渐增加，直至胎儿胎盘娩出。与假临产不同，真正的宫缩可引起宫颈扩张，这标志着第一产程的开始。

（三）见红

孕早期，宫颈供血增加、水肿、变柔软，呈紫罗兰色。临产后，宫颈黏液栓排出，引起见红，出血量少，通常只有暗红色的血迹。见红是临产的可靠标志。如果出血量大，应鉴别其他严重的疾病。

(四) 产程

1. 第一产程

第一产程是宫颈扩张期，宫颈消失，宫口开全即进入第二产程。初产妇的第一产程约8 h、经产妇的第一产程约 5 h，在这段时间里，间断评估胎儿状态非常重要。低危妊娠每 30 min 听胎心，高危妊娠应持续监测胎心。

分娩开始的标志依据宫颈扩张度的检查来判断，注意应用碘消毒并实施无菌操作，检查宫颈包括下列内容。

（1）宫颈管是否消失。

（2）扩张：宫颈扩张的厘米数，扩张完全为 10 cm。

（3）胎位：胎先露部分与产道的关系，最常见的胎位为枕前位。

（4）胎头下降：胎先露最低点与坐骨棘平面的关系。

（5）先露：最先进入骨盆入口的胎儿部分。

2. 第二产程

第二产程始于宫颈口全开，伴随规律并逐渐加强的宫缩。第二产程宫缩可持续 1～2 min，间歇期小于 1 min。初产妇该产程平均所需时间为 50 min，经产妇为 20 min。

进入第二产程应做好分娩的准备。预热保温箱，准备新生儿复苏用品，如毛巾、脐带钳、血管钳、吸耳球、辅助通气设施（大小合适的面罩、气管插管和吸引器）和开辟静脉通路所需用品。大部分分娩仅需要用脐带钳剪断脐带，吸净新生儿口鼻分泌物，并刺激婴儿呼吸便可。

母亲应处于膀胱截石位或左侧膝胸卧位。冲洗会阴部，除去黏液、粪便等，重复消毒，评估产程进展并明确胎先露。一手的手掌张开保护会阴，预防裂伤。另一手根据产程进展协助胎头娩出，胎头着冠时，注意控制产程进展。急产可造成母亲损伤如会阴、直肠、尿道、阴唇、阴道和宫颈裂伤，也会损伤胎儿。

最危险的时刻为胎头仰伸，会阴扩展时。鼓励产妇深呼吸，避免用力挤压腹部。与产妇交流会有助于控制产程，如产程控制好，不需要常规进行会阴侧切，大部分分娩使用里特根娩出手法即可。

里特根娩出手法：接生者一手戴手套，掌心放置消毒巾保护会阴，同时可压住胎儿的下颌。另一手从上方轻轻下压胎头枕部，引导胎头俯屈、下降、仰伸。胎头在会阴部俯屈有助于胎头以最小经线通过骨盆和会阴。

胎头娩出后，需协助胎头旋转至母亲大腿，并清理胎儿颜面及呼吸道。产程中应用吸耳球吸出鼻腔及口咽部的分泌物，可最大限度减少胎儿在通过产道过程中吸入血液、胎粪、组织碎屑。

其次，娩出胎肩，通常先娩出前肩。一般胎肩可自发娩出，只需轻柔协助胎头向下，然后上提娩出后肩，以尽量减少对母亲的损伤。

胎儿从会阴娩出后，注意脐带的处理。胎儿应处于平行或低于会阴的水平位置，使胎盘脐带血流向胎儿。如图 3－13 所示，用脐带钳剪断脐带，血管钳与脐带钳须隔开一定距离。

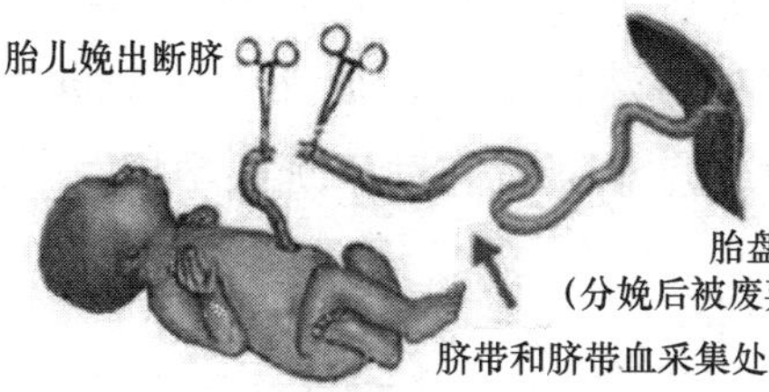

图 3－13　剪断脐带

新生儿此时已与母亲分离，可用毛巾将其擦干并通过轻弹足底及抚摸背部刺激呼吸道（避免拍打新生儿）。

3. 第三产程

第三产程为胎盘娩出期，需经常观察子宫收缩的强度和宫底高度。如果子宫收缩好，无大量阴道流血，不需按摩子宫，禁止在出现胎盘剥离征象前主动剥离胎盘。

胎盘剥离征象包括以下方面。

（1）子宫变硬呈球形。

（2）阴道大量出血。

（3）剥离的胎盘降至子宫下段，阴道口外露的脐带自行延长。

（4）用手掌内侧在产妇耻骨联合上方轻压子宫下段，宫体上升而外露的脐带不再回缩。

这些征象通常在胎儿娩出后 5～10 min 出现，可延迟至 20 min。

4. 第四产程

第四产程指胎盘娩出后的 1 h，产后出血常见于这段时间。使用缩宫素可加强宫缩，控制出血。经常检查子宫收缩强度，如子宫较放松，可经腹部按摩子宫。胎盘娩出前禁止使用缩宫素。

三、异常分娩

（一）早产

早产胎儿未成熟是造成新生儿死亡的主要原因。早产指孕37周前出现宫缩及宫颈改变，发病率为8%～10%。危险因素包括既往孕产史、社会因素、子宫畸形、医源性疾病、感染、生活方式和心理压力。一般而言，早产情况可依据母儿健康情况使用保胎药物，保胎治疗可应用多种不同药物，如宫缩抑制剂等，也可进行促胎肺成熟治疗。在列车上遇到此种特殊情况时，最佳办法是将产妇转运至医院妇产科继续治疗，产妇在列车上注意休息和补液有助于延长孕周。

（二）胎膜早破

胎膜早破指在临产前出现羊膜、绒毛膜破裂，发病率约为3%。妊娠过程中，羊膜、绒毛膜保护胎儿，避免感染，并提供胎儿生长发育的环境。羊水随胎儿吞咽、排尿及脐带转运不断变化。胎儿呼吸道分泌的液体帮助胎儿呼吸，并促进呼吸道发育。临产前液体产生量为5 ml/(kg·h)，出生后可很快被胎肺淋巴系统、血管及上呼吸道吸收。10%～15%胎膜早破产妇的胎儿已经接近或足月，可正常临产分娩。当胎膜早破合并早产时，胎儿的病残率增高。产妇通常会描述一股液体持续渗出的症状。

（三）孕期阴道流血

孕期阴道流血主要见于两种疾病，前置胎盘和胎盘早剥。

1. 前置胎盘

前置胎盘的典型症状为孕晚期无痛性的阴道流血（血为鲜红色）。子宫柔软，胎位多异常；常见臀位、斜位或横位。流血最初为自限性，不会危及生命。症状出现越早，提示胎盘位置越低。所有的前置胎盘都应入院治疗，分娩方式以剖宫产为宜。

2. 胎盘早剥

胎盘早剥的严重程度差别较大，从轻微不适到致命。胎盘早剥与前置胎盘临床表现的主要不同在于前置胎盘出血不伴腹痛，而胎盘早剥伴有腹痛。胎盘早剥产妇的腹痛由宫缩引起，为高频低张型宫缩。胎儿的状态和产妇是否临产是治疗中最重要的问题。大部分胎盘早剥的产妇直接进入产程。剖宫产可提高胎儿存活率。轻度的胎盘早剥可经阴道分娩。

异常分娩的处理原则取决于多种因素，包括孕妇年龄及胎儿成熟度，有无产兆，有无感染，胎儿安危。如果分娩在即，应协助产妇分娩。

无论是正常分娩还是异常分娩，整个过程影响因素较多，一旦发生紧急分娩还需第一时间联系距离最近的医院妇产科，尽早将产妇转移，若在列车上完成分娩，全程还要注意消毒，以防母儿感染。

任务十一　小儿热性惊厥

【知识目标】

- 了解什么是小儿热性惊厥；
- 熟悉小儿热性惊厥的应急处置方法。

【技能目标】

- 能够准确判断小儿热性惊厥并进行应急处置。

【相关知识】

一、概述

热性惊厥又称高热惊厥，是小儿最常见的惊厥之一，绝大多数能良好恢复，发病年龄 6 个月至 3 岁较多，一般 6 岁后的儿童由于大脑发育完善而较少出现此症状。上呼吸道感染或其他感染性疾病初期，体温上升过程中大于 38 ℃出现的惊厥，排除颅内感染和其他导致惊厥的器质性或代谢性异常，为小儿热性惊厥的可能性很大。

惊厥是大脑运动神经元兴奋性过度、突然大量异常放电造成的，其表现为全身骨骼肌不随意收缩运动及意识丧失，其生化基础被认为是对神经兴奋介质起抑制作用的物质减少。惊厥可以引起暂时性脑功能障碍，对小儿发育中的脑影响更大，一次惊厥对近记忆的一过性影响与脑震荡所致的损伤相当，而惊厥持续状态可产生严重不可逆脑损伤，小儿惊厥30 min以上就可产生神经元缺血病变，影响小儿智力和健康。

患病的小儿表现为四肢、躯干与颜面骨骼肌非自主性地强直与阵挛性抽搐，并引起关节运动，常为全身性、对称性，伴有或不伴有意识丧失。

二、应急处置

小儿热性惊厥的应急处置原则是迅速止惊、退热、治疗原发病和预防复发。将小儿置于平侧卧位，避免呕吐物吸入窒息，可用纸巾或毛巾擦去分泌物，可掐人中穴与合谷穴（见图3－14)，同时用温毛巾擦身降温，一般情况下惊厥多会在2～5 min后缓解。若惊厥没有缓解而呈持续状态，应立即送医院实施抢救。

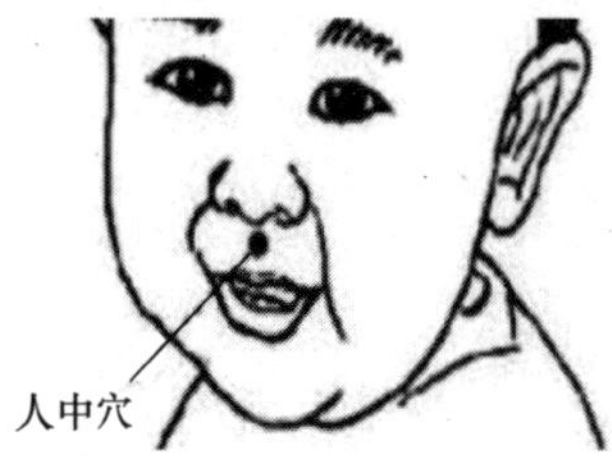

(a) 人中穴

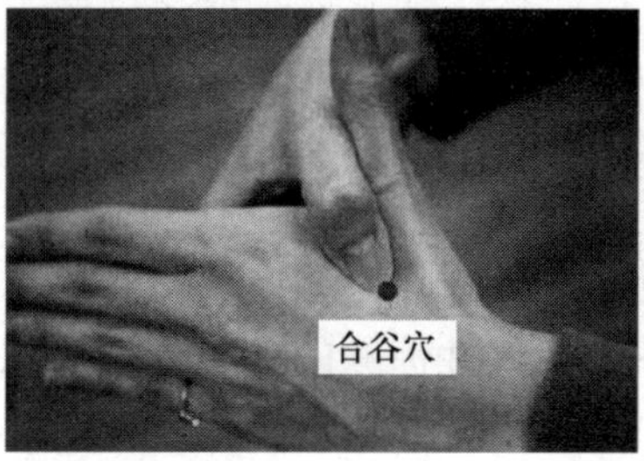

(b) 合谷穴

图3－14 人中穴与合谷穴

任务十二 抽搐及晕厥

【知识目标】

- 了解引发抽搐及晕厥的相关疾病；
- 熟悉抽搐及晕厥的症状，可迅速对紧急情况做出相应的判断；
- 熟悉在医护人员到位前保证抽搐及晕厥旅客生命安全的应急处置方法。

【技能目标】

- 能够掌握抽搐及晕厥的应急处置方法。

【相关知识】

一、抽搐

（一）概述

抽搐是指骨骼肌痉挛性痫性发作及其他不自主的骨骼肌发作性痉挛。

注意以下假性抽搐。

（1）癔症：发作常以情绪激动为诱因，与抽搐不同的是伤病员无意识丧失，且绝大多数无大小便失禁、咬舌、跌伤等现象。常出现过度换气及长时间屏气，体格检查无神经系统异常，经他人劝导，或服用镇静药物可终止。

（2）晕厥：由于各种原因所致，大脑供血和供氧不足引起的头晕、心悸、出汗、黑蒙等。单纯性晕厥，伤病员并无抽搐，经平卧休息，吸氧后会逐渐缓解。

（3）精神性疾病：一般仅发作过程中出现意识障碍，对发作过程不能回忆，但发作间期精神正常，如神游症、恐慌症等。

（二）应急处置

应以立即制止抽搐为应急处置的首要原则，而后查明病因，针对病因治疗。

（1）判断现场环境是否安全，如有危险因素要及时躲避或脱离危险，否则尽可能不移动伤病员。

（2）疏散围观人群，保持空气流通，使晕厥伤病员能呼吸到足够新鲜的空气。

（3）将伤病员置于侧卧位或仰卧位，头偏向一侧，防止唾液及呕吐物吸入，保持呼吸道通畅，及时吸取咽部分泌物，避免发生吸入性肺炎或窒息，松脱伤病员衣领、裤带，减少不必要的刺激。

（4）防止舌咬伤，如遇牙关紧闭者，不可强行撬开，以免损伤牙齿，加强监护，监测伤病员的体温、呼吸、心率、血压、肤色、瞳孔，防止伤病员坠倒受伤。

（5）尽早吸氧，改善组织缺氧状况。

（6）有高热抽搐时立即采取药物或物理降温。

（7）条件允许的情况下：立刻注射抗抽搐药物；低钙抽搐者补充钙剂。

（8）可针对癔症伤病员给予认知疗法、暗示疗法、催眠疗法或药物疗法治疗；晕厥伤病员给予心理疏导、药物治疗；精神病伤病员给予心理疏导、药物治疗。

二、晕厥

晕厥是旅客在动车组行驶过程中较常出现的症状，可由多种原因引起，病因不同，其病情严重程度也有所不同。根据旅客晕厥症状、询问周围人其发作前的情况及询问病史，初步判断发病原因，对症处理，以尽快缓解旅客的症状，保证旅客旅途平安。

（一）概述

1. 晕厥的症状

晕厥是因一过性全脑低灌注而出现的短暂性意识丧失，其特点是突然发生、短暂和可自行完全恢复。典型晕厥发作持续时间一般不超过 20 s。

2. 晕厥与昏迷的鉴别

昏迷是指人体对外界环境不能够认识，由于脑功能异常而产生的意识丧失和运动丧失，并对刺激反应异常，或者是反射活动异常的一种病理状态。昏迷初期呈嗜睡状态，进而进入昏睡状态，病情进一步加重，就进入浅昏迷，并逐步过渡到深昏迷，此时血压、脉搏、呼吸等生命体征存在，但不稳定，伤病员处于濒死状态。嗜睡时处于持续睡眠状态，但是能被痛觉及其他刺激和语言唤醒，并能做出适当的运动和言语反应，刺激停止则不久转回嗜睡状态。昏睡，需要较强烈的刺激才能唤醒，无自主语言或言语含混，对指令无反应或者反应不正确。昏迷分为深昏迷和浅昏迷：浅昏迷可以被强烈的痛觉刺激，能引起伤病员的防御性动作，但对外界较强的刺激无反应；深昏迷就是所有的反射均消失，生命体征不稳定，有自主呼吸，但是节律不规律，多伴有通气不足。晕厥则以突然、短暂和可自行完全恢复的短暂性意识丧失为主要的表现，其发作持续时间一般不超过 20 s。晕厥可以自行恢复，一般积极对因、对症处理，预防外伤出现即可保证旅客生命安全；昏迷则是一种较严重的病理状态，可危及伤病员生命。所以正确地鉴别晕厥和昏迷，对于保证旅客生命安全至关重要。

（二）应急处置

1. 晕厥的应急处置

（1）判断现场环境是否安全，如有危险因素要及时躲避或脱离危险，否则尽可能不移动伤病员。

（2）疏散围观人群，保持空气流通，使晕厥伤病员能呼吸到足够新鲜的空气。

（3）通过动作或声音刺激来判断晕倒伤病员有无意识，比如可以拍打伤病员肩部并大声呼叫：“先生，你怎么了？”，然后观察伤病员对声音和拍打是否有语音或动作反应。

（4）调整晕厥伤病员体位：对于外界的刺激有反应的伤病员，可以使其采取自动恢复体位；而无反应的伤病员则应采取平卧位，即将其放置于动车组通道宽敞处，保持平卧位，双足稍抬高，松解衣领及腰带。

（5）保持呼吸：压额抬颌，保持呼吸道通畅，若有恶心、呕吐，应将伤病员头偏向一侧，以免呕吐物误吸入气管或肺内引起吸入性肺炎或窒息。条件允许时给予吸氧，以缓解伤病员缺氧状态。

（6）心源性昏厥，如发生心跳，呼吸骤停，应立即进行心肺复苏。

（7）可采取指掐或针刺人中、合谷等穴位唤醒伤病员。

（8）药源性休克，应停用药物。

根据伤病员发病原因及病情轻重的不同，在列车工作人员密切观察下，症状较轻伤病员缓解后可继续乘车旅行。症状严重伤病员应尽早下车治疗。

2. 昏迷的应急处置

昏迷是完全意识丧失的一种类型，是临床上的危重症。昏迷的病因复杂，伴随症状多，其与神经系统密切相关。突然昏迷应考虑脑出血、脑栓塞或高血压脑病；昏迷伴发热症状，应考虑有感染可能；昏迷前有剧烈呕吐，头痛，可能是颅内压增高，应考虑脑肿瘤、脑脓肿、脑出血、脑膜炎等可能。确认是否昏迷的检查并不困难，只要给予伤病员一定的刺激，如反复轻拍伤病员同时呼唤其名，如果伤病员无反应，同时有呼吸心跳的表现，就可以做出昏迷的诊断。确认导致昏迷的病因的检查繁多，要根据具体情况实施和甄别。

昏迷的应急处置原则如下。

（1）所有伤病员均需要去医院做进一步诊治，故应尽快将伤病员送往医院。尽快拨打 120 急救电话，停靠车站后马上将伤病员运送进医院进行专业诊疗。

（2）保持伤病员呼吸道通畅，及时清理气道异物，对呼吸阻力较大者使用口咽管，亦可使伤病员采用稳定侧卧位，这样即可防止咽部组织下坠堵塞呼吸道，又有利于分泌物引流，防止消化道内的物质反流导致的误吸，因此侧卧位是昏迷伤病员入院前必须采取的体位。

任务十三　癫　　痫

【知识目标】

- 了解引发癫痫的相关疾病；

- 熟悉癫痫的症状，可迅速对紧急情况做出相应的判断；
- 熟悉在医护人员到来前保证癫痫旅客生命安全的应急处置方法。

【技能目标】

- 能够掌握癫痫的应急处置方法。

【相关知识】

一、概述

癫痫是多种原因导致的脑部神经元高度同步化异常放电所致的临床综合征，临床表现具有发作性、短暂性、重复性和刻板性的特点，异常放电神经元的位置不同及异常放电的波及范围差异，使伤病员的发作形式不一，可表现为感觉、运动、意识、精神、行为、自主神经功能障碍或兼而有之，临床上每次发作或每种发作的过程称为痫性发作，一个伤病员可有一种或数种形式的痫性发作。在癫痫发作中，一组具有相似症状和体征特性组成的特定癫痫现象称为癫痫综合征。

二、应急处置

癫痫的应急处置应以立即制止抽搐为首要原则，而后查明病因，针对病因治疗。

（1）判断现场环境是否安全，如有危险因素要及时躲避或脱离危险，否则尽可能不移动伤病员。

（2）疏散围观人群，保持空气流通，使癫痫伤病员能呼吸到足够新鲜的空气。

（3）将伤病员置于侧卧位或仰卧位，头偏向一侧，防止唾液及呕吐物吸入，保持呼吸道通畅，及时吸取咽部分泌物，避免发生吸入性肺炎或窒息，松脱伤病员衣领、裤带，减少不必要的刺激。

（4）防止舌咬伤。遇牙关紧闭伤病员，不可强行撬开，以免损伤牙齿，加强监护，监测伤病员的体温、呼吸、心率、血压、肤色、瞳孔，防止伤病员坠倒受伤。

（5）尽早吸氧，改善组织缺氧状况。

（6）条件允许的情况下：立刻注射抗癫痫药物。

（7）根据伤病员发病原因及病情轻重的不同，在列车工作人员的密切观察下，口服抗癫痫药物后症状较轻的伤病员可继续乘车旅行。

任务十四　支气管哮喘

【知识目标】

- 了解引发支气管哮喘的原因；
- 熟悉支气管哮喘发作的症状，可迅速对紧急情况做出相应的判断；
- 熟悉在医护人员到来前保证支气管哮喘旅客生命安全的应急处置方法。

【技能目标】

- 能够掌握支气管哮喘的应急处置方法。

【相关知识】

一、概述

支气管哮喘简称哮喘，是由多种细胞（如嗜酸粒细胞、肥大细胞、中性粒细胞、平滑肌细胞、气道上皮细胞等）和细胞组分参与的气道慢性炎症性疾病。其主要特征包括气道慢性炎症，气道对多种刺激因素呈现的高反应性，广泛多变的可逆性气流受限及随病程延长而导致的一系列气道结构的改变（气道重构）。临床表现为反复发作的喘息、气急、胸闷或咳嗽等症状，常在夜间及凌晨发作或加重，严重者呈强迫坐位端坐呼吸，甚至出现发绀等情况；干咳或咳大量白色泡沫样痰。多数伤病员可自行缓解或经治疗后缓解。

二、应急处置

支气管哮喘急性发作期的治疗目标是尽快缓解气道痉挛，纠正低氧血症，恢复肺功能，预防情况进一步恶化或再次发作，防治并发症。

（1）在病情发作时，要疏散围观人群，尽力给伤病员一定的空间，保持伤病员处于通风、空气新鲜的条件下。多注意伤病员的保暖措施，不要让伤病员着凉。

（2）维持气道通畅，采取使肺部扩张的体位，可取半坐卧位或坐位，此时应该保持伤病员的腰向前倾，这样有利于伤病员呼吸。

(3) 支气管哮喘伤病员可能随身携带支气管扩张剂，使用支气管扩张剂是支气管哮喘急救最快速和有效的方法。

(4) 过度的呼吸运动、低氧血症使伤病员感到极度的疲倦，要给伤病员提供一个安静、舒适的环境以利于休息。护理操作应尽可能地集中进行。采取措施缓解恐惧心理，确保安全，促使伤病员放松。了解伤病员的心理问题并根据个体情况提供相应的心理护理。

任务十五　高原反应及高原病

【知识目标】

- 了解高原反应及高原病的临床表现和病因；
- 熟悉高原反应及高原病的应急处置方法。

【技能目标】

- 能够正确处置高原反应及高原病；
- 熟练掌握高原反应及高原病的预防办法。

【相关知识】

一、概述

海拔 3 000 m 以上地区称为高原。高原空气稀薄，大气压和氧压低，气候寒冷干燥，紫外线辐射强。由平原移居到高原或短期在高原逗留的人，因对高原环境适应能力不足引起以缺氧为突出表现的一组疾病称为高原病。高原反应，严格来说是高原病的一种分型，表现出双额部疼痛、心悸、胸闷、气短、厌食、恶心和呕吐等症状。

高原病也可发生于海拔 3 000 m 以下地区。随着旅游业的发展，该病发病率与日俱增，并且是高原旅行者常见的病死原因。

二、应急处置

（1）休息：症状未改善前，应终止剧烈运动，卧床休息并补充液体。

（2）氧疗：经鼻管或面罩吸氧后，症状基本都会有所缓解。

（3）出现严重高原反应的伤病员应尽快下车进入医院治疗。

任务十六　脑　卒　中

【知识目标】

- 了解引发脑卒中的原因；
- 熟悉脑卒中的症状；
- 了解在医护人员到达前保证脑卒中伤病员生命安全的应急处置方法。

【技能目标】

- 掌握脑卒中的应急处置方法。

【相关知识】

一、概况

脑卒中是脑中风的别名，是一种突然起病的脑血液循环障碍性疾病，是脑血管疾病的主要类型。脑卒中是由各种诱发因素引起脑内动脉狭窄、闭塞或破裂，进而造成急性脑血液循环障碍，其分为缺血性脑卒中和出血性脑卒中，以突然发病、迅速出现局限性或弥散性脑功能缺损为共同临床特征，为器质性脑损伤导致的脑血管疾病。

（一）脑卒中的分类

脑卒中主要包括脑梗死、脑出血和蛛网膜下腔出血三种。

1）脑梗死

脑梗死是脑卒中最常见的类型。脑栓塞是指各种血栓随血流进入颅内动脉，使血管腔急性闭合或严重狭窄，引起相应供血区脑组织发生缺血坏死及功能障碍的临床综合征。脑栓塞占全部脑梗死的1/3。

2）脑出血

脑出血是指非外伤性脑实质内出血，在我国，其占全部脑卒中的20%～30%。虽然脑出血的发病率低于脑梗死，但其致死率高于后者，脑出血急性期病死率为30%～40%。

3）蛛网膜下腔出血

颅内血管破裂，血液流入蛛网膜下腔称为蛛网膜下腔出血，其分为外伤性和自发性两种情况，自发性又分为原发性和继发性两种类型。

（二）脑卒中的病因

1）脑梗死的病因

脑梗死的病因分型：大动脉粥样硬化型；心源性栓塞型；小动脉闭塞型；其他病因型（如血凝障碍性疾病、血液成分改变、各种原因的血管炎、血管畸形、结缔组织病、夹层动脉瘤、肌纤维营养不良等）。

2）脑出血的病因

脑出血最常见的病因是高血压合并细小动脉硬化，其他病因包括：静脉血管畸形、脑淀粉样血管病变、血液病（如再生障碍性贫血、血小板减少性紫癜、血友病、红细胞增多症和镰状细胞病等）等。

3）蛛网膜下腔出血的病因

颅内动脉瘤是最常见的蛛网膜下腔出血病因，约占蛛网膜下腔出血发病率的70%；脑血管畸形占10%左右；其他病因如颅内肿瘤、垂体卒中、血液系统疾病、颅内静脉系统血栓和抗凝治疗的并发症等约占发病率的10%，还有约10%病因不明。

（三）脑卒中的诱发因素

1）脑梗死的诱因

动脉粥样硬化性脑梗死多发于中老年人，动脉炎性脑梗死以中青年居多。脑梗死常在安静或睡眠中发病，部分病例有前驱症状，如肢体麻木、无力等。脑栓塞可发生于任何年龄，以青壮年多见，多在活动中急骤起病，发病无前驱症状，多数伤病员伴有风湿性心脏病、冠心病和严重心律失常等病史。

2）脑出血的诱因

脑出血常见于50岁以上人群，男性稍多于女性，寒冷季节发病率较高，多有高血压病史，多在情绪激动或活动中突然发病，发病后病情常于数分钟至数小时内达到高峰，少数伤病员也可在安静状态下发病，前驱症状一般不明显。

3）蛛网膜下腔出血的诱因

蛛网膜下腔出血起病突然，常在数秒或数分钟内发生，多数伤病员发病前有明显的诱因，如剧烈活动，过度劳累，用力排便，情绪激动等。

（四）脑卒中的症状

脑卒中的症状取决于受卒中影响的脑部区域和受损的严重程度。在旅客突发以下症状时应考虑脑卒中的可能。

（1）突发一侧肢体（伴或不伴面部）无力或麻木。

（2）突然的一侧面部麻木或口角㖞斜，言语困难（包括言语模糊、不能找到合适的词语表达自己的意愿）。

（3）双眼向一侧凝视，一侧或双眼视力模糊或丧失，出现眼球偏斜或分离性斜视，眼球汇聚障碍等。

（4）出现运动性震颤和帕金森综合征表现。

（5）出现精神障碍、认知障碍和人格改变。

（6）眩晕伴呕吐，颈强直，或缺乏平衡感，走路不稳、左右摇晃或动作不协调。

（7）吞咽困难、严重头痛、呕吐，有意识障碍或抽搐等症状。

二、应急处置

伤病员发病后能否及时到达医院，并获得早期诊断和早期治疗，是能否达到良好救治效果的关键。

（1）检查生命体征，如呼吸和心跳已经停止，要马上做心肺复苏。

（2）疏散伤病员身边的人，尽力给伤病员一定的空间，保持伤病员处于通风、空气新鲜的条件下。多注意伤病员的保暖措施，不要让伤病员着凉。

（3）不要急于从地上把伤病员扶起或坐起。伤病员意识清楚，可让伤病员仰卧，头部略向后，盖上毛毯以保暖；失去意识的伤病员，应维持昏睡体位，头偏向一侧，防止痰液或呕吐物造成气管窒息，如伤病员口鼻中有呕吐物堵塞，应设法抠出，以保持呼吸道通畅。

（4）解开伤病员领口、纽扣、领带、裤带、胸罩，如有假牙应取出。

（5）将伤病员移动时：2～3人同时用力，一人托住伤病员的头部和肩部，一人托起伤病员的腰背部，一人托起伤病员双脚，三人一起用力，将伤病员移动至硬木板或担架上，不要在搬运时把伤病员扶直坐起，切勿用抱、拖、背的方式移动伤病员。

（6）环境要安静，如伤病员意识清醒，要注意缓解伤病员紧张情绪，乘务人员须保持镇静，切勿慌张，避免造成伤病员心理压力，伤病员的恐惧、焦虑情绪会诱发血压升高，加重病情。

（7）密切观察病情变化，经常呼唤伤病员姓名，以了解其意识情况，对于躁动不安或继发癫痫的伤病员要加强保护，防止意外损伤。

（8）切记不要随意服药！

（9）把伤病员的发病时间、发病情况等医生诊断需要的关键信息迅速准确地记录下来。

（10）联系即将停靠的车站所在城市的医院并拨打120或999急救电话，通过急救车，将伤病员快速、安全地转运到相应的医院。

任务十七　旅途精神病

【知识目标】

- 了解旅途精神病的临床特点、病因；
- 熟悉旅途精神病的应急处置方法。

【技能目标】

- 能够准确判断伤病员是否患上旅途精神病并能进行应急处置。

【相关知识】

一、概述

（一）定义

旅途精神病又叫旅行性精神障碍，是旅客在旅途中常见的一种突发性精神障碍。此病在铁路旅客中多见，并可能导致恶性伤人事件。伤病员发病前受到精神应激、躯体过度疲劳、慢性缺氧、睡眠缺乏、营养过分缺乏等因素的综合作用，导致他们的精神、身体功能对环境变化的调节适应能力失常，最终出现了精神崩溃、反应失度的急性精神障碍。

(二) 病因

1. 社会－心理－生物因素

列车超员、拥挤、旅客自身及财物安全受到威胁都是发病的客观因素，严重失眠、饥饿、饮水不足，以及车厢温度过高、空气污浊对发病也起到重要诱发作用。

2. 药物因素

甲氟喹一周服用一次以预防疟疾，这对于到疟疾高发区的旅行者进行疟疾预防是非常方便的，然而，甲氟喹的神经毒性可引起恶心、呕吐、头晕眼花、焦虑等精神症状，可诱发旅行者在旅途中或旅途后发生急性、短暂性精神障碍。

3. 其他因素

旅行者出现精神障碍通常与外界因素（陌生的环境、语言不通、特殊的宗教经历）和自身生物因素（生物节律的变化）有关。国际旅行是一个压力因素，可能会诱发短暂性情感障碍、焦虑障碍。目的地及停留时间的长短与精神疾病的发生都有关系，但是，旅行前的心理干预可以有效地降低发生精神疾病的风险。此外还有研究提到跨时区的多少与精神障碍的严重程度正相关。该研究提示旅途精神病若在长途列车上发生，可能与跨多个时区有关。

(三) 临床表现

旅途精神病的临床表现完全符合急性、短暂性精神病的特点，其表现形式多样，包括：定向障碍（地点定向障碍、时间定向障碍、人物定向障碍、自我定向障碍）；感知觉障碍（错觉、幻听、幻视、幻嗅、幻味等）；思维障碍（被害妄想、关系妄想等）；情绪障碍（紧张、焦虑、恐惧、哭泣、痴笑、抑郁）；言语障碍（言语零乱、理解困难、无法有效交谈）；行为障碍（冲动伤人、毁物、跳车、自伤、自残、自杀、无目的行为等）；注意及记忆障碍（注意力涣散、迷茫、遗忘等）。

(四) 鉴别

旅途精神病的诊断要点如下。

(1) 在旅行途中（铁路、公路、水路或空中旅行等）急性起病。病前有明显精神应激、过度疲劳、过分拥挤、慢性缺氧、睡眠缺乏、营养和水分缺乏等综合因素作用。常可出现意识障碍，片段的妄想、幻觉，以及行为紊乱。

(2) 社会功能严重受损，给别人造成危险或不良后果。

(3) 病程短暂，停止旅行与充分休息后，数小时至1周内自行缓解。

(4) 排除癔症和旅途中发生的其他精神障碍，如精神分裂症、情感性精神障碍等。

旅途中因乘车条件的恶劣，可使精神分裂症伤病员复发，此时易误诊为旅途精神病，应注意辨别。旅途精神病为短暂性精神病，乘车前无精神疾病史，在乘车时突然发病，在旅途结束后1周内将会恢复正常。有伤病员随着坐车次数的增多，其症状逐渐加重，但旅途结束后多在一周左右缓解，若遇到此类旅客应引起重视。

旅途精神病还应与癔症相区别，癔症（分离转换性障碍）是由精神因素，如生活事件、内心冲突、暗示或自我暗示，作用于易病个体引起的精神障碍。癔症的主要表现有分离症状和转换症状两种。分离，是指对过去经历与当今环境和自我身份的认知完全或部分不相符合。转换，是指精神刺激引起的情绪反应，接着出现躯体症状，一旦躯体症状出现，情绪反应便褪色或消失，这时的躯体症状便叫作转换症状。

二、应急处置

有精神病史的人最好不要在客流高峰期进行长途旅行，以免旧病复发。如果一定要出行，最好两人以上同行，并适当备上药品应急，在停站时可以下车透气。如已发生症状，应急处置措施如下。

(1) 乘务员和同行人员除耐心安慰外，应改善伤病员所处的旅行环境和条件，使其充分休息，并注意观察，由专人监护。

(2) 当伤病员出现恐怖性幻觉、错觉、被害妄想或有冲动性行为时，易出现自杀、自残和伤人行为，为此必须进行隔离保护，必要时用保护带约束伤病员，但要注意捆扎部位不可太紧，以防肢体由于供血不足而受损。半小时观察一次，并定时给伤病员喂食物。必要时护送至医院治疗。

项目四

铁路红十字药箱的配备及使用

任务一　铁路红十字药箱认知

【知识目标】

- 了解铁路红十字药箱管理的相关知识；
- 熟悉铁路红十字药箱的药品配备原则；
- 熟悉铁路红十字药箱的使用证填写。

【技能目标】

- 掌握铁路红十字药箱的使用原则；
- 能够正确填写铁路红十字药箱的使用证。

【相关知识】

根据中华人民共和国铁道行业标准《铁路红十字药箱配备标准及使用原则》（TB/T 3234—2010）规定，为了应对旅客或铁路职工突发疾病或意外伤害，相关铁路部门应该配备有红十字药箱。

一、铁路红十字药箱的概念

在旅客列车、客运车站及沿线小站、工区，旅客或铁路职工突发疾病或意外伤害时，用于应急救助的、便于携带的、装有非处方药品与器械的药箱便是铁路红十字药箱（以下简称药箱）。

二、铁路红十字药箱的配备原则

（1）铁路红十字药箱内的药品配置应该是国家基本药物范围内的常用、安全、方便、有效的非处方药品、消毒剂及临床常用的诊疗用具。

（2）非处方药品应包括治疗突发性心血管疾病、高热、咳喘、腹泻、眩晕、过敏、疼痛、外伤出血的药品。

（3）根据配置情况，将药箱分为甲、乙、丙三类。

（4）药品配置数量由管理单位根据使用情况配备。

三、非处方药品

非处方药品（over the counter，OTC）是指消费者可不持医生处方，直接从药房或药店购买的药品，是无须医疗专业人员指导就能安全使用的药品。非处方药品在药品包装盒上有 OTC 标识。

四、铁路红十字药箱配置

（1）甲类药箱配置在单程全程运行时间超过 4 h、运行区间超过 1 h 或总运行距离超过 1 000 km 的旅客列车上。

（2）乙类药箱配置在客运车站或达不到上述条件的旅客列车上。

（3）丙类药箱配置在沿线小站、工区（指交通不便、缺乏医疗条件、偏远的车站、工区，一般指四等以下车站）。

（4）各铁路局根据本局旅客列车使用药品及器械的情况可适当增加药品及器械的配置数量。

五、铁路红十字药箱管理

1. 放置地点与标识

旅客列车红十字药箱放置于列车医疗点，客运车站红十字药箱放置于候车室，工区放置于方便使用的地方。放置红十字药箱的位置应设置紧急救护标识，明示紧急救护设施。紧急救护标识和药箱外标识统一使用红十字标识（见图4－1）。

图4－1　红十字标识

2. 使用证和清单目录

每个药箱内应有铁路红十字药箱使用证和清单目录，使用证应有发证机构盖章，清单目录包括药品品名、数量及有效期。铁路红十字药箱使用证如图4－2所示。

铁路红十字药箱使用证

单位名称：
使用地址：
适用范围：旅客或铁路职工突发急病或创伤时，简易救治免费使用。

发证机关：　　　　（盖章）

图4－2　铁路红十字药箱使用证

3. 管理人员

药箱由经过初级及以上红十字救护培训并取得合格证的红十字救护员专人负责管理，并及时检查药品的完整性和有效期，上级管理部门适时对药箱的使用情况进行检查与指导。

4. 药品回收

使用单位不得随意丢弃过期药品，而应做好登记，交回配备部门，由配备部门交回医药部门集中销毁，以防流入非法渠道。

任务二　铁路红十字药箱药品的配备及使用

【知识目标】

- 了解铁路红十字药箱的药品配置情况；
- 了解铁路红十字药箱的使用原则及相关规定。

【技能目标】

- 能够检查铁路红十字药箱内的药品是否齐全；
- 能够正确使用铁路红十字药箱。

【相关知识】

一、铁路红十字药箱药品的配备

根据药品的配置情况，铁路红十字药箱分为甲、乙、丙三类。

(一) 甲类药箱

1. 药品类

1）口服药

（1）感冒、退热、止咳化痰类：氨咖黄敏胶囊 5 盒，小儿氨酚黄那敏颗粒 1 盒、美酚伪麻片 1 盒、羧甲司坦片 1 盒；

（2）心血管类：速效救心丸 1 瓶；

（3）平喘类：二羟丙茶碱片 1 盒；

（4）止泻类：盐酸小檗碱片 1 瓶、口服补液盐 1 袋；

（5）抗过敏类：盐酸异丙嗪片 1 盒；

（6）抗眩晕类：氢溴酸东莨菪碱（贴）片 1 盒；

（7）其他：云南白药 1 盒、藿香正气丸 1 盒。

2）外用药

（1）退热（类）：小儿退热贴 1 盒、小儿布洛芬栓 1 盒；

（2）外伤类：湿润烧伤膏 1 支、碘伏 1 瓶、苯扎氯铵贴 1 盒；

（3）其他：清凉油 1 盒，松节油搽剂 1 瓶。

2. 器械类

表式袖带血压计 1 台、听诊器 1 个、体温计 2 支、袖珍手电筒 1 个、大剪刀 1 把、16 cm弯头和直头止血钳各 1 把、12 cm 直镊子 1 把、消毒棉（签、球）若干、医用胶带 1 卷、三角巾 4 个、无菌纱布 1 包、无菌绷带 1 轴、弹力绷带 1 卷、橡胶止血带 3 根、保护带 2 条、无菌手套 3 副、呼吸面膜 2 片、一次性压舌板 4 片、一次性产包 1 个、一次性连体防护服 3 件、一次性口罩 6 个。

3. 消毒剂

含氯消毒片剂或粉剂 1 瓶/包，其用于环境及物品消毒，须单独放置。

（二）乙类药箱

乙类药箱配备参照甲类药箱，器械类不配置保护带、一次性产包，其他药品和器械数量与甲类药箱相比可酌情减少。

（三）丙类药箱

1. 药品类

1）口服药

（1）感冒、退热、止咳化痰类：氨咖黄敏胶囊 5 盒、美酚伪麻片 2 盒、羧甲司坦片 2 盒、复方甘草片 1 瓶；

（2）心血管类：速效救心丸 1 瓶；

（3）平喘类：二羟丙茶碱片 1 盒；

（4）胃肠道类：多潘立酮片 1 盒、盐酸小檗碱片 1 瓶、口服补液盐 2 袋、氢氧化铝复方剂 1 袋；

（5）抗过敏类：盐酸异丙嗪片 1 盒；

（6）抗眩晕类：氢溴酸东莨菪碱（贴）片 1 盒；

（7）其他：云南白药 1 盒、蛇药片 1 盒、藿香正气丸 1 盒。

2）外用药

（1）外伤类：湿润烧伤膏1支、碘伏1瓶、苯扎氯铵贴1盒；

（2）其他：氯霉素滴眼液3支、驱风油1瓶、复方丁香罗勒油（红花油）1瓶、松节油搽剂1瓶、伤湿止痛膏1盒。

2. 器械类

血压计1台、听诊器1个、体温计2支、袖珍手电筒1个、大剪刀1把、16 cm弯头止血钳1把、消毒棉（签、球）若干、医用胶带1卷、三角巾2个、无菌纱布1包、无菌绷带1轴、弹力绷带1卷、橡胶止血带2根、无菌手套2副。

3. 消毒剂

含氯消毒片剂或粉剂1瓶/包，其用于环境及物品消毒，须单独放置。

二、铁路红十字药箱的使用规定

（一）旅客列车使用规定

在铁路旅客列车上遇到旅客患病时，可以通过列车广播向旅客中的医务工作者求助，列车红十字救护员立即携带药箱到达现场，并对伤病员及时实施初步救护，红十字救护员在实行紧急救护时应将有关情况告知患者及同行旅客。箱内药品与器械限于在旅客列车运行中，车上人员突发疾病或创伤时简易救治，红十字救护员使用药品和器械后应当客观、翔实地填写《药械使用登记表》。登记表应包含使用日期、药品名称、数量、发放人签名和使用人签名。

（二）客运车站使用规定

在车站遇到旅客患急重症需要紧急抢救时，应旅客要求或本人已神志不清时应立即联系120急救中心。在120救护车到来之前，车站红十字救护员立即携带药箱到达现场，并对伤病员及时实施初步救护，同时通过车站广播向旅客中的医务工作者求助。红十字救护员在实行紧急救护时应将有关情况告知患者及同行旅客。药箱内药品与器械限于在旅客候车期间突发疾病或创伤时简易救治，红十字救护员使用药品和器械后应当客观、翔实地填写《药械使用登记表》。登记表应包含使用日期、药品名称、数量、发放人签名和使用人签名。

（三）沿线小站、工区使用规定

药箱内药品和器械限于职工工作期间突发疾病或创伤时简易救治，使用药品和器械后应当客观、翔实地填写《药械使用登记表》。登记表应包含使用日期、药品名称、数量、发放人签名和使用人签名。

（四）补充药品和器械规定

各管理单位每月补充药械时，应携带上月的《药械使用登记表》及《药械补充申领表》，列车红十字药箱内的药品和器械每次使用消耗后，应在返乘时及时向客运段申领补充，确保在出乘时药品和器械齐全。其他单位红十字药箱内的药械每月补充一次，如有特殊情况药品和器械用完可随时申请补充。

三、铁路红十字药箱药品使用说明

（一）口服药

1. 感冒、退热、止咳化痰类

1）氨咖黄敏胶囊

（1）适应证：缓解普通感冒及流行性感冒引起的发热、头痛、四肢酸痛、打喷嚏、流鼻涕、鼻塞、咽痛等症状。

（2）作用与用途：本品有解热镇痛作用；能增强解热镇痛效果，并减轻其他药物所致的嗜睡、头晕等中枢抑制作用；能减轻流涕、鼻塞、打喷嚏症状；具有解热、镇惊作用。

（3）用法与用量：口服，成人一次1～2粒，一日3次。

（4）禁忌证：对本品过敏者禁用；孕妇、哺乳期妇女禁用；活动性消化道溃疡患者禁用。

（5）不良反应：有时有轻度头晕、乏力、恶心、上腹不适、口干和皮疹等反应，可自行恢复。

（6）注意事项：用药3～7天，症状未缓解，请咨询医师或药师；服用本品期间不得饮酒或饮用含有酒精的饮料；不能同时服用与本品成分相似的其他抗感冒药；前列腺肥大、青光眼等患者及老年人应在医师指导下使用；肝、肾功能不全者慎用；孕妇及哺乳期妇女慎用；服药期间不得驾驶车、船，从事高空作业、机械作业及操作精密仪器；如服用过量或出现严重不良反应，应立即就医；对本品过敏者禁用，过敏体质者慎用；本品性状发生改变时禁止使用；将本品放在儿童不能接触的地方；儿童必须在成人监护下使用；如正在使用其他药品，使用本品前应咨询医师或药师。

2）小儿氨酚黄那敏颗粒

（1）适应证：用于缓解小儿感冒或流感引起的发热、头痛、鼻塞、流鼻涕。

（2）作用与用途：有解热镇痛作用；能减轻流涕、鼻塞、打喷嚏等症状。

（3）用法与用量：温开水冲服，用量见药品说明书。

（4）禁忌证：新生儿或早产儿禁用；严重肝肾功能不全者禁用。

（5）注意事项：用药 3～7 天，症状未缓解，请咨询医师或药师；服用本药品期间不得饮酒或饮用含有酒精的饮料；1 岁以下儿童应在医师指导下使用；不能同时服用与本品成分相似的其他抗感冒药；肝、肾功能不全者慎用；如服用过量或出现严重不良反应，应立即就医；对本品过敏者禁用，过敏体质者慎用；本品性状发生改变时禁止使用；将本品放在儿童不能接触的地方；儿童必须在成人监护下使用；如正在使用其他药品，使用本品前应咨询医师或药师。

3）美酚伪麻片

（1）适应证：用于治疗感冒、气管炎、支气管炎等疾病引起的鼻塞、咳嗽，达到镇咳祛痰效果。

（2）性状：本品为白色片，复方制剂。

（3）作用与用途：抑制咳嗽作用显著；可减轻上呼吸道黏膜充血；能降低痰的黏度。

（4）用法与用量：口服，成人一次 1～2 片，一日 3 次，或遵医嘱。

（5）禁忌证：对本品成分过敏者、严重高血压或严重冠心病患者、妊娠 3 个月内的妇女及有精神病史患者禁用；糖尿病、青光眼、前列腺肥大及排尿困难患者禁用。

（6）不良反应：偶有恶心、便秘、头晕、失眠、心悸等反应。

（7）注意事项：用药 7 天，症状未缓解，应咨询医师或药师；心脏病、高血压、甲状腺疾病、糖尿病、前列腺肥大、青光眼、抑郁症、消化道溃疡、哮喘等患者及老年人应在医师指导下使用；该药品无退热作用，伴有发热症状的患者，使用该药品前，请咨询医师或药师；不能同时服用与该药品成分相似的其他抗感冒药；孕妇及哺乳期妇女慎用；运动员慎用；服药期间不得驾驶车、船，从事高空作业、机械作业及操作精密仪器；如服用过量或出现严重不良反应，应立即就医；对该药品过敏者禁用，过敏体质者慎用；该药品性状发生改变时禁止使用；将该药品放在儿童不能接触的地方；如正在使用其他药品，使用该药品前应咨询医师或药师。

4）羧甲司坦片

（1）适应证：用于治疗慢性支气管炎、支气管哮喘等疾病引起的咳嗽、咯痰，尤其是痰液黏稠，咳出困难。

（2）剂型规格：每片 250 mg。

（3）作用与用途：使痰液的黏稠性降低而易于咳出，服用 4 h 可见明显疗效。

（4）用法与用量：口服，成人每次 1 ~3 片，一日 3 次；儿童用量请咨询医师或药师。

（5）不良反应：可见恶心、胃部不适、腹泻、轻度头痛及皮疹等反应。

（6）注意事项：对本品过敏者禁用；孕妇、哺乳期妇女及有出血倾向的胃和十二指肠溃疡患者慎用；当药品性状发生改变时禁止使用；儿童必须在成人的监护下使用；应将此药品放在儿童不能接触的地方。

（7）药物相互作用：应避免同时服用强镇咳药，以免痰液堵塞气道；如正在服用其他药品，使用本品前请向医师或药师咨询。

5）复方甘草片

（1）适应证：用于镇咳祛痰。

（2）作用与用途：镇咳祛痰；稀释痰液，使痰易于咳出。

（3）用法与用量：口服或含化，成人一次 3 ~4 片，一日 3 次。

（4）不良反应：有轻微的恶心、呕吐反应。

（5）注意事项：本品不宜长期服用，如服用 3 ~7 天症状未缓解，请即时咨询医师；对本品成分过敏者禁用；孕妇及哺乳期妇女慎用；胃炎及胃溃疡患者慎用；儿童用量请咨询医师或药师；当本品性状发生改变时禁用；如服用过量而发生严重不良反应时应立即就医；儿童必须在成人监护下使用；应将此药品放在儿童不能接触的地方。

2. 心血管类：速效救心丸

（1）适应证：用于气滞血瘀型冠心病、心绞痛。

（2）剂型规格：每粒重 40 mg。

（3）性状：为棕黄色的滴丸，气凉，味微苦。

（4）成分：川芎、冰片。

（5）作用与用途：具有镇静止痛，改善微循环，降低外周血管阻力，减轻心脏负荷，改善心肌缺血的作用；具有服用剂量小，起效快，疗效高的特点。

（6）用法与用量：含服，一次 4 ~6 粒，一日 3 次，急性发作时一次 10 ~15 粒。

3. 平喘类：二羟丙茶碱片

（1）适应证：适用于支气管哮喘，喘息型支气管炎等具有喘息症状的病人。

（2）性状：本品为白色片。

（3）作用与用途：平喘，对胃肠道刺激小，毒性小。

（4）用法与用量：口服，成人每次1～2片，一日3～4次；预防夜间哮喘发作，可在临睡前加服1～2片；儿童用量请咨询医师或药师。

（5）不良反应：服用后可有头痛、失眠、心悸、恶心和呕吐等胃肠道症状。

（6）注意事项：

① 对本品过敏者禁用；

② 心律失常、高血压、甲状腺功能亢进，糖尿病及前列腺增生而致排尿困难的患者慎用；

③ 不得任意增加用药剂量及次数；

④ 当药品性状发生改变时禁止使用；

⑤ 儿童必须在成人的监护下使用；

⑥ 请将此药品放在儿童不能接触的地方。

4. 止泻类

1）盐酸小檗碱片（俗称黄连素）

（1）适应证：用于治疗肠道感染、腹泻。

（2）剂型规格：每片0.1 g。

（3）作用与用途：抗菌，对阿米巴原虫也有一定抑制作用。

（4）用法与用量：口服，成人，一次1～3片，一日3次；儿童用量见药品说明书。

（5）不良反应：口服不良反应较少，偶有恶心、呕吐、皮疹，停药后消失。

（6）注意事项：对本品过敏者、溶血性贫血患者禁用；妊娠期前3个月慎用；如服用过量出现严重不良反应，应立即就医；当药品性状发生改变时禁止使用；儿童必须在成人监护下使用；将此药品放在儿童不能接触到的地方。

2）口服补液盐（ORS）

（1）适应证：治疗和预防不太严重的急、慢性腹泻造成的脱水。

（2）剂型规格：散剂（包装为铝塑袋）。

（3）作用与用途：调节水及电解质平衡。

（4）用法与用量：一袋溶于1 000 ml温开水中，分2次服用（每次500 ml），或随时口服。

（5）注意事项：脑、肾、心功能不全及高钾血症患者慎用；腹泻停止后应立即停用；儿童用量请咨询医师或药师；如服用过量或出现严重不良反应，应立即就医；对本品过敏者禁用，过敏体质者慎用；本品性状发生改变时禁止使用；将本品放在儿童不能接触的地方；儿童必须在成人监护下使用；如正在使用其他药品，使用本品前请咨询医师或药师。

5. 抗过敏、眩晕类

1）盐酸异丙嗪片

（1）适应证：①皮肤黏膜的过敏；②晕动病（防治晕车、晕船、晕飞机）；③恶心、呕吐的治疗。

（2）用法与用量：口服；每次1片，一日2～3次；儿童用药请咨询医师。

（3）不良反应：主要不良反应为困倦、嗜睡、口干，偶有胃肠道刺激症状；老年人用药多发生头晕、痴呆、精神错乱和低血压；少数患者用药后出现兴奋、失眠、心悸、头痛、耳鸣、视力模糊和排尿困难。过量时可发生动作笨拙，反应迟钝，震颤。

（4）注意事项：婴儿、新生儿禁用；对本品及类似药品过敏者禁用；高空作业者、驾驶员、机械操作者，工作时间内禁用；哺乳期妇女、孕妇和老年人慎用；当药品性状发生改变时禁止服用；如服用过量，或有严重反应时，应立即就医；儿童必须在成人监护下使用；将此药品放在儿童不能接触到的地方。

2）氢溴酸东莨菪碱贴片

（1）适应证：预防旅行引起的晕动病，亦可预防耳源性眩晕症。

（2）剂型规格：贴片，不超过1.5 mg/贴。

（3）用法与用量：贴于耳后无发皮肤上，成人一次一贴；10岁以上儿童一次3/4贴，10岁以下儿童一次1/2贴。

（4）不良反应：有口渴、瞳孔散大、视力模糊、嗜睡、心悸、面部潮红、定向障碍、头痛、尿潴留、便秘等反应。

（5）注意事项：出现过敏反应时，应停药；青光眼、前列腺肥大（可致排尿困难）患者应禁用；老年人、儿童、孕妇、哺乳期妇女慎用；严重心脏病、器质性幽门狭窄或麻痹性肠梗阻患者禁用；谨防有效成分进入眼内，接触药物应洗手，去除药物应洗净皮肤；置于儿童不能触及处。

6. 其他：云南白药

（1）适应证：化瘀止血、活血止痛、解毒消肿，用于跌打损伤、瘀血肿痛、吐血、咯血、便血、痔血、崩漏下血、疮疡肿毒、软组织挫伤、闭合性骨折、支气管扩张、肺结核咯血、溃疡病出血及皮肤感染性疾病。

（2）剂型规格：每粒装0.25克，每盒含胶囊16粒及保险子1粒（胶囊）。

（3）用法与用量：刀枪跌打诸伤，无论轻重出血者，用温开水送服；瘀血肿痛与未流血者用酒送服；妇科各症用酒送服，但月经过多红崩用温水送服；毒疮初起服

0.25 g，另取药粉用酒调匀敷患处，如已化脓，只需内服；其他内出血各症均可内服；口服一次 0.25～0.5 g，一日 4 次；2～5 岁，按 1/4 剂量服用；5～12 岁，按 1/2 剂量服用。凡遇较重的跌打损伤可先服红色保险子，轻伤及其他病症不必服。

（4）注意事项：孕妇忌用；服药一日内，忌食蚕豆、鱼类及酸冷食物。

（二）外用药

1. 退热类

1）小儿退热贴

（1）适宜人群：婴孩、儿童、成人均适用。

（2）使用方法：外用，贴于天突穴或大椎穴，每次一贴，8 h 换一次。

（3）注意事项：皮肤过敏者、外贴部位有感染者禁用。

（4）适用范围：用于人体局部降温。

2）小儿布洛芬栓

（1）适应证：用于减轻儿童的疼痛，如关节痛、神经痛、肌肉痛、偏头痛、头痛、牙痛，也可用于减轻普通感冒或流行性感冒引起的发热症状。

（2）剂型规格：每粒 50 mg。

（3）用法与用量：直肠给药，1～3 岁小儿，一次一粒（塞肛门内），症状不缓解，每隔 4～6 h 重复一次。24 h 不超过 4 粒。3 岁以上小儿推荐使用每枚 100 mg 的栓剂。

（4）不良反应：少数病人可出现恶心，呕吐或轻度消化不良，转氨酶升高、头痛、头晕、耳鸣、视力模糊、精神紧张、嗜睡，下肢水肿或体重骤增；罕见皮疹、过敏性肾炎、膀胱炎、肾病综合征、肾乳头坏死或肾功能衰竭、支气管痉挛。

（5）注意事项：本品为对症治疗药，用于止痛不得超过 5 天，用于解热不得超过 3 天，症状不缓解，请咨询医师或药师；对本品及其他解热、镇痛、抗炎药物过敏者禁用；孕妇及哺乳期妇女禁用；肾功能不全、高血压、心功能不全、消化道溃疡、血友病或其他出血性疾病（包括凝血或血小板功能异常）的患者，使用前必须咨询医师或药师；用药期间如出现肝、肾功能损害、视力、听力障碍、血象异常，应立即停止用药；当药品性状发生改变时禁用；如服用过量或发生严重不良反应时应立即就医；儿童必须在成人监护下使用；请将此药品放在儿童不能接触到的地方。

2. 外伤类

1）湿润烧伤膏

（1）适应证：具有清热解毒、止痛、生肌的功能，用于各种烧、烫、灼伤（此品含兴奋剂成分，运动员慎用）。

（2）剂型规格：每支装 40 g。

（3）性状：浅棕黄色至深棕黄色的软膏，具麻油香气。

（4）用法与用量：外用，涂于烧、烫、灼伤的创面；厚度薄于 1 mm，每 4 ~ 6 h 更换新药，换药前，须将残留在创面上的药物及液化物拭去。暴露创面用药。

（5）禁忌证：芝麻过敏者慎用。

（6）注意事项：对由烧伤创面引起的全身性发病者须在烧伤湿性医疗技术专业医生指导下使用；夏季高温或者反复挤压、碰撞会使该膏体变稀，但这种改变并不影响药效。如出现此种情况，可拧紧软管盖后置于开水中热浸数分钟，取出后倒置，自然冷却至室温，即可恢复原状。

（7）贮藏：密封，阴凉干燥处保存。

2）碘伏

（1）适应证：皮肤消毒；烫伤治疗；滴虫性阴道炎；化脓性皮肤炎症及皮肤真菌感染。

（2）用法与用量：外用，医用碘伏常见的浓度是 1%，用于皮肤的消毒治疗，可直接涂擦；冲洗用 0.1% 溶液；治疗炎症或溃疡用 5% ~10% 软膏或栓剂；餐食具消毒用 0.05% 溶液浸泡 5 min。

（3）注意事项：对碘过敏者慎用；烧伤面积大于 20% 者不宜用。

3）苯扎氯铵贴

（1）适应证：用于小创伤，擦伤。

（2）剂型规格：吸收垫 19 mm × 19 mm，内含苯扎氯铵 0.4 mg。

（3）用法与用量：撕去覆盖薄膜，将中间吸收垫贴在创伤处，再将两端橡皮膏固定。

（4）不良反应：罕见过敏反应。

（5）注意事项：本品为无菌产品，拆封后忌用手接触中间吸收垫；用药部位如有灼烧感、瘙痒、红肿等情况，应停止用药，并将局部药物洗净，必要时向医师咨询；使用前发现包装打开或破损请勿使用；儿童必须在成人监护下使用；将此药品放在儿童不能接触的地方。

3. 其他

1）清凉油

（1）适应证：醒脑提神，止痒止痛，用于头痛、晕车、蚊虫叮咬。

（2）剂型规格：油膏剂，每盒装 3 g。

（3）禁忌证：眼睛、外阴等皮肤黏膜交接处禁用。

（4）用法与用量：外用，需要时涂于太阳穴或患处。

（5）注意事项：不可内服；该药应放置于儿童不能触及处；过敏体质者慎用。

2）松节油搽剂

（1）适应证：用于减轻肌肉痛、关节痛、神经痛及扭伤。

（2）性状：淡黄色油状液体，有特殊气味。

（3）作用与用途：具有增进局部血液循环，缓解肿胀和轻微止痛作用。

（4）用法与用量：外用，用脱脂棉蘸取少量，涂搽患处，并搓揉。

（5）不良反应：偶见皮肤刺激和过敏反应。

（6）注意事项：对本品过敏者禁用；避免接触眼睛和其他黏膜；连续使用1周症状未见好转，应向医师咨询；涂布部位如有灼烧感、痒、红肿等情况应停止用药，并将局部药物洗净，必要时向医师咨询。

（7）贮藏：避光，密闭，在凉暗处保存。

3）氯霉素滴眼液

（1）适应证：用于结膜炎、沙眼、角膜炎和眼睑缘炎。

（2）用法与用量：外用，滴眼，每次1~2滴，一日3~5次。

（3）不良反应：偶见眼睛疼痛、视力改变、持续性发红或刺激感。

（4）注意事项：对本品过敏者禁用；使用后应将瓶盖拧紧，不要使瓶口接触到皮肤以免污染；滴眼时瓶口勿接触眼睛；如使用3~4日不见症状改善，应停止使用并向医师咨询；出现不良反应立即停止使用；当药品性状发生改变时禁止使用；儿童必须在成人的监护下使用；将药品放在儿童不能接触的地方。

4）驱风油

（1）适应证：关节痛。

（2）作用与用途：祛风醒神，止痛止痒。用于头痛头晕、晕车晕船、恶心、蚊叮虫咬、皮肤瘙痒，缓解感冒、风湿痹痛症状。

（3）用法与用量：外用，取少量涂搽患处或太阳穴、人中穴。

（4）禁忌证：皮肤溃烂有渗液者及外伤合并感染化脓者不宜使用，孕妇禁用。

（5）注意事项：孕妇忌用；该药应放置于儿童不能触及处；过敏体质者慎用。

5）复方丁香罗勒油（红花油）

（1）适应证：用于感冒头痛，风湿骨痛。

（2）作用与用途：祛风镇痛。

（3）用法与用量：外用，涂搽患处。

（4）注意事项：本品为外用药，不可内服；外用以头部太阳穴、印堂穴为主；用药后症状无改善，或病情加重者，应向医生咨询；过敏体质者慎用；药品性状发生改变时禁止使用；儿童必须在成人监护下使用；将此药品放在儿童不能接触的地方；如正在服用其他药品，使用本品前应咨询医师或药师。

四、铁路红十字药箱器械及材料配备使用说明

（一）器械类

1. 表式袖带血压计

测量血压的仪器称为血压计。表式袖带血压计采用间接式听诊法测量血压，通过控制从外部施加到被测部位上的压强，将控制的结果与其相关的柯氏音的产生和消失的信息综合加以判断，其只能测量动脉的收缩压和舒张压。

测量血压时，先用气球向缠缚于上臂的袖带内充气加压，压力经软组织作用于肱动脉。当所加压力高于心收缩压力时，由气球慢慢向外放气，袖带内的压力即随之下降，当袖带内的压力等于或稍低于心收缩压力时，随着心缩射血，血液即可冲开被阻断的血管形成涡流，用听诊器便可听到搏动的声音，此时血压计所指示的压力值即相当于收缩压。继续缓慢放气，使袖带内压力逐渐降低，当袖带内压力低于心收缩压但高于心舒张压这一段时间内，心脏每收缩一次，均可听到一次声音。当袖带压力降低到等于或稍低于舒张压时，血流复又畅通，伴随心跳所发出的声音便突然变弱或消失，此时血压计所指示的压力值即相当于舒张压。

2. 听诊器

听诊器是最常用的诊断用具之一，现代医学即始于听诊器的发明。

听诊器自从被应用于临床以来，外形及传音方式便不断地改进，但其基本结构变化不大，主要由拾音部分（胸件）、传导部分（胶管）及听音部分（耳件）组成。

听诊器如图 4－3 所示。

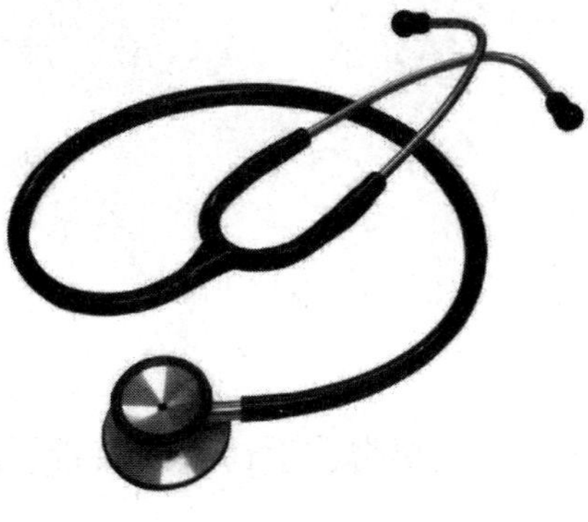

图 4－3　听诊器

3. 体温计

体温计又称“医用温度计”。常用体温计的工作物质是水银。它的液泡容积比上面细管的容积大得多。液泡里的水银，由于受到体温的影响，产生微小的变化，水银体积的膨胀，使管内水银柱的长度发生明显的变化。人体温度的变化一般在35～42 ℃之间，所以体温计的刻度通常是35～42 ℃，而且每度的范围又分成10份，因此体温计可精确到0. 1 ℃。

用后的体温计应“回表”，即拿着体温计的上部用力往下猛甩，可使已升入管内的水银，重新回到液泡里。

（二）材料类

1. 橡胶止血带

用橡胶止血带止血是在四肢大出血急救时简单、有效的止血方法，它通过压迫血管阻断血行来达到止血目的。如使用不当或使用时间过长，橡胶止血带可导致远端肢体缺血、坏死，造成残废。为此，只有在出血猛烈，用其他方法不能止血时才能应用橡胶止血带来止血。

绑扎位置应在伤口的上方（近心端），并尽量靠近伤口，以上臂的上1/3处和大腿上中部为好，小腿和前臂不能使用橡胶止血带。

选定止血带的部位后，应先在该处垫好布条，把止血带拉紧，缠肢体两周后打结，松紧要适宜，以观察伤口不出血为度。使用止血带要记好时间，精确到分钟。

止血带会阻断血液的流动，捆扎的时间过长会严重损伤组织，甚至导致肢体坏死。

止血带只能用于捆扎四肢，绝不要捆扎头部、颈部或躯干部。

橡胶止血带如图4－4所示。

图4－4 橡胶止血带

2. 保护带（医用约束带）

（1）类别：双脚约束带、约束腰带、手铐式约束带、约束肩带、三叉式约束脚带、约束衣等。

（2）作用：适用于神志模糊、躁动病人的肢体限制，防止误伤。

（3）注意事项：固定后不可使肢体从约束带中滑脱，同时应避免约束过紧，而造成患者肢体末梢循环不良，不可伤害皮肤等。

3. 一次性产包

（1）组成：一次性使用的无菌手术服、橡胶医用手套、口罩、帽子、脱脂的布块、脐带绳、治疗巾、会阴垫、产垫、包布等。

（2）作用：列车上紧急分娩时使用。

一次性产包如图 4－5 所示。

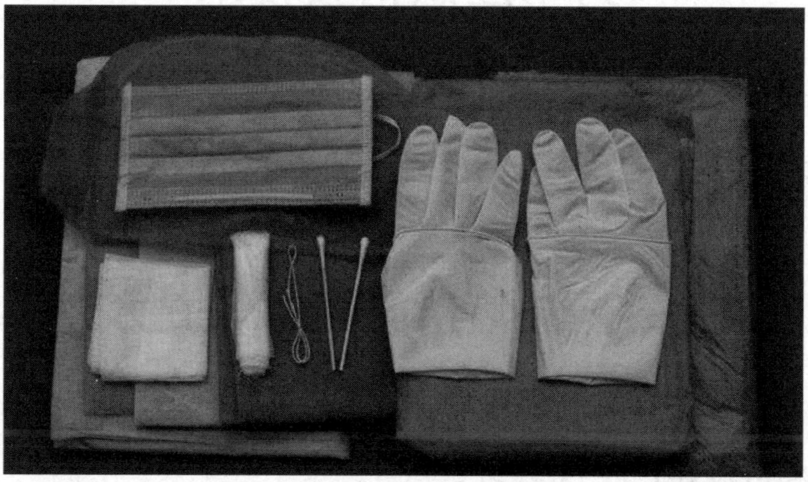

图 4－5　一次性产包

项目五

列车应急抢救技术

任务一　常规生命体征及检查方法

【知识目标】

- 熟悉生命体征的各项指标及检查方法。

【技能目标】

- 能够检查伤病员的生命体征。

【相关知识】

生命体征包括体温、脉搏、呼吸、血压四项，是评价生命活动存在与否及其质量的指标，是体格检查时必须检查的项目之一。

一、体温

人体的温度，简称体温。为保证测量结果的准确性，测量体温时方法要规范。国内一般采用摄氏法进行体温记录。测量体温的常规方法有腋测法、口测法、肛测法，近年来还出现了耳测法和额测法。体温计有水银体温计（见图5－1）、电子体温计（见图5－2）、红外线体温计等。

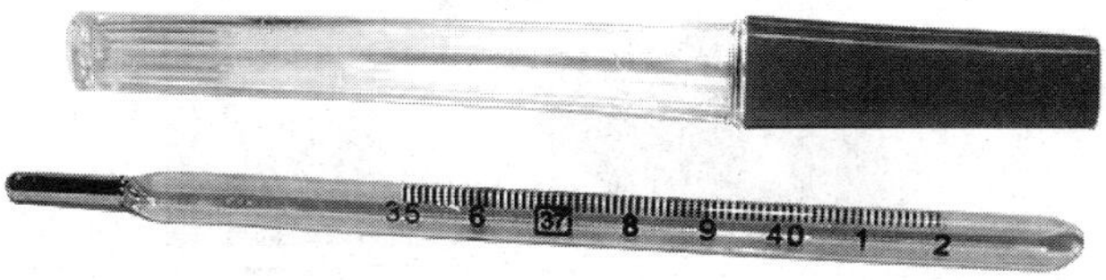

图5－1　水银体温计

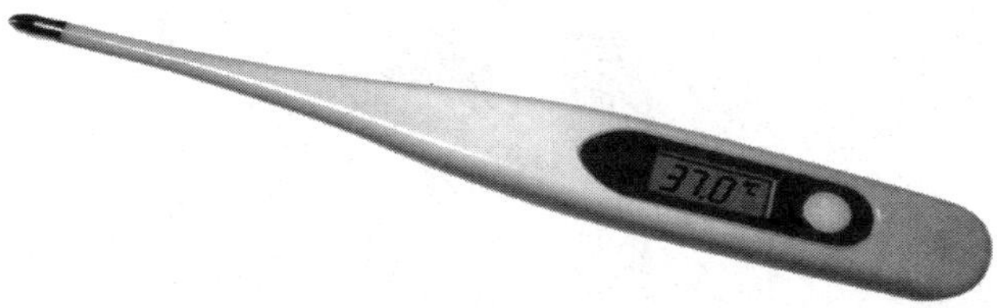

图5－2　电子体温计

1. 腋测法

将体温计水银端置于伤病员腋窝深处，嘱伤病员用上臂将体温计夹紧，10 min后读数。腋窝正常的温度值为36～37 ℃。为避免影响测定结果，测量时注意腋窝处应无致热或降温物品，将腋窝汗液擦干。腋测法是最常用的体温测定方法，简便、安全，且不易发生交叉感染。

2. 口测法

将消毒后的体温计头端置于伤病员舌下5 min，然后进行读数。正常值为36.3～37.2 ℃。为避免影响测量结果，使用该法时应嘱伤病员紧闭口唇，不用口腔呼吸，测量前10 min内禁饮热水和冰水。口测法结果较为准确，但不能用于婴幼儿及神志不清的伤病员。

3. 肛测法

肛测法一般比口测法读数高0.2～0.5 ℃，但是肛测法测值比较稳定，多用于婴幼儿及神志不清的伤病员。测量时采用侧卧位，将肛门体温计头端涂以润滑剂后，缓慢地插入肛门内（插入长度为体温计长度的一半），5 min后读数。正常值为36.5～37.7 ℃。

4. 耳测法和额测法

耳测法多用于婴幼儿，是应用红外线耳式体温计（见图5－3）测量鼓膜的温度的方法。额测法仅用于体温筛查，是应用红外线测温计（见图5－4）测量额头皮肤温度的方法。

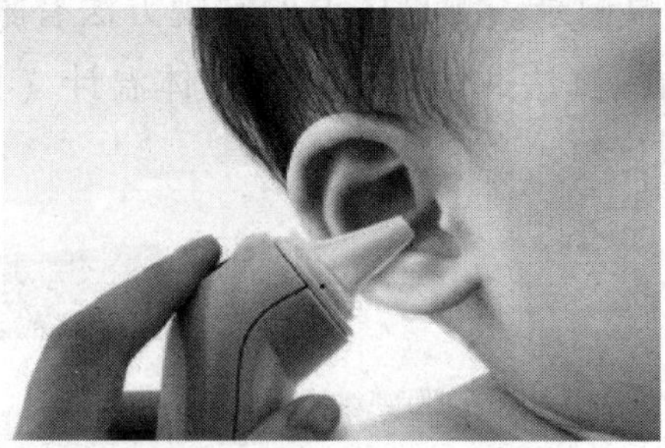

图 5－3 红外线耳式体温计

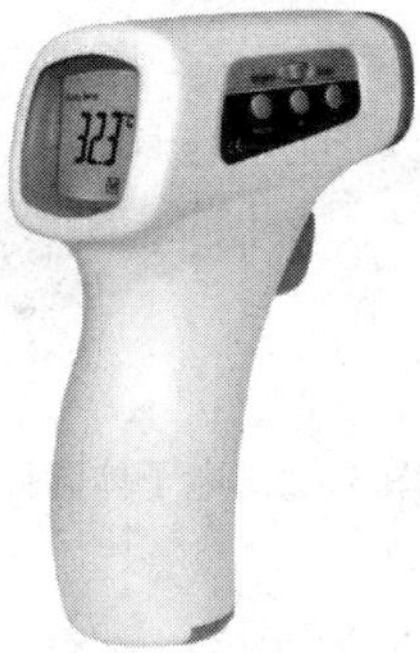

图 5－4 红外线测温计

二、脉搏

动脉搏动简称为脉搏，当心脏内大量血液进入动脉使动脉压力变大，导致管径扩张，触摸体表较浅处的动脉即可感受到此扩张，即脉搏。正常成人的脉搏在安静、清醒的情况下为 60～100 次/min，老年人偏慢，女性稍快，儿童较快，3 岁以下的儿童多在 100 次/min 以上。成人脉搏过快（>100 次/min）常见于正常成人情绪激动、紧张、剧烈体力活动、酒后等情况；疾病情况如发热、贫血、心衰、甲亢、心律失常等也会导致脉搏过快。脉搏过慢（<60 次/min）常见于长期从事重体力劳动者及运动员；也见于心律失常、颅内压增高、药物中毒的伤病员。脉搏消失（不能触到脉搏）多见于重度休克、重度昏迷、心脏骤停的伤病员。

检查脉搏主要用触诊，检查时可以选择以下三种方法。

1）触摸桡动脉法

触摸桡动脉法是检查脉搏最常见的方法，桡动脉位于腕关节上方、桡骨下端前面，桡骨茎突内侧和桡侧屈腕肌腱之间的位置。触摸桡动脉时，检查者用右手的食指、中指、无名指三指或食指、中指两指放在被检查者的左手腕横纹稍上处的拇指桡侧，触到桡动脉的搏动。如果触不到动脉搏动，要警惕并怀疑心脏停搏，需要触摸颈动脉或股动脉等大动脉来验证。触摸桡动脉如图 5 – 5 所示。

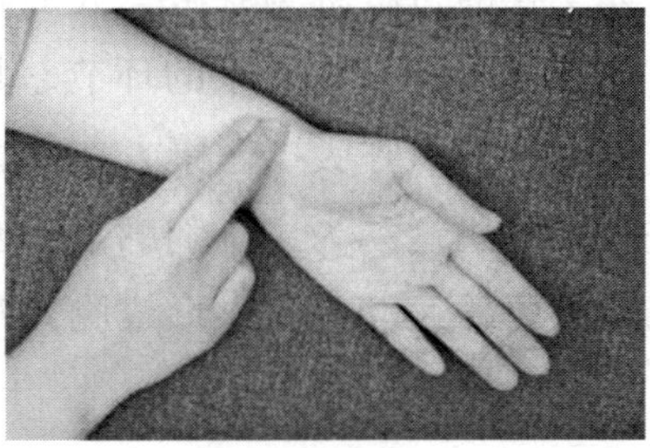

图 5 – 5　触摸桡动脉

2）触摸颈动脉法

被检查者仰头后，检查者一手按住前额，用另一手的食指和中指找到气管，两指下滑到气管一侧与颈侧肌肉之间的沟内，可触及颈动脉，颈动脉在男性喉结下2 ~ 3 cm的位置。触摸颈动脉时压力不宜过大，不能压迫到气管。触摸颈动脉如图 5 – 6所示。

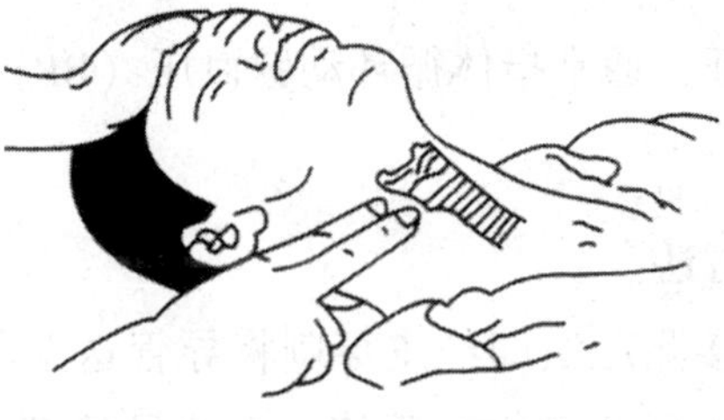

图 5 – 6　触摸颈动脉

3）触摸股动脉法

股动脉在腹股沟中点处表浅位置，在一侧腹股沟韧带稍下方，相当于三角内裤的下斜边，此处可摸到明显的搏动。触摸股动脉如图 5 – 7所示。

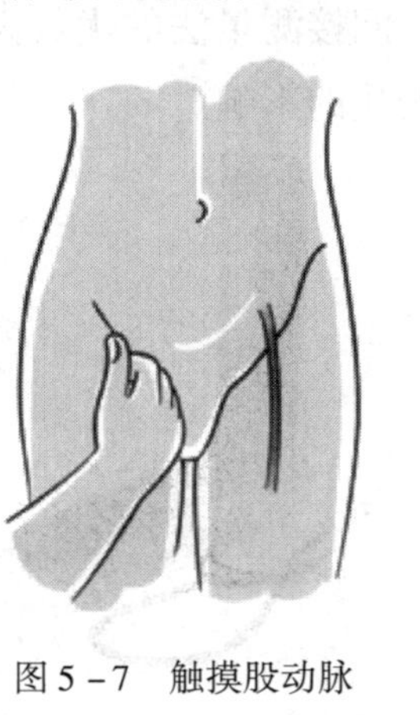

图 5 – 7　触摸股动脉

三、呼吸

机体与外界环境之间气体交换的过程称为呼吸。人的呼吸过程包括肺通气、肺换气、组织细胞与血液间的气体交换三个互相联系的环节。其中肺通气、肺换气为外呼吸，组织细胞与血液间的气体交换为内呼吸。健康人在静息状态下呼吸运动稳定而有节律，正常男性和儿童的呼吸以膈肌运动为主，胸廓下部及上腹部的动作较大，形成腹式呼吸；女性的呼吸则以肋间肌的运动为主，形成胸式呼吸。实际上这两种呼吸运动均不同程度地同时存在。

正常成人静息状态下，呼吸为12~20次/min，呼吸与脉搏之比为1:4。新生儿呼吸约44次/min，随着年龄的增长而逐渐减慢。正常成人呼吸频率超过20次/min时即为呼吸过速，多见于发热、疼痛、贫血、甲状腺功能亢进及心力衰竭等。一般体温升高1℃，呼吸大约增加4次/min。正常成人呼吸频率低于12次/min，则认为是呼吸过缓，多见于麻醉剂或镇静剂过量和颅内压增高等情况。

四、血压

血压是重要的生命体征，通常指体循环动脉血压（BP）。

1. 测量血压的方法

血压测定有以下两种方法。

（1）直接测压法。直接测压法即经皮穿刺将导管送至周围动脉（如桡动脉）内，导管末端接监护测压系统，自动显示血压值。本法虽然精确、实时，但为有创方式，仅适用于危重、疑难病症。

（2）间接测量法。间接测量法即袖带加压法，用血压计测量。血压计有汞柱式血压计（见图5-8）、弹簧式血压计、电子血压计（见图5-9），目前常用汞柱式血压计和电子血压计进行血压测量。间接测量法的优点为简便易行，缺点是容易受多种因素影响，尤其是周围动脉舒缩变化的影响。

图5-8 汞柱式血压计

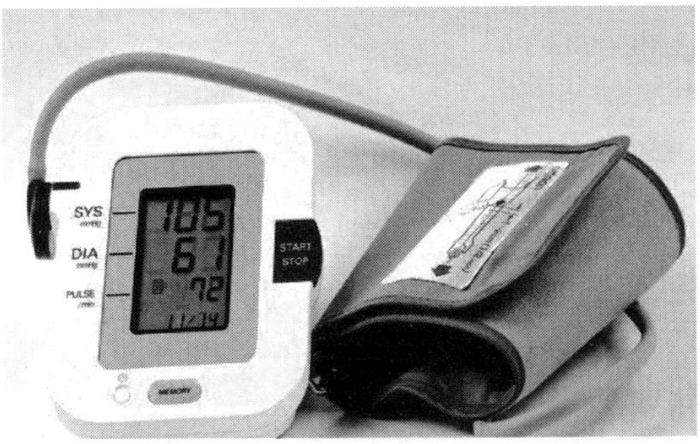

图 5－9　电子血压计

2. 汞柱式血压计测量规程

（1）被检查者在测量血压之前的半小时内应不吸烟、不喝咖啡、排空膀胱，处在安静的环境下，在有靠背的椅子上安静休息至少 5 min。

（2）被检查者取坐位或仰卧位测血压，上肢裸露伸直并轻度外展，肘部置于心脏同一水平，将气袖均匀紧贴皮肤缠于上臂，使其下缘在肘窝以上约 2.5 cm，气袖之中央位于肱动脉表面。

（3）检查者触及肱动脉搏动后，将听诊器拾音部分置于搏动上准备听诊。

（4）向袖带内充气，边充气边听诊，待肱动脉搏动声消失，再升高 30 mmHg 后，缓慢放气（2～6 mmHg/s），双眼随汞柱下降，平视汞柱表面，根据听诊结果读出血压值。

（5）首先听到的响亮拍击声代表收缩压，最终声音消失时为舒张压，记录读数。

（6）血压至少应测量 2 次，间隔 1～2 min；如收缩压或舒张压 2 次读数相差 5 mmHg以上，应再次测量，以 3 次读数的平均值作为测量结果。收缩压与舒张压之差值为脉压，舒张压加 1/3 脉压为平均动脉压。

任务二　心肺复苏

【知识目标】

- 了解心肺复苏的终止条件；
- 熟悉心肺复苏的概念、重要性；
- 熟悉心肺复苏的操作程序、动作要点、注意事项。

【技能目标】

- 能够判断需要进行心肺复苏的情况；
- 能够按照规定进行心肺复苏。

【相关知识】

一、心肺复苏概述

心脏骤停是死亡的主要原因之一，而心肺复苏则是有效的治疗措施。20 世纪中叶，人类对于心肺复苏（CPR）的研究取得了较大的进步，并推广到临床应用，成为广大临床医务工作者、救护人员所掌握的一种科学方法，使很多心脏骤停的伤病员“死而复生”。

苏联神经外科医师 Negovsky 在 1936 年首先提出“复生”，对濒死状态、终末状态和临床死亡进行重要的病理学的研究。Negovsky 领导实验室团队成功地建立了 CPR 动物模型，并在动物身上进行了胸外按压和电除颤，但是当时并未将这些研究成果推广并应用到临床中。

Zoll 和 Kouwenhoven 在 1954 年成功地研究出体外电休克除颤技术，1956 年 Zoll 首次应用电除颤技术成功抢救一例心室颤动伤病员。Kouwenhoven 于 1960 年实施胸外按压成功。20 世纪 50 年代医学界提出的口对口呼吸法（现代呼吸复苏）、体外电击除颤法，60 年代出现的胸外按压法，构成了现代心肺复苏术，之后医学界系统地提出了现代心肺复苏的基本程序即基础生命支持（BLS）、进一步生命支持（ALS）和长程生命支持（PIS）。

二、心肺复苏与心脏骤停

（一）心肺复苏概念

心肺复苏（CPR）指采用徒手或辅助设备来维持呼吸、心脏骤停伤病员人工循环和呼吸的最基本的抢救方法，包括胸外按压、开放气道、人工呼吸、电除颤及药物治疗等步骤，其目的是尽快使自主循环恢复，最终达到脑神经功能良好的存活。

（二）心脏骤停

心脏骤停（SCA）是指各种原因导致的心脏射血功能突然停止，随即出现意识丧失、脉搏消失、呼吸停止，经过及时、有效的心肺复苏，部分伤病员可存活。心脏性猝死（SCD）指未能预料的于突发心脏症状 1 h 内发生的心脏原因死亡。心脏骤停不治是心脏性猝死最常见的直接死因。

心脏骤停常见的原因有以下几种。

（1）心肌损伤：冠心病、心肌病、心脏结构异常、瓣膜功能不全等。

（2）呼吸障碍：中枢神经系统疾病、神经肌肉接头疾病、中毒或代谢性脑病等通气不足；中枢神经系统疾病，气道异物梗塞，感染、创伤等导致的上呼吸道梗塞；哮喘、肺水肿、肺栓塞等呼吸衰竭。

（3）循环障碍：张力性气胸、心包填塞、肺栓塞等机械性梗塞；出血、脓毒症、神经源性休克等导致的有效循环血量过低。

（4）电解质等代谢紊乱。

（5）药物、毒品、一氧化碳等中毒。

（6）雷击、触电、低温或高温、淹溺等环境或意外因素。

心脏骤停的表现主要为典型“三联征”，包括突发意识丧失、呼吸停止和大动脉搏动消失，临床表现为以下几个方面：①突然摔倒，意识丧失，面色迅速变为苍白或青紫；②大动脉搏动消失，触摸不到颈、股动脉搏动；③呼吸停止或叹息样呼吸，继而停止；④双侧瞳孔散大；⑤因脑缺氧引起的抽搐和大小便失禁，随即全身松软。

心脏骤停的判定要点主要为意识突然丧失、大动脉（颈动脉和股动脉）摸不到搏动。此外，还可以根据呼吸停止或抽搐样呼吸（将面部贴近伤病员的鼻部，感觉呼吸时的气流；听伤病员是否有呼吸声；看胸廓有无起伏）、瞳孔散大固定（常于停搏后 45 s 才出现瞳孔散大、1 ~ 2 min 后才出现瞳孔固定；部分在心脏骤停后无瞳孔散大）、全身发绀等表现进行判定。

三、生存链

现代救护“生存链”是近年来在国际上出现的一个重要的急救专用名词，但它很快被专家和公众接受。它是以“现场第一目击者”为开始，至专业急救人员到达进行抢救的一个系列环节而组成的“链”。“生存链”普及、实施得越广泛，危机病人获救的成功率也就越高。

20 世纪 80 年代后，院外急救的重要性与普遍性逐渐为社会所认识。许多国家面临着一个相同而又急迫的问题：越来越多的危重病和急症，尤其是冠心病中的急性心肌梗死、严重心率失常、猝死、意外伤害事故，现场急救与否与病人生命得失关系紧密。

四、心肺复苏的紧迫性

如果发现高速铁路旅客心跳、呼吸停止，需要尽快做出判断，根据情况尽快实施心肺复苏。这是因为心跳、呼吸的突然停止，会使全身重要脏器发生缺血、缺氧，尤其是大脑一旦缺血、缺氧 4 ~ 6 min，脑组织即可发生损伤，超过 10 min 即可发生不可恢复的脑损害，所以，最好是在旅客呼吸、心搏骤停的 4 min 之内进行心肺复苏。

五、心肺复苏——基本生命支持

基本生命支持包括胸外按压、开放气道、人工呼吸、电除颤等基本抢救技术方法，可以归纳为初级 C、A、B、D，即 C（circulation）——胸外按压；A（airway）——开放气道；B（breathing）——人工呼吸；D（defibrillation）——电除颤。基本生命支持用于发病或致伤现场，包括对病情判断评估和采用的其他抢救措施，目的是恢复心脏骤停旅客的自主心肺功能。

（一）成人心肺复苏

1. 检查意识、呼吸及脉搏

如果发现意识突然丧失倒地的旅客，急救人员首先要确定现场环境是否安全，如有危险因素要及时躲避或脱离危险，否则不能接触、移动伤病员。救护人员可以通过动作或声音刺激判断晕倒旅客有无意识，比如可以拍打旅客肩部并大声呼叫："先生，你怎么了？" 然后观察旅客对声音和拍打是否有语音或动作反应。对于外界的刺激如果有反应的，则可以使其自动恢复体位；而无反应的旅客则应采取平卧位，立即实施心肺复苏。需要注意的是，如果怀疑在摔倒的时候，旅客伴随有颈椎受伤，在翻转时应使其保持头颈部和躯干在一个轴面上，避免损伤脊髓，造成不可逆的伤害。

暴露昏迷旅客胸腹部，检查旅客是否有自主呼吸，观察有无胸腹部起伏，观察时间为 5 ~ 10 s。传统上可以将检查步骤概括为"一看""二听""三感觉"，"听"和"感觉"即施救者将耳朵靠近伤病员口鼻部，用听呼吸气流声来感觉伤病员是否有自主呼吸。目前建议精简为"一看"，即检查有无胸腹部起伏。心脏骤停的早期会有叹息样呼吸，也称为濒死呼吸，这是无效呼吸。当判断晕倒的旅客无呼吸或仅有叹息样呼吸时，应立即求助社会急诊医疗服务体系，并立即开始进行心肺复苏。

如图 5-10 所示，一般以一手食指和中指触摸伤病员颈动脉以感觉有无搏动。如果急救人员在 10 s 内不能明确地触及脉搏，应立即开始胸外按压。目前已经有证据表明，急救人员即使花很长时间去检查脉搏往往难以确定脉搏是否存在，现已不再强调检查脉搏的重要性。

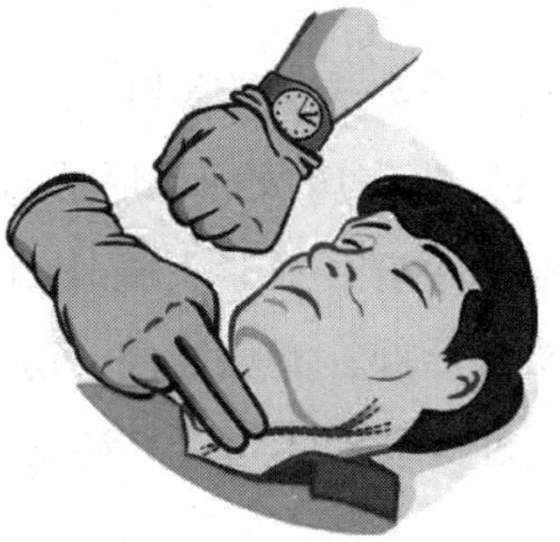

图 5-10　检查脉搏

2. 立即呼救

（1）列车呼救。边组织现场抢救边将情况上报列车长，由列车长广播寻找列车上从事医务工作的旅客，并按规定程序通知有关部门。

（2）现场呼救。当判断旅客意识丧失，应立该寻求他人帮助，在原地高声呼救："快来人！有人晕倒了！"

3. 救护体位

1）心肺复苏体位

为了便于施救者更好地采取心肺复苏等急救措施，对于呼吸、心搏骤停的高速铁路旅客，应该将其头面朝上，采用仰卧位，放在坚硬的平面上，手臂放置在身体两侧。心肺复苏体位如图 5-11 所示。

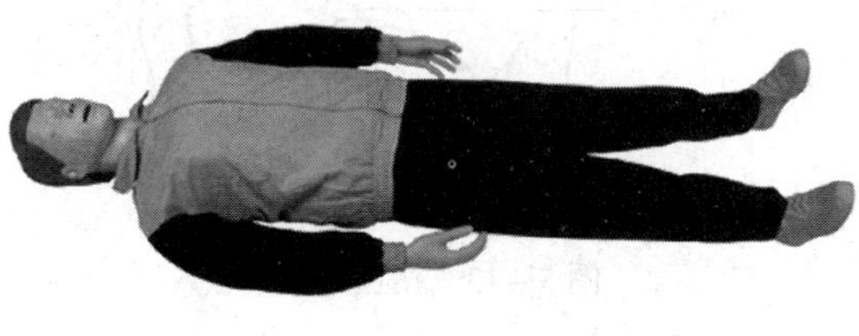

图 5-11　心肺复苏体位

2）复原体位

如果高速铁路旅客虽然没有明显的意识，但是有呼吸，此时可以采用侧卧体位，即复原体位，以便分泌物从口中流出。复原体位如图 5 - 12 所示。

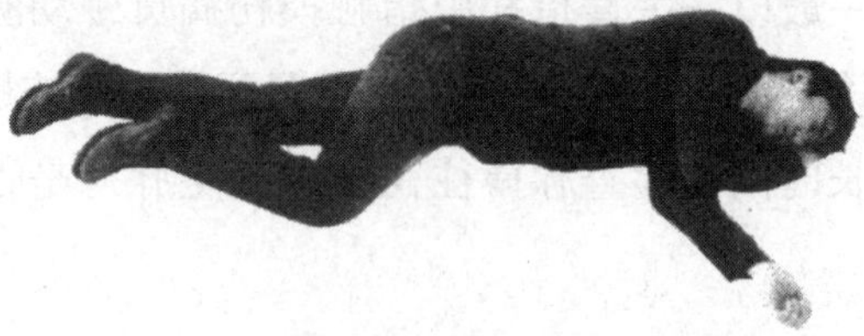

图 5 - 12　复原体位

操作时可以先将伤病员平放，让伤病员一手肘成直角弯曲，另一手臂横放胸前，手背贴于脸颊侧。然后握着贴面的手臂，抓紧大腿外侧，提高膝部，将伤病员拉向自己。保持伤病员侧卧，保持其头部后仰，大腿屈曲，防止身躯前倾，避免妨碍血液循环。如果怀疑伤病员脊椎受伤，非必要时不可轻易移动伤病员。

3）救护员体位

救护员在实施心肺复苏时，应根据现场具体情况，选择位于伤病员一侧，将两腿自然分开与肩同宽跪贴于（或立于）伤病员的肩、胸部，这样有利于实施操作。

4. 胸外按压

胸外按压是通过直接按压心脏来增加胸腔内压力以驱动血流。有效的胸外按压能产生 60 ~ 80 mmHg 动脉压。

高质量的胸外按压，要求按压频率≥100 次/min；按压深度≥5 cm；保证按压后胸廓恢复原状；尽量减少因检查或治疗造成胸外按压中断。

（1）体位：心肺复苏时，伤病员以仰卧位平躺在坚实的平面上。

（2）如图 5 - 13 所示，按压部位在胸骨下 1/3 处，即乳头连线与胸骨交界处。

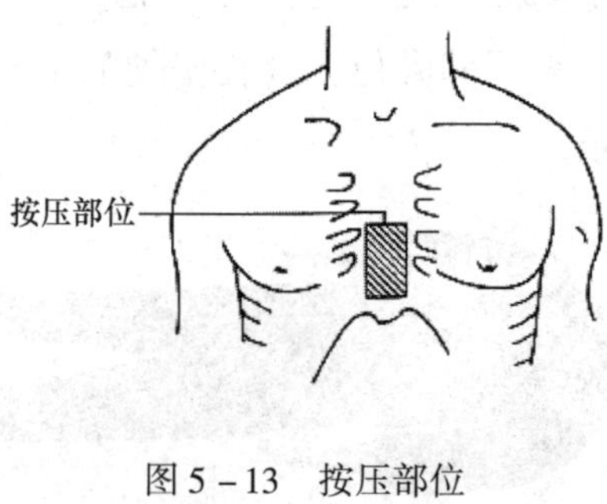

图 5 - 13　按压部位

（3）如图 5 - 14 所示，按压时，急救人员跪在伤病员身边，一个手掌根部置于按压部位，另一手掌根部叠放其上，双手指紧扣进行按压；身体稍前倾，使肩、肘、腕位于同一轴线上，与伤病员身体平面垂直，用上身重力按压，按压与放松时间相同，放松时手掌不离开胸壁。要“用力、快速”按压，但不得冲击式按压。

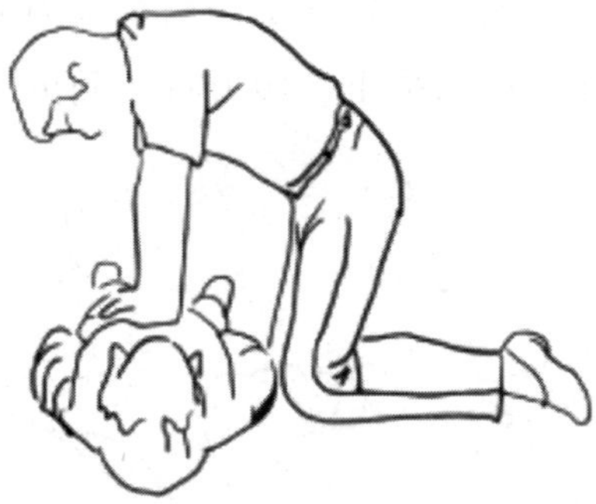

图 5－14　胸外按压

（4）按压/通气比：目前推荐的按压/通气比为 30∶2，每个周期为 5 组，时间大致为2 min。

（5）2 人以上协同做心肺复苏时，应每隔 2 min 交替做心肺复苏，以免按压者疲劳使按压质量和频率降低。轮换时要求动作快，尽量减少中断按压的时间。

（6）尽量减少因分析心律、检查脉搏和其他治疗措施中断胸外按压的时间，中断胸外按压时间须小于 10 s。

5. 开放气道及人工呼吸

伤病员无意识时，由于舌后坠、软腭梗塞气道，进行人工呼吸前需要开放气道。

1）开放气道方法

（1）仰头抬颏法。如伤病员头、颈部无明显的外伤时可使用此法。仰头抬颏法如图 5－15 所示。伤病员取仰卧位，急救者站在伤病员一侧，将一只手放置于伤病员前额部，用力使头后仰，另一只手食指和中指放置下颏骨部向上抬颏，使下颌尖、耳垂连线与地面垂直。

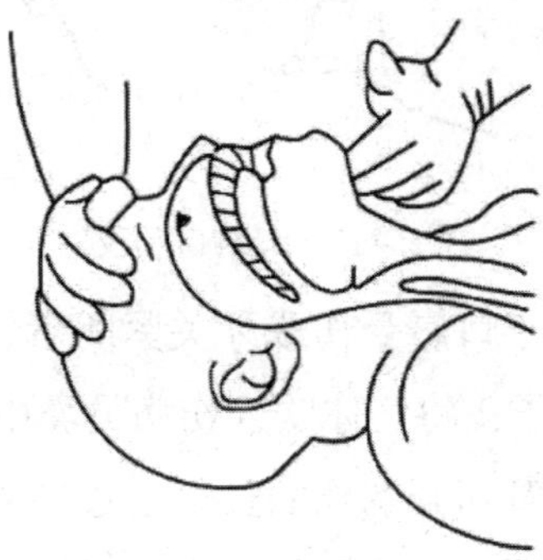

图 5－15　仰头抬颏法

（2）托颌法。托颌法在怀疑伤病员有颈椎受伤时使用。如图 5－16 所示，伤病员平躺，急救者位于伤病员头侧，两手拇指置于伤病员口角旁，其余四指托住伤病员下颌部位，在保证头部和颈部固定的前提下，用力将伤病员下颌向上抬起，使下齿高于上齿，但要避免搬动颈部。

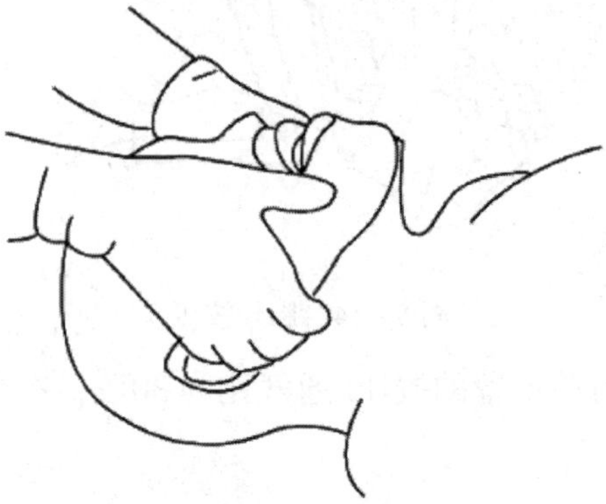

图 5－16　托颌法

2）人工呼吸方法

（1）口对口呼吸。如图 5－17 所示，急救者正常呼吸，用食指和拇指捏住伤病员鼻翼，用口包住伤病员的口唇将气吹入伤病员口中。

图 5－17　口对口呼吸

（2）口对鼻呼吸。此法用于口唇受伤或牙关紧闭者，急救者稍上抬伤病员下颏使其口闭合，用口包住伤病员鼻子，将气体吹入伤病员鼻中。

（3）口对导管通气。对气管切开的伤病员可通过导管进行人工呼吸。

（4）口对面罩通气。用面罩封住伤病员口鼻，通过连接管进行人工呼吸。

无论采用以上哪种方法，急救者每次吹气时间应持续 1 s。

（二）儿童心肺复苏

儿童根据年龄段划分为：1 个月以内的新生儿，1 岁以内的婴儿，1～8 岁的小儿。在解剖学特点上，8 岁以下儿童的解剖生理结构与成人相比有较大差异，因此在进行心肺复苏时需要了解和掌握这些差异特点，并针对不同年龄的患儿采用不同的复苏手法。8 岁以上儿童心肺复苏程序及方法基本同成人。

1. 儿童心脏骤停的特点

儿童心脏骤停与成人相比，有其独特的特点。成人心脏骤停多因突发原因所致，儿童更多是呼吸功能障碍或是心血管功能恶化的结果，心脏骤停是继发的。儿童心脏骤停时大约有 78% 是心电静息，其次为心动过缓，室性心律的发生率小于 10%，而成人心脏骤停多为心室颤动。对非原发性心脏骤停的儿童旅客，早期更要注重呼吸支持，改善缺氧，其心肺复苏较成人心肺复苏的时间更长。

2. 儿童生存链的特点

儿童心肺复苏生存链的顺序与成人不同，其顺序依次为：（1）预防心脏停搏；（2）早期有效心肺复苏；（3）快速求助社会急诊医疗服务体系；（4）早期高级生命支持。

如果只有一位急救人员在现场时，对 8 岁以下的患儿应先给基本生命支持 1 min，之后再求助社会急诊医疗服务体系，即先急救、再求助，而 8 岁以上儿童则同成人，先求助、再急救。

3. 儿童心肺复苏具体方法

1）胸外按压

1～8 岁的小儿可触颈动脉搏动，婴儿由于颈部短而圆胖，可触及肱动脉或股动脉搏动，需要在 10 s 之内做出判断。如果无脉搏，立即进行胸外按压，按压时要向脊柱方向挤压胸骨，压迫心腔内血液排入主动脉。

8 岁以下儿童胸外按压具体方法如下。

（1）双掌按压法：常规情况下胸外按压使用双掌按压法，其适用于成人和 8 岁以上儿童，急救者将手掌重叠置于患儿胸骨中下 1/3 交界处，操作者肘关节伸直，肩臂力量向患儿脊柱方向垂直挤压。按压与放松时间相等，挤压时手指不触及胸壁，避免压力致使肋骨骨折。放松时手掌不离开患儿胸骨，以免按压处移位，双掌按压法如图 5－18 所示。

（2）单掌按压法：适用于 1～8 岁的小儿，急救者仅用一只手掌按压，方法同双掌按压法。单掌按压法如图 5－19 所示。

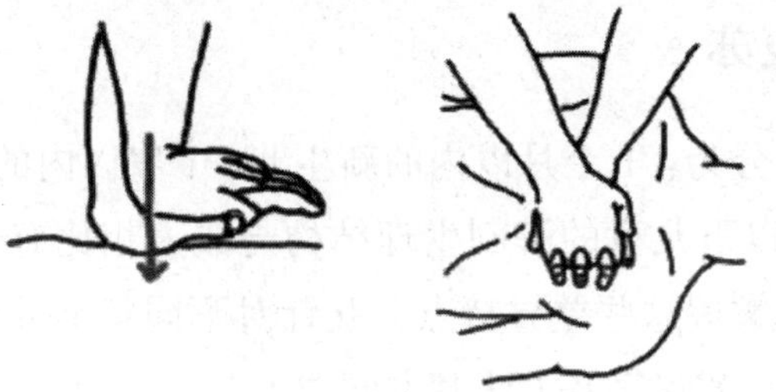

图 5－18　双掌按压法

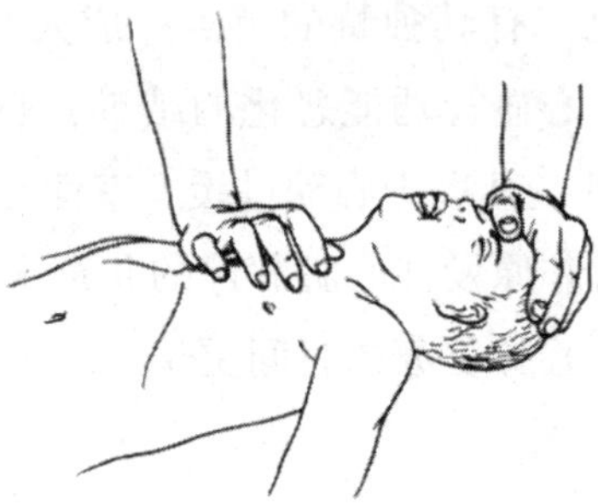

图 5－19　单掌按压法

（3）平卧位双指按压法：适用于婴儿，急救者一手置于患儿后背，另一手中指和无名指置于两乳头连线下方，向后背方向按压。平卧位双指按压法如图 5－20 所示。

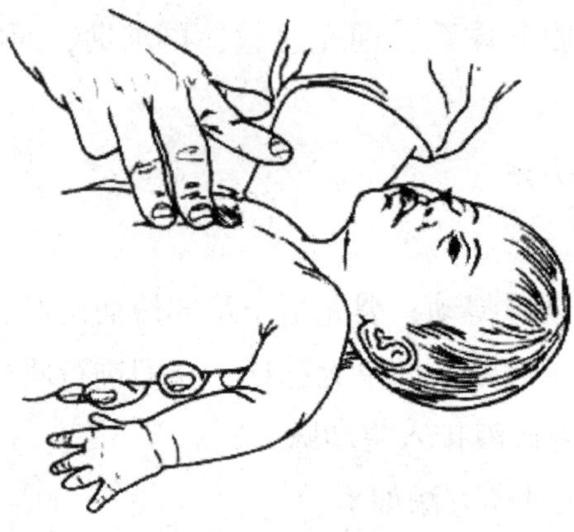

图 5－20　平卧位双指按压法

（4）单掌环抱按压法：适用于新生儿，急救者一手四指置于患儿后背，拇指置于前胸，具体按压部位同平卧位双指按压法。

（5）双手环抱按压法：适用于新生儿和婴儿。急救者用双手围绕患儿胸部，双拇指并列或重叠于前胸，其余两手手指置患儿后背相对方向按压。双手环抱按压法如图 5－21所示。

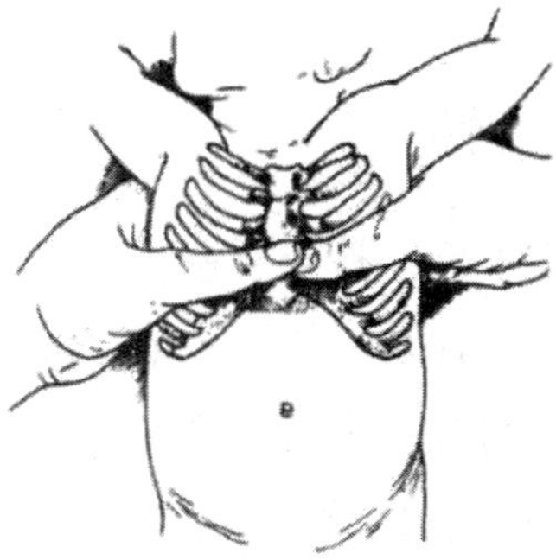

图 5－21　双手环抱按压法

小儿胸外按压深度以其胸廓厚度的 1/3～1/2 为宜，此按压深度可产生相对较高的冠状动脉灌注压。按压频率为 100 次/min。胸外按压必须与人工呼吸交替进行。

2）开放气道

采用仰头抬颏法或托颌法开放小儿气道。

（1）仰头抬颏法。将一只手放在小儿前额并轻柔地使头部后仰，同时将另一只手指尖放在下颏中点处，抬高下颏以开放气道。

（2）托颌法。如怀疑小儿颈部受损，应避免头颈后仰，急救者位于小儿头顶端，用双手 2～3 个手指分别放在小儿两侧下颌角处，轻轻用力托下颌向上，开放气道。

判断自主呼吸：开放气道后，急救者用面颊贴近小儿口鼻部感觉有无气流呼出，并观察小儿有无胸腹部起伏，要在 10 s 之内做出判断，若判断呼吸时间过短，缓慢的自主呼吸有可能被遗漏。确认小儿无呼吸，需要立刻进行心肺复苏。

3）人工呼吸

采用口对口人工呼吸，先吹气 2 次，每次约 1 s，时间稍短于成人，潮气量以使胸廓抬起为度。若吹气时阻力大或胸廓不能抬起，提示气道梗塞。气道梗塞最常见的原因是气道开放不正确，需重新调整体位，开放气道后再试。如果吹气后仍无胸廓起伏，应考虑气道内有异物存在。婴儿可采用口对口（鼻）呼吸，或者可以采用面罩—球囊通气。

六、心肺复苏有效的表现

（1）面色、口唇由苍白、紫变红润。

（2）脉搏恢复、开始自主呼吸。

（3）瞳孔由大变小，对光反射恢复。

（4）眼球能活动，手脚抽动，呻吟等。

七、心肺复苏的终止条件

现场的心肺复苏应坚持连续进行，检查呼吸、循环体征应在 5 个心肺复苏周期后进行，检查时间不能超过 10 s。如有以下其中一项可考虑停止操作。

（1）伤病员开始自主呼吸及脉搏恢复。

（2）有他人或专业急救人员到场接替。

（3）救护者精疲力竭。

八、心肺复苏的注意事项

救护员在现场一定要争分夺秒，按救护原则及步骤实施紧急救护，同时应注意以下几点。

（1）呼吸骤停时，要检查并排除有气道异物梗塞的情况。

（2）救护时要果断，现场救护不要犹豫不决。

（3）对于危重者，千万不能只等待专业人员的急救。

（4）不要把时间消耗在反复检查心跳、呼吸的过程中。

（5）不要做不必要的全身检查。

（6）不要随意搬动伤病员，注意保护脊柱。

（7）在救护中要确保现场安全，做好自我保护，关心体贴伤病员。

（8）应使用心肺复苏模型进行心肺复苏的训练，严禁在正常人身上进行操作训练，救护人员最好定期参加心肺复苏的培训，以提高现场救护的技能。

任务三　气道梗塞急救法

【知识目标】

- 了解气道异物梗塞的原因及预防措施；
- 掌握气道异物梗塞的表现；
- 掌握气道异物梗塞的清除方法。

【技能目标】

- 掌握气道异物梗塞的急救技术。

【相关知识】

旅客在出行的过程中，会有饮食不慎等原因导致的气道异物梗塞，气道异物梗塞是导致窒息的紧急情况，如不及时解除，数分钟内即可能死亡。

一、气道异物梗塞的原因及预防

任何人突然呼吸骤停都应考虑到气道异物梗塞，成人通常在进食时易发生气道异物梗塞，肉类食物是造成气道异物梗塞最常见的原因。易导致气道异物梗塞的诱因有：吞食大块难咽食物，饮酒，老年人戴义齿或吞咽困难，儿童口含小颗粒状食品或物品。

预防气道异物梗塞，需要注意以下事项。

（1）细嚼慢咽，尤其是戴义齿者。

（2）咀嚼和吞咽食物时，避免大笑或交谈。

（3）避免酗酒。

（4）阻止儿童口含食物时在列车行走、跑或玩耍。

（5）将易误吸入的异物放在婴幼儿拿不到的地方。

（6）不宜将需要仔细咀嚼或质韧而滑的食物（如花生、坚果、果冻等）给小儿食用。

二、如何判断气道异物梗塞

当异物进入气管时，旅客会感到极度不适，常常不由自主地以手呈“V”形紧贴于颈前喉部，苦不堪言，气道异物梗塞的特殊表现如图 5－22 所示。

异物可造成呼吸道的部分或完全梗塞，识别气道异物梗塞是及时抢救的关键。

1）气道部分梗塞

伤病员有通气，能用力咳嗽，但咳嗽停止时出现喘息声。此时，救助者不宜妨碍伤病员自行排除异物，应鼓励伤病员用力咳嗽，并自主呼吸，但应守护在伤病员身旁，并监视伤病员的情况，如不能解除，立即求助社会急诊医疗服务体系。

气道异物梗塞伤病员可能一开始就表现为通气不良，或开始通气好，但逐渐恶化，出现乏力、无效咳嗽、吸气时发出噪声、呼吸困难加重等现象。对待这类伤病员要同气道完全梗塞伤病员一样，必须争分夺秒地抢救。

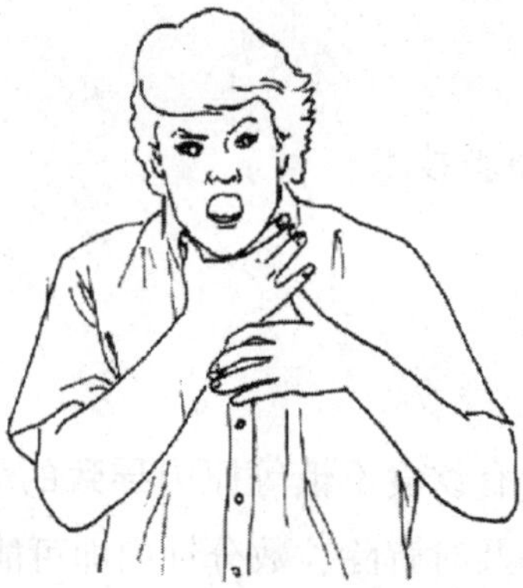

图 5－22　气道异物梗塞的特殊表现

2）气道完全梗塞

伤病员不能讲话，呼吸或咳嗽时，双手抓住颈部，无法通气。对此征象必须立即明确识别。救助者应马上询问伤病员是否被异物噎住，如果伤病员点头确认，必须立即救助，帮助解除异物。由于气体无法进入肺脏，如不能迅速解除气道梗塞，伤病员将很快出现意识丧失，甚至死亡。如果伤病员意识已丧失、猝然倒地，应立即实施心肺复苏。

三、解除气道异物梗塞的方法

对气道完全梗塞伤病员必须争分夺秒地解除气道异物。通过迫使气道内压力骤然升高的方法，产生人为咳嗽，把异物从气道内排出，具体方法可参考本项目任务四的相关内容。

四、小儿气道异物处理

怀疑小儿气道异物梗塞时，如患儿咳嗽有力，应鼓励其连续自主咳嗽，以咳出异物；如咳嗽无力或呼吸困难明显，并出现意识丧失的患儿，应立即采取解除气道梗塞措施。婴儿推荐使用拍背/冲胸法；1 岁以上儿童可使用推压腹部法，步骤与成人相同。

拍背/冲胸法：急救者取坐位，将患儿（俯卧位）置于前臂上，前臂放于大腿上，手指张开托住患儿下颌并固定头部，保持头低位；另一只手的掌根部在婴儿背部肩胛区用力叩击 5 次，拍背如图 5－23 所示。拍背后将空闲的手放于婴儿背部，手指托住其头颈部，小心地将婴儿翻转过来，使其仰于另一只手的前臂上，前臂置于大腿上，仍维持头低位。实施 5 次快速胸部冲压，位置与胸外按压相同。冲胸如图 5－24 所示。冲压与按压的不同之处在于冲压时间短促，利用肺内压力突然增高将异物排出。如能看到患儿口或鼻中异物，可将其取出；不能看到异物，则继续重复上述动作，直到异物排出。

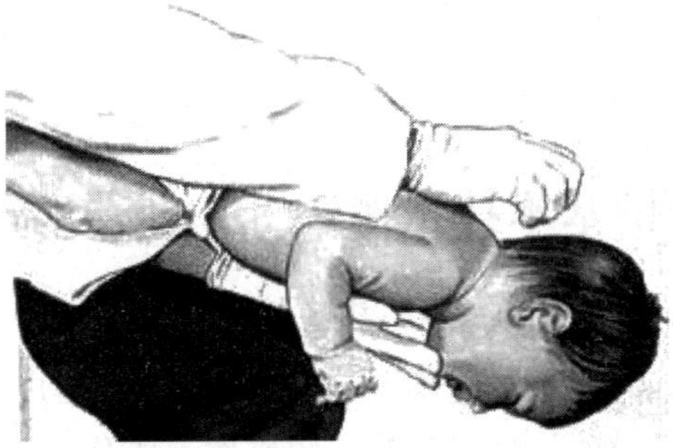

图 5 – 23　拍背

图 5 – 24　冲胸

任务四　现代创伤救护技术

【知识目标】

- 了解创伤救护的目的和原则；
- 熟悉创伤检查要点和救护程序；
- 熟悉创伤救护所需要的通气、止血、包扎、固定、搬运五大基本技术。

【技能目标】

- 能够进行创伤检查，判断创伤情况；
- 熟练运用创伤救护所需要的通气、止血、包扎、固定、搬运五大基本技术。

【相关知识】

一、现代创伤救护基本技术概述

创伤是致伤因素作用下造成的人体组织损伤和功能障碍，创伤轻者发生体表损伤，引起疼痛或出血；重者发生功能障碍、致残，甚至死亡。致伤因素有机械因素，如车祸、塌方、刀扎、枪伤等；物理因素，如烧伤、冻伤、电击、射线等；化学因素，如酸、碱、毒气等；生物因素，如毒蛇、昆虫等。

现代创伤以严重创伤、多发伤和同时多人受伤为特点。严重创伤可造成心、脑、肺和脊髓等重要脏器功能障碍，出血过多会导致休克甚至死亡。创伤现场救护要求快速、正确、有效。正确的现场救护能挽救病人生命、防止损伤加重和减轻病人痛苦，反之可加重病人损伤，造成不可挽回的损失，乃至危及生命，因此，普及创伤现场救护知识和技术十分重要。

灾害事故创伤现场紧急救护是最直接、最实用的医疗行为，它包含创伤急救的五大基本技术。这五大技术按其紧急和迫切程度，依次为通气、止血、包扎、固定和搬运。

在创伤急救的五大基本技术中，保持呼吸道通畅和止住威胁生命的出血是最重要的。尽管业界对不同处理方式有争议，但无论何时，只要伤病员需要，哪怕是非医务人员，都应在现场解除伤病员呼吸障碍的观点是已得到共识的。在呼吸停止时做口对口人工呼吸，并迅速找到呼吸障碍的原因，消除窒息；对出现的已危及生命的体征，须持续地进行救治，包括持续的人工呼吸、必要的心脏按压，直到出现自主呼吸和心跳等主要生命功能时为止。在解除伤病员呼吸障碍的同时，对威胁生命的大出血也要及时控制。

（一）现场救护的目的

创伤一般为突发事件，现场条件差，这给救护工作带来困难。明确现场救护的目的，有助于迅速选择救护方法，从而正确救护，防止因惊慌失措而延误抢救。

现场救护通常由“第一目击者”或非专业医疗机构急救工作人员完成，是转向医院进一步治疗的基础，其作用如下。

（1）抢救、延长病人的生命：创伤病人由于重要脏器损伤（心、脑、肺、肝、脾及脊髓等损伤）及大出血导致休克时，可出现呼吸循环功能障碍。故在呼吸循环骤停时，现场救护人员要立即实施心肺复苏，维持病人生命，为医院进一步治疗赢得时间。

（2）减少出血，防止休克：严重创伤或大血管损伤时出血量大。血是生命的源泉，现场救护人员要迅速用一切可能的方法止血，有效的止血是现场救护的基本任务之一。

（3）保护伤口：开放性损伤的伤口要妥善包扎。保护伤口能预防和减少伤口污染，减少出血，保护组织免受进一步损伤。

（4）骨折固定：现场救护要用最简单有效的方法固定骨折部位。骨折部位固定能减少骨折端对神经、血管等组织结构的损伤，同时能缓解疼痛。颈椎骨折如给予妥善固定，能防止搬运过程中脊髓的损伤。

（5）防止并发症：现场救护过程中要注意防止脊髓损伤、止血带过紧造成缺血坏死、胸外按压用力过猛造成肋骨骨折，以及骨折部位固定不当造成血管神经损伤及皮肤损伤等并发症。

（6）快速转运：用最短的时间将病人安全转运到医院。

（二）现场救护原则

创伤会在各种突发事件情况下发生，出现的情况各种各样，现场救护要根据现场条件和伤情采取不同的救护措施。尽管如此，创伤的现场救护又有其共同的规律，救护人员需要掌握以下原则。

（1）树立整体意识，既全面又有重点地了解伤情，避免伤情遗漏，注意保护自身和病人的安全。

（2）先抢救生命，重点判断是否有意识、呼吸、心跳。如呼吸、心搏骤停，首先进行心肺复苏操作。

（3）检查伤情，快速、有效止血。

（4）优先包扎头部、胸部、腹部伤口以保护内脏，然后包扎四肢伤口。

（5）先固定颈部，然后固定四肢。

（6）操作迅速、平稳，防止损伤加重。

（7）尽可能佩戴个人防护用品，戴上医用手套或用多层纱布、干净布、塑料袋替代。

（三）现场检查与救护程序

1. 现场检查

创伤救护首先要通过快速、简洁的现场检查对伤情进行正确的初步判断。

（1）检查病人意识。

（2）病人平卧位，救护人员双腿跪于病人右侧。

（3）检查呼吸、循环体征。

（4）检查伤口，观察伤口部位、大小、出血情况。

（5）检查头部，用手轻摸头颅，检查有无出血、骨折、肿胀；注意检查耳道、鼻孔有无血液或脊液流出，如有，则可初步判断是颅骨骨折。

（6）检查脊柱及脊髓功能。让病人活动手指和脚趾，如无反应，则判断为瘫痪。

（7）保持病人平卧位，用手指从上到下按压颈部后正中，询问是否有疼痛，如有，则初步判断是颈椎骨折；让病人保持脊柱轴线位侧翻，用手指从上到下沿后正中线按压，询问是否有疼痛，如有，则判断是脊柱骨折。

（8）检查胸部，询问病人疼痛部位，观察胸部的呼吸运动情况。救护人员双手放在病人的胸部两侧，然后稍加用力挤压病人胸部，如有疼痛，则判断是肋骨骨折。

（9）检查腹部，观察有无伤口、内脏脱出，确认腹部压痛部位。

（10）检查骨盆，询问疼痛部位，双手挤压病人的骨盆两侧，如有疼痛，则判断是骨盆骨折。

（11）检查四肢，询问疼痛部位，观察是否有肿胀、畸形。让病人手握腕部或踝部轻轻做动作，观察是否有异常，如有异常，则判断是骨折。

2. 现场救护程序

创伤作为突发性事件，现场救护情况错综复杂，尤其是同时有多人受伤、多发伤、复合伤等严重创伤情况下，现场救护需要快速、有效、有的放矢、有条不紊地进行。下列程序有利于救护人员做到以上几点。

（1）了解致伤因素，判断危险是否已解除。

（2）及时呼救，拨打急救电话。

（3）观察救护环境，选择就近、安全、平坦的救护场地。

（4）按正确的搬运方法使病人脱离现场和危险环境。

（5）置病人于适合的体位。

（6）迅速判断伤情，首先判断神志、呼吸、心跳、脉搏是否正常，是否有大量出血，然后依次判断头、脊柱、胸部、腹部、骨盆、四肢的活动情况，确定受伤部位、伤口大小、出血多少，以及是否有骨折。如同时有多个病人，要做基础的检查分类，分清轻伤、重伤。

（7）有病人呼吸、心跳停止时，先抢救此类病人的生命，立即进行心肺复苏，如具备吸氧条件，应立即安排病人吸氧。

（8）有大血管损伤出血时，立即止血。

（9）包扎伤口，优先包扎头部、胸部、腹部伤口，然后包扎四肢伤口。

（10）有四肢瘫痪情况，怀疑有颈椎骨折、脱位时，先固定颈部。

（11）固定四肢。

（12）安全地安排病人迅速转运。

（四）创伤的主要类型

创伤的类型多种多样，全身各种组织、器官都可能受到创伤，其表现形式也各异。现场救护中应区分以下四种类型。

1. 闭合性创伤

闭合性创伤多见于钝器伤、跌伤和撞伤，体表无伤口。受伤处肿胀、青紫，可伴有骨折及内脏损伤。由于骨折和内脏出血可能会出现休克，因此要给予足够的重视。由于闭合性创伤比较容易被忽视，在发生跌伤、撞伤后，往往需要进一步在医院检查。

2. 开放性创伤

开放性创伤多见于锐器伤和其他严重创伤，体表有伤口，感染机会增加，失血较多。如有大动脉血管损伤，出血为喷射性，短期内会出现休克，需要立即止血、包扎。应该给病人注射破伤风抗毒素，预防破伤风的发生。

3. 多发伤

多发伤指同一致伤因素同时或相继造成一个以上部位的严重创伤。多发伤易导致组织、脏器严重损伤，死亡率高。现场救护要特别注意对呼吸、脉搏及脏器损伤的判断，防止延误伤情。

4. 复合伤

复合伤是指由不同致伤原因同时或相继造成的不同性质的创伤，如撞击致伤的同时又被电茶炉的开水烫伤。复合伤增加了创伤的复杂性，现场救护要针对不同性质的创伤进行相应救护。

二、通气

不同事故的伤病员发生通气障碍的概率不一样，但要注意许多灾难事故的创伤伤病员都有可能出现呼吸异常。呼吸通道完全梗塞，甚至普通烟雾都会在几分钟内使创伤伤病员丧失生命。

在接近创伤伤病员时，要立即判断伤病员的呼吸情况，只要伤病员存在呼吸障碍，就要尽快进行处理。

1. 清除呼吸道异物的常用方法

1）指扣咽喉法

指扣咽喉法是清除呼吸道异物最常用的方法，如果发现伤病员口内有异物，可先使伤病员头扬起或将伤病员身体及头部同时侧转，迅速用一个手指或两个手指从口角处插入咽喉部将异物扣除，但操作中要切记防止将异物推到咽喉深部。

指扣咽喉法如图 5－25 所示。

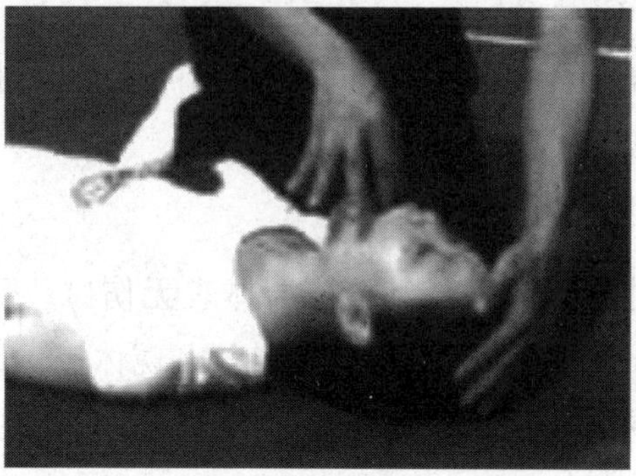

图 5－25 指扣咽喉法

2）背击法

用手掌猛击伤病员两肩胛骨之间的脊柱，连续拍击数次。清醒的伤病员可以采取站立位或者坐位；如伤病员出现昏迷，则可以采取半俯卧位。击打时要一只手托在伤病员胸骨处，起支撑作用。

背击法如图 5－26 所示。

图 5－26 背击法

3）推压腹部法

操作者用手推压上腹部或者下胸部（4～6 次），将空气从肺部压出，造成伤病员咳嗽，以除去异物。操作者也可站在伤病员后面，一手握拳抱住伤病员的腰部和肋骨下缘之间的腹部，一手按在拳头上，连续向腹内和胸部压 4～6 次。

推压腹部法如图 5－27 所示。

4）自行腹部冲击法

气道梗塞者本人可一手握拳，用拳头拇指侧顶住腹部；另一手再握紧拳头，用力快速向内、向上使拳头冲击腹部。如果不成功，伤病员应快速将上腹部抵压在一个硬质的物体上，如椅背、桌沿、走廊护栏，用力冲击腹部，直到把气道异物排出。

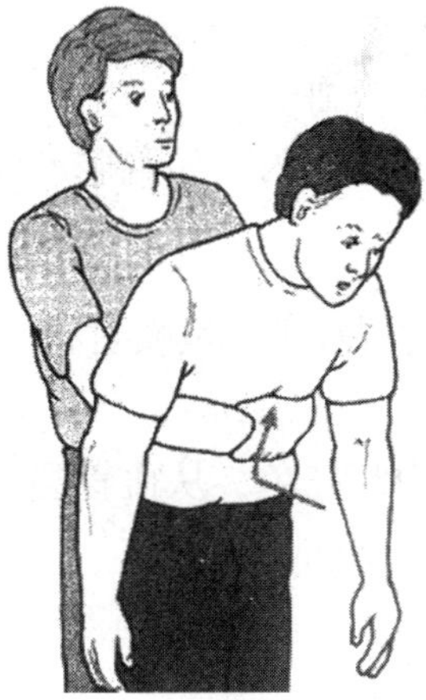

图 5－27　推压腹部法

2. 解除舌后坠所造成的呼吸道梗塞的常用方法

1）头后仰，颈上托法

用一手放在伤病员的额上，使头往后倾，另一手则将颈部往上托。伤病员的肩背下放一个枕垫，可使头易于后仰，但要注意不要把物品垫在头下，因为这样会使伤病员头部抬高前倾，加重气道梗塞。有颈部伤，尤其是颈椎骨折的伤病员，不可用此法。

2）头后仰，下颌上托法

先将伤病员头稍向后仰，然后将两手放在下颌的两侧，将下颌推向前上方。

3）头后仰，下颌上提法

先将伤病员头后仰，用手将下颌向上提，并用拇指掰开下唇。

4）插入通气管法

在上述方法不能保证呼吸道通畅时，可使用通气管。

3. 口对口人工呼吸方法

详见本项目任务二的心肺复苏部分。

三、止血

出血是创伤尤其是撞击伤中的主要并发症和需要现场紧急处理的急症，大血管损伤出血、心脏损伤出血，可导致立刻死亡。中等程度的出血，可导致休克或加重休克，因此，发生创伤时必须及时做好止血工作。

（一）出血的分类

1. 按出血的部位分类

（1）外出血：体表可见的一切出血。

（2）内出血：血液溢入体腔或脏器内，如胸腔、腹腔或胃肠道出血等。

2. 按损伤的血管分类

（1）动脉出血：外溢的血液为鲜红色，呈喷射状，在出血的近端加压即能减少或停止出血。

（2）静脉出血：外溢的血液为暗红色，从血管裂口的远端较缓慢流出。

（3）毛细血管：少量外溢血液从伤口渗出。

（二）止血方法

1. 临时指压止血法

临时指压止血法是创伤现场最常用的止血救护方法之一。根据动脉的走行，用手指、手掌或拳头压迫伤口以上的动脉来减少出血。选择的压迫点应当在动脉径路的表浅部位，比如压迫颈动脉（见图 5－28）、压迫肱动脉（见图 5－29）、压迫腘动脉（见图 5－30）等，按压时注意压向骨骼才有效。

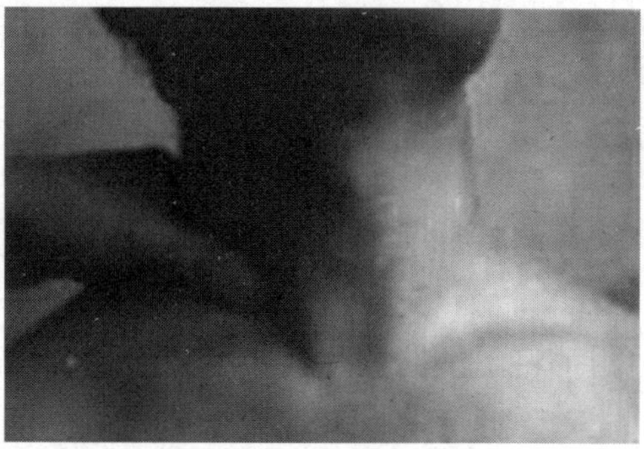

图 5－28 压迫颈动脉

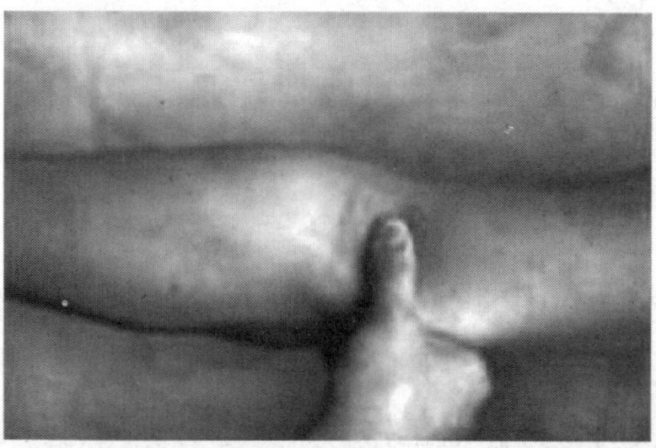

图 5－29 压迫肱动脉

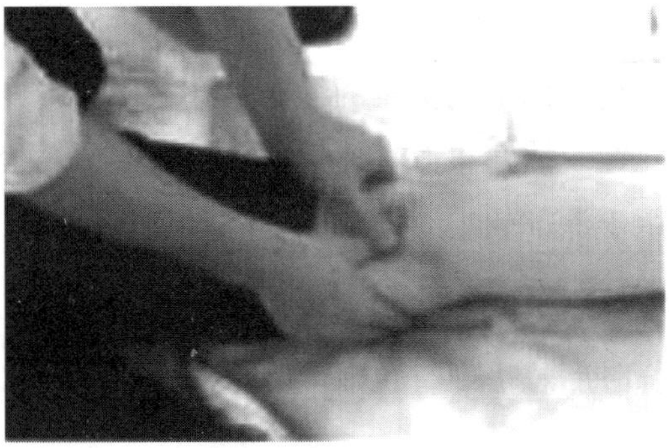

图 5－30　压迫腘动脉

2. 加压包扎止血法

加压包扎止血法是用已经消毒的纱布垫、急救包，折成比伤口稍大的敷料，覆盖住伤口，再用纱布、三角巾、四头带或绷带等，做适当包扎，其松紧度以能达到止血的目的为宜。加压包扎止血法对于中小动脉及毛细血管出血，能起到很好的效果，是常用的一种止血法。用清洁纱布遮盖伤口如图 5－31 所示，伤口加压包扎如图 5－32 所示。

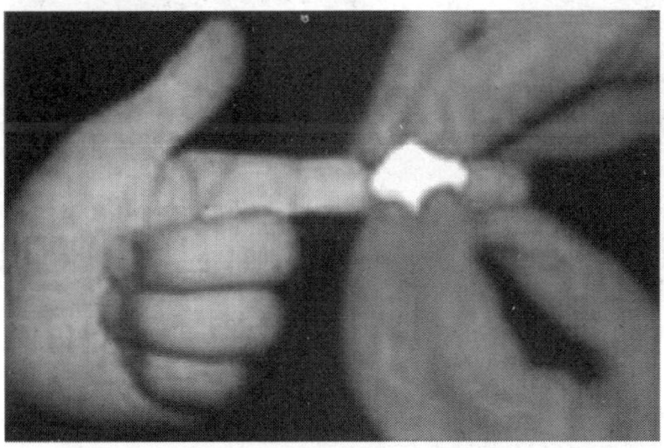

图 5－31　用清洁纱布遮盖伤口

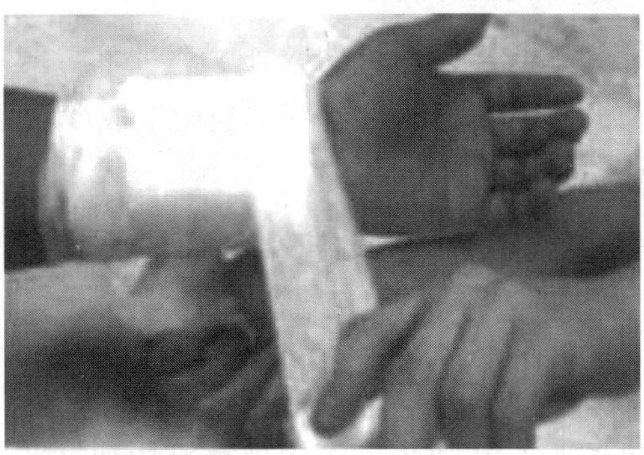

图 5－32　伤口加压包扎

3. 填塞止血法

填塞止血法是用急救包、棉垫或消毒的纱布填塞在伤口内，再用加压包扎法包扎，也可在填塞后将皮肤缝几针。填塞止血法使用的范围有限，一般只用于大腿根、腋窝、肩部伤口等处的止血或用于深部软组织损伤，要严格掌握适应证。

4. 抬高肢体止血法

抬高肢体止血法为临时应急措施，止血效果不可靠，尤其是动脉出血时常常不能达到止血目的。

5. 强屈关节止血法

先在关节屈侧动脉的走行部位垫棉垫，通过屈曲关节使肢体远端压迫棉垫，从而达到压迫止血的目的。此法常用于肘关节和膝关节，在肘窝或腘窝处放置较大的纱布或棉垫，再将关节屈曲，缚于弯曲位置，以止住前臂或小腿的出血。强屈关节止血法如图 5－33所示。

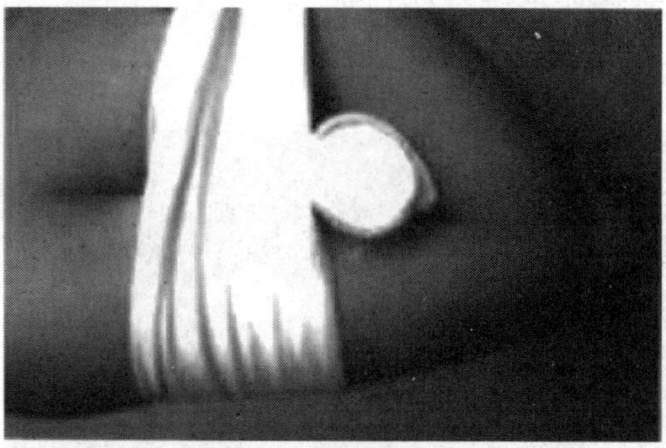

图 5－33　强屈关节止血法

6. 止血带止血法

止血带，一般适用于四肢大动脉的出血。它是大血管出血时挽救生命的重要手段，但用得不当也可出现很多严重的并发症，如肢体缺血坏死、急性肾功能衰竭等。使用止血带要注意使用场合和方法，不要因为使用不当而造成严重后果。

1）使用止血带注意事项

（1）止血带的使用部位要准确：止血带要缠在伤口上方、尽量靠近伤口，不可直接缠在皮肤上，使用时必须要有衬垫，用三角巾、毛巾、衣服等均可做成较平整的衬垫。

（2）止血带的松紧要合适：止血带的松紧应该以出血停止、远端不能摸到脉搏为合适，不可过松。过松时常只压住静脉，使静脉血流受阻，动脉未被压制，动脉血流来源未断，形成血流有来无回，反而会加重出血。

(3) 止血带的使用时间要适当：原则上应尽量缩短使用止血带的时间，通常止血带可允许使用1 h左右，最长不超过3 h。

(4) 止血带上要有明显的标记，注明止血带开始使用的时间和部位。

(5) 使用止血带的伤病员要尽快送往医院，进行专业的手术处理。

2) 止血带的类型

(1) 橡胶管止血带：常用弹性较大的橡胶管制成。

(2) 充气止血带：常用宽平的橡胶膜制成。内层可以充气，并附有压力表，是目前四肢手术中应用较多的一种止血带。

(3) 弹性橡胶止血带：用宽5 cm的弹性橡胶制成，可临时用汽车和自行车旧内胎裁成。

(4) 临时代用止血带：三角巾、布条、皮带等。

3) 止血带的使用方法

(1) 紧扎止血带。本法常在四肢动脉出血时采用，将绷带、带状布条或三角巾叠成带状，勒紧伤口上部止血。第一道绕扎为衬垫，第二道压在第一道上面，并适当勒紧，以达到止血目的。

(2) 绞紧止血带。在没有制式止血带时可用此法，先把叠成带状的三角巾平整地绕肢体一周，两头左右交叉打活结，并在一头留成一小套。然后取一根小木棒穿在活结下，稍上提绞紧，再把木棒的一头插入小套内，并把小套拉紧固定即可。

(3) 压紧止血带。先在相关部位用三角巾、毛巾或衣服垫好，然后取止血带中的一段适当拉紧、拉长，绕肢体2～3圈，使止血带末端压在紧缠的止血带下面固定即可。压紧止血带如图5－34所示。

图5－34　压紧止血带

四、包扎

所有开放伤的伤口都是易感染伤口，为了防止伤病员的伤口再次感染，要及时进行包扎，包扎时要将伤口全部覆盖。包扎伤口还可以起到压迫止血的作用，为伤病员的救护创造良好条件。到医院后，对伤口要严格采用无菌技术处理。

(一) 常用包扎材料

1. 三角巾

三角巾制作简单，使用方便，包扎面积大。三角巾还可折成带状巾、燕尾巾、连双燕尾巾等。使用三角巾，两底角打结时应为外科结，这样比较牢固。解除时将其一侧边和其底角拉直，即可迅速地解开。

2. 急救包

急救包有几种，如四头带急救包、三角巾急救包、卷轴带式急救包等，应按伤口部位的实际需要选择使用。

3. 绷带

绷带适用于头颈及四肢的包扎，可随部位的不同选择适当的包扎方法。使用适当的拉力，将保护伤口的敷料通过绷带固定并达到加压、止血的目的。

(二) 常见的包扎方法

1. 环形法

将绷带作环形重叠缠绕。第一圈稍作斜状缠绕，第二、三圈作环形缠绕，并将第一圈之斜出一角压于环形圈内，最后用橡胶膏将带尾固定，也可将带尾剪开两头打结。此法是各种绷带包扎法中最基本的方法，多用于手腕、肢体等部位。

2. 蛇形法

先将绷带按环形法缠绕数圈。按绷带的宽度作间隔斜形上缠或下缠。

3. 螺旋形法

先将绷带按环形法缠绕数圈。上缠每圈盖住前圈的1/3或2/3，呈螺旋形。

4. 螺旋反折法

先将绷带按环形法缠绕数圈，再用螺旋形法缠绕，等缠到渐粗处后，将每圈绷带反折，盖住前圈的1/3或2/3，依次由上而下地缠绕。

5. 8字形法

在关节弯曲的上方、下方，先用绷带由下而上缠绕；再由上而下成8字形地来回缠绕。

前臂伤口包扎如图 5 – 35 所示。小腿外伤包扎如图 5 – 36 所示。

图 6 – 35　前臂伤口包扎

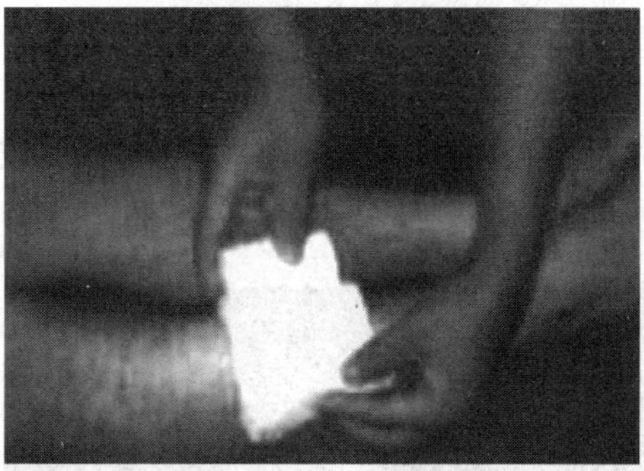

图 6 – 36　小腿外伤包扎

五、固定

对创伤伤病员进行必要的固定是非常重要的，不但四肢骨折需要固定，脊柱和骨盆骨折也需要固定。脊柱是否需要固定，首要要考虑的因素是受伤机制。任何可能导致脊椎受损的钝性或锐性损伤都是脊柱固定的指征，昏迷伤病员建议施行脊柱固定。躯干部的高速贯通伤可能伤及胸椎或腰椎，也应考虑脊柱固定。脊柱固定病人可产生继发性疼痛，尤其是长时间固定时更易发生，因此需要密切观察伤者的表情及状态。骨折经临时固定后，可防止骨折断端损伤周围的血管、神经及重要器官，减轻伤病员的痛苦，有利于伤病员的搬运。

（一）骨折的判断

事故现场急救时，因条件所限，常常只能用简单的方法判断是否有骨折伤。有下列表现，可能为骨折伤。

（1）用手指轻按伤处，出现疼痛加剧或可摸到骨折断端，搬运时疼痛更加剧烈。

（2）受伤部位或伤肢已变形，伤肢较健肢已有明显缩短或明显弯曲，或者肢体存在位置异常。

（3）受伤部位有明显肿胀，肢体不能活动或有活动性疼痛。

（4）稍移动肢体，骨折段有骨摩擦声，但不要为了检查骨摩擦声而多次试验搬移骨折肢体，以免增加伤病员痛苦或导致并发症（如刺伤血管、神经等）。

（二）固定方法

骨折的固定方法很多，固定用材料也多种多样，但其可简单分为外固定和内固定两种。

1. 外固定

1）无创外固定

无创外固定是事故现场紧急救护伤病员最常用的方法。可以将患肢固定在健肢上（见图 5－37）。也可使用材料固定，所用材料主要有夹板和支架，包括木制夹板、塑料夹板、充气夹板。无创外固定主要用于临时固定。使用夹板固定如图 5－38 所示。

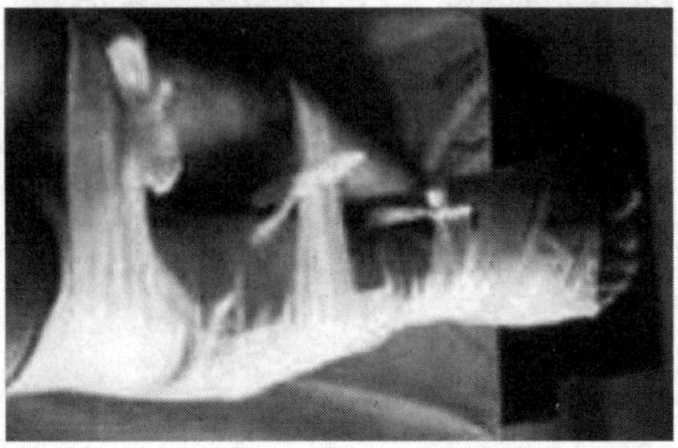

图 5－37 将患肢固定在健肢上

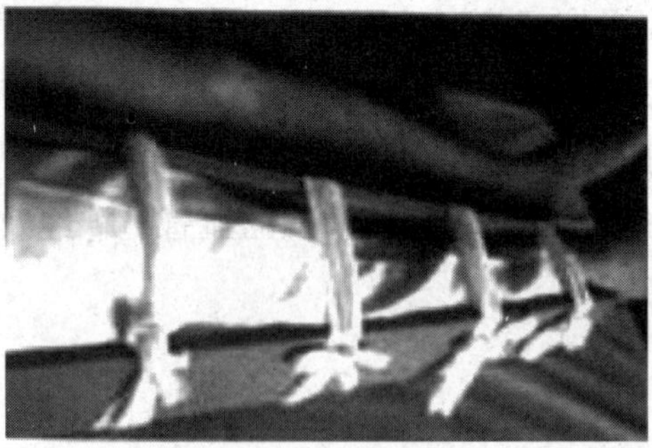

图 5－38 使用夹板固定

2）有创外固定

有创外固定既可以作为临时固定，又可以作为骨折的最终固定治疗。

2. 内固定

内固定一般在医院内操作，不作为事故现场的紧急救护方法。

六、搬运

事故现场搬运伤病员的目的在于及时迅速地把伤病员转移到安全的地方，防止致伤源持续致伤。及时、安全地转运伤病员，也是抢救创伤伤病员的关键步骤之一。

（一）搬运的注意事项

（1）在抢救伤病员的具体过程中，常遇到的问题是先“抢”后“救”还是先“救”后“抢”，这要根据实际情况而决定，不可机械地决策。

（2）在搬运处于休克状态的创伤伤病员时，要始终注意保持呼吸道通畅，必要时进行脊柱临时固定，外出血也应尽快控制。应设法建立输液通道并补充液体，同时应妥善覆盖和保暖，防止创伤伤病员体温过低。

（3）在运送伤病员的路上，要经常询问伤病员。特别是对有头、胸、腹、大腿伤的伤病员，更应细心观察，采用“一看、二摸、三听”的办法发现伤病员变化。一看，即看伤病员的脸色、表情、姿势、呼吸活动、伤口有无出血、肢端颜色、引流物的颜色、瞳孔大小等。二摸，即摸伤病员的头部、指端（感受温度、湿度），通过摸来判断伤病员脉搏的频率是否正常，绷带及包扎物松紧度如何。三听，即听伤病员有无呻吟，有无异常的声响，如吸吮音、喘鸣声。有的伤病员从烦躁呻吟逐渐进入安静或昏迷状态，也有的伤病员短时间内就过于安静，这都应引起高度重视。

（4）在事故的第一时间，现场人员首先需要对伤病员进行紧急救护包扎。如对急性呼吸道梗塞的伤病员清除口腔血块及异物，对四肢大血管损伤的伤病员止血，对躯下部位大出血的伤病员施行加压包扎，对开放性气胸伤病员进行气胸封闭包扎，对严重骨折部位进行固定等。对下列伤病员应进行紧急抢救和优先运送：大出血或广泛渗血伤病员；胸背部开放伤伤病员；颅脑损伤出血伤病员；呼吸道损伤或烧伤伤病员；肢体大面积毁损伤伤病员；多处伤伤病员等。

（二）搬运方法

1. 徒手搬运法

1）抱法

抱伤病员时，一手托住伤病员的腰背部，另一手托住伤病员的大腿中下部。本法常用于神志清醒的头部伤病员，有时还可叮嘱伤病员抱住搬运者的颈项。

2）背法

救护人员要站在伤病员的前面，使伤病员伏在救护人员的肩背上，并让伤病员的双手抱住救护人员的胸部。同时，用手向后抱伤病员的腿或臀都，也可勾住伤病员的双膝。

3）拖法

利用担架、雨衣、雨布，将伤病员拖离一些特殊的环境。

4）双人徒手搬运法

两位救护人员面对面站立，并相互抓紧手。给伤病员创造出一个座位，让伤病员在上面坐或半躺着，伤病员的双臂要搂着搬运者的颈。本法多用于头部受伤而无颅脑伤的伤病员，对有脊柱、脊髓伤的伤病员不宜用此法搬运。双人徒手搬运法如图 5－39 所示。

图 5－39　双人徒手搬运法

2. 担架搬运法

采用担架运输伤病员时，让伤病员躺卧，有害影响小，此法尤其适用于各类重伤伤病员的运输。简易担架可以就地取材，临时制作，非常适合在野外和场地内部搬运伤病员。

（1）将一般的伤病员搬上担架的做法：两名担架员单膝跪下，一人用手托住伤病员的头部和肩部，另一手托住腰；另一人用手托住伤病员的骨盆部，另一手托住伤病员的膝下。伤病员清醒且上肢没有受伤时，可用手及腕部勾住靠头部一侧担架员的颈部，两名担架员同时起立，将伤病员轻放于担架上。

（2）脊柱骨折的伤病员上担架时，应特别注意防止损伤脊髓，对颈椎尤其要注意，搬运中的不小心可能造成伤病员立即死亡。上担架时，应有三至四人一起搬运。一人进行头部的牵引固定，使头部保持与躯干部成直线的位置，维持颈部不动；其余三人蹲在伤病员的同一侧，两人托住躯干，一人托住下肢，一齐起立，将伤病员轻放在担架上。

（3）胸腰部受伤的伤病员要有三至四人搬运，担架员都蹲在伤病员的同一侧，一人托住肩胛部，两人扶住腰部和臀部，另一人扶住伸直且并拢的两下肢，同时起立把伤病员抬到担架上。如仅一人进行搬运，也应该做到从一侧把胸部和骨盆部连成一块，把伤病员“滚”到担架上。

（4）伤病员在担架上的体位对伤情有一定的影响。一般重伤、中等伤的伤病员应取平卧位；胸部伤呼吸困难的伤病员应取半卧位；颅脑伤、颌面部伤的伤病员应使头转向一侧，以防舌根后坠引起窒息。昏迷的伤病员还可采取俯侧中间位，颈椎骨折伤病员应取仰卧位，在颈下放一小枕。为防止头部左右摇摆，要用软垫或沙袋在头部两侧固定。

（5）抬担架行进时，要不时观察伤病员的面部表情、脸色及呼吸。上下坡时应特别注意不使担架过于倾斜。运送带输液管、输液瓶和引流瓶的伤病员时，应注意保护输液管、输液瓶和引流瓶，并注意观察伤病员面部及呼吸动作。

（6）对烦躁不安的伤病员，手足可适当用布带约束，防止其滚下担架造成跌伤。

任务五　常见创伤的现场处理

一、颅脑损伤

（一）颅脑损伤的处理原则

颅脑损伤伤病员现场抢救的正确与否是抢救成功的关键，应系统地了解伤病员的病情、受伤情况及全身情况，立即处理危及生命的病症。

首先处理窒息和出血（保持呼吸道通畅、处理活动性出血），然后严密观察伤病员的生命体征及神志情况，并立刻就医。

（1）保持呼吸道通畅。伤病员由于深昏迷、舌后坠、咳嗽和吞咽功能障碍，以及频繁呕吐等因素极易引起呼吸道机械梗塞，应及时消除呼吸道分泌物。

（2）严密观察病情，随时检查意识及瞳孔的变化。

（二）颅脑损伤的症状和体征

1. 一般临床表现

（1）意识障碍。根据严重程度不同，意识障碍由轻到重分为：嗜睡、浅昏迷、昏迷、深昏迷。

（2）头痛、呕吐。

（3）瞳孔改变。可出现一侧瞳孔对光反射消失。

（4）可出现肢体完全或不完全瘫痪。

2. 全身症状

（1）生命体征的改变。可出现呼吸浅而快、心动过速、节律异常、脉搏微弱、血压下降等症状。

（2）水、电解质代谢紊乱。可出现尿量增加、尿潴留甚至肌张力增高、震颤等症状。

（3）脑性肺水肿及凝血机制障碍。

（三）颅骨及头皮损伤

颅骨损伤一般为颅骨骨折。

头皮损伤一般包括头皮裂伤及头皮撕脱伤。

（四）脑震荡

脑震荡的伤病员表现如下。

（1）意识障碍。伤后立即出现，表现为神志不清或完全昏迷。一般不超过半小时。

（2）不能回忆受伤时的情况。

（3）临床症状。伤后短时间内表现出面色苍白，出汗、血压下降、心动徐缓、呼吸浅慢、肌张力降低、各种生理反射迟钝或消失的症状。此后有头痛、头昏、恶心呕吐等症状，这些症状常在数日内好转或消失。

一般情况下，对于普通轻微颅骨及头皮损伤，伤病员适当休息对症治疗即可。而颅内血肿、开放性颅脑损伤为较严重的头部损伤，在保证伤病员生命体征的情况下，应第一时间送往医院由专业救护人员抢救。

二、耳鼻喉创伤

（一）耳鼻喉创伤的分类

（1）撞击伤、挤压伤：建筑物倒塌及交通事故时常见。

（2）锐器伤：利器的切割、刺伤。

（3）异物伤：异物存留于组织器官内，如鱼刺、动物碎骨等；异物对食管或气管的黏膜损伤。

（4）火器伤：火药致体表皮肤擦伤或组织开放性创伤。

（二）耳鼻喉创伤的特点

（1）易发生于呼吸道，会导致呼吸困难或窒息。如喉内黏膜水肿、血肿，喉软骨骨折或关节脱位致声门开闭异常，鼻及鼻咽大出血涌入下呼吸道等。

（2）可发生致命性休克。鼻及鼻咽大出血、食管异物累及主动脉弓致局部炎性溃疡或刺破致大出血时有致命危险。

（3）极易危及中枢神经系统。如颅内出血、脑脊液鼻漏或耳漏、脑震荡。

（4）易发生继发性感染。鼻及鼻窦创伤可致颅内或眼内感染，喉气管创伤可致吸入性肺炎。食管穿孔可致纵隔脓肿等。

（三）耳鼻喉创伤的处理原则

（1）进行及时有效的现场处置。如止血、包扎、清理腔道内瘀血、调查询问致伤原因和时间。

（2）进行呼吸困难和窒息的急救。主张积极的现场急救原则，如清除气道异物。

（3）如为开放性创伤，在现场应积极有效地止血，进行局部包扎，止血后组织送医，能有效提高抢救成功率。

（4）预防创伤性休克。在有效止血和维持有效循环血容量的基础上，还应建立有效呼吸通道，足量给氧，以减轻疼痛，减少刺激。

（5）维护器官生理功能和预防面容畸形，以提高伤者愈后生活质量为原则。

（6）注意控制感染，可有效减少并发症和促进组织器官功能恢复。

（四）常见耳鼻喉创伤的处理

1. 鼻软组织创伤

鼻软组织创伤多由撞击、跌落所致，自觉症状主要为局部疼痛、外鼻肿胀或畸形及出血。鼻部供血丰富，故伤后出血为主要症状，严重者可致失血性休克。单纯挫伤表现为鼻部软组织肿胀、皮下瘀血等。切割伤，刺伤可在鼻背、鼻翼处有开放性伤口，甚至伤及鼻黏膜。人或动物咬伤可致外鼻缺失。

表皮擦伤者清创后局部可涂布复合碘，必要时进行无菌包扎。对于单纯挫伤，伤后 24 h 内可用冰敷，以控制血肿和水肿的发展，24 h 后可用热敷，以促进肿胀消退和瘀血吸收。对于开放性伤口，应尽早送医院清创缝合。

2. 鼻骨骨折

鼻骨骨折后立即出现界梁一侧塌陷或向对侧歪斜。局部疼痛，明显触痛，因常伴有鼻黏膜破裂而出现鼻出血，严重者血液倒流入咽喉。2～4 h 后，因局部软组织肿胀，轻度畸形可被掩盖。小儿伤病员肿胀尤为明显，消肿后畸形复现。由于鼻腔内有血块积聚，易导致呼吸不畅。可见外鼻软组织有皮下瘀血或裂伤。触诊可发现压痛点。

对于鼻骨骨折，一般列车上的应急处置手段主要是止血、清创以防止感染。

3. 咽部异物

1）发生原因

（1）小儿喜口衔玩具等物，或食物过大不慎坠入喉咽部。

（2）进食仓促，误咽下鱼刺、骨片等。

（3）老年人口内感觉欠敏感，假牙或牙托脱坠下咽。

（4）精神病伤病员，易将异物吞咽。

2）异物位置

小而尖锐的异物多刺入腭扁桃体和咽侧壁，大而硬、边缘尖锐的异物常滞留于梨状隐窝中。儿童鼻咽腔较狭小，有利于异物的存留。

3）表现

咽喉刺痛，吞咽时加剧，部位大多比较固定，伤病员常可指示疼痛和异物滞留的位置。如异物刺破黏膜可渗出少量血液。咽喉部较大的异物，喉黏膜水肿、血肿和脓肿，可引起吞咽和呼吸困难，若不及时取出将有窒息危险。

异物大多滞留于腭扁桃体和咽侧壁，舌根、梨状隐窝中，鼻咽部异物少见。鼻咽部有异物时，常伴有鼻塞症状，鼻涕带臭味，可并发咽鼓管炎、中耳炎、耳鸣等。

深部异物有继发感染者，颈部肿胀，有压痛。如已形成脓肿，则有波动感。炎症可扩展到纵隔，伤病员感胸背部疼痛，全身症状亦较显著。

4）应急处置

咽部异物一旦明确，对于浅处的异物应尽快通过拍打、咳嗽等方式取出。

4. 开放性喉外伤

1）表现

开放性喉外伤一般伤口较小但损伤较探，常伴有皮下气肿和咯血，伤口持续出血，失血性休克或血液吸入下呼吸道。皮下气肿，气胸，呼吸困难，均为伤后的危急现象。伤者出血的来源多为颈外动脉的分支和甲状腺组织。颈动脉或静脉等大血管的破裂少见，如不幸被切断，往往立即死亡。血液误吸、破碎组织突入喉腔皆可引起呼吸道梗塞、气肿、伤口处软组织肿胀瘀血，可在伤后不久出现呼吸困难。

穿通伤一般都比较严重。凡已穿通喉腔者，呼吸时自颈前伤口漏气，出现血性泡沫、咯血及不同程度的呼吸困难，发声嘶哑或失声。

2）应急处置

对开放性喉外伤要立即处理出血、呼吸困难及休克三大危急情况。

急救时，检查伤口，对表浅出血点用止血钳止血。如出血点位置很深，只能用纱布在喉气管两侧填塞止血。勿用环行绷带包扎颈部，以免影响脑部供血。给伤病员吸氧、保暖并尽早送往医院。

三、口腔颌面部创伤

（一）口腔颌面部创伤的特点

（1）颌面部血运丰富，伤后出血较多，容易形成血肿，组织水肿反应快而重，由于血运丰富，组织抗感染与再生修复能力较强，创口易于愈合。

（2）易并发颅脑损伤。

（3）常伴颈部损伤。

（4）影响呼吸道通畅。

（5）妨碍进食。

（6）容易感染。

（7）容易发生面部畸形。

（二）口腔颌面部创伤的处理原则和急救措施

1）现场急救与后送原则

意外事件造成的口腔颌面部损伤有 1/3 的病例有合并伤。为了适应这种情况，既要坚持现场急救治疗，又要及时将伤病员送往医院。对无其他合并重伤的口腔颌面部伤的伤病员，在条件和运输工具允许的情况下，可打破分级治疗的界限，越级后送到有颌面外科专科的二线医院，以争取早期最好的救治。

2）早期处理

颌面部是呼吸道上端所在，伤后由于组织移位、出血、碎牙片、碎骨片，异物或分泌物误吸，常可造成窒息，对存在窒息现象或有窒息危险，以及有大出血或出血过多的伤病员，如下颌体有缺损的双侧骨折、下颌骨骨折、颌部撕脱伤、意识丧失而取卧位的伤病员，此时血液、碎牙片、碎骨片和异物可能掉入呼吸道，引起严重并发症。此时，应该及时包扎止血。包扎止血是处理颌面损伤的首要任务。在灾害现场进行急救早期处理，也是颌面部创伤现场急救的重要原则。

3）颌面部骨折创伤的治疗原则

颌骨骨折伤病员应及早进行治疗，如合并颅脑、重要脏器或肢体严重损伤，全身情况不佳，应首先抢救伤病员的生命，待全身情况稳定或好转后再进行颌面骨折的处理。昏迷的伤病员禁止作颌间固定。小儿和老人等不适宜手术者，可考虑保守治疗。为避免发生错位愈合，应尽早进行骨折的复位与固定，并以恢复伤病员原有的咬合关系为治愈标准。即使由于各种原因延误了早期治疗，也应争取时间，防止错位愈合，以免使后期处理复杂化。

4）急救措施

口腔颌面部损伤伤病员在灾害现场可能出现一些危及生命的并发症，如窒息、出血、休克、颅脑损伤及胸腹伤等，应及时抢救。

（1）防治窒息。

防治窒息的关键在于早期发现和及时处理，在窒息发生之前仔细观察并作出正确判断。如已出现呼吸困难，更应分秒必争，进行抢救。

① 及早清理口、鼻腔及咽喉部异物。迅速用手指或器械掏出或用吸引器吸出堵塞物，以保持呼吸道通畅。

② 将后坠的舌牵出，并使伤病员的头部偏向一侧或采取俯卧位，便于唾液或呕吐液的引流，以彻底清除堵塞物，解除窒息。

③ 悬吊下坠的上颌骨骨块。

④ 插入通气导管保持呼吸道通畅，对于咽部和舌根肿胀压迫呼吸道的伤病员，可经口或鼻插入通气导管，以解除窒息。

（2）止血。

具体止血方法之前已进行了介绍，此处不再赘述。

5）包扎和运送

（1）包扎的作用。压迫止血；暂时固定骨折，减少活动，防止进一步移位；保护并缩小伤口，减少污染或唾液外流。具体包扎方法之前已进行了介绍，此处不再赘述。

（2）运送伤病员时应注意保持呼吸道通畅。昏迷伤病员可采用俯卧位，额部垫高，使其口鼻悬空，以利于唾液外流和防止舌后坠。一般伤病员可采取侧卧位或头偏向一侧，避免血凝块及分泌物堆积在口咽部。应随时观察伤病员伤情变化，防止窒息和休克的发生。搬动颈椎损伤的伤病员时，应多人同时搬运，一人稳定头部并加以牵引，其他人协调配合将伤病员整体移动到担架上，颈部应放置小枕头，头部两侧进行固定，或戴特制的颈托以防止头部的摆动。

四、胸部创伤与肋骨骨折

（一）胸部创伤

1. 胸部创伤的分类

胸部创伤根据性质分为开放性创伤和闭合性创伤。

1）开放性胸部创伤

开放性胸部创伤一般见于锐器损伤。其根据异物进入身体的深度分为穿透性创伤及非穿透性创伤。非穿透性创伤是指仅伤及胸壁而未穿透胸膜或纵隔的损伤；穿透性创伤指伤及心脏、肺等胸内脏器的损伤，此种伤可以引起心肌或心包破裂、血气胸、纵隔血肿及食管破裂或穿孔（较少见）等。

2）闭合性胸部创伤

闭合性胸部创伤多为由暴力撞击或胸部受挤压而致的胸部组织和脏器的损伤。闭合性胸部创伤的严重程度取决于组织及内脏的受损程度。

胸部创伤分类如图 5 - 40 所示。

图 5 - 40　胸部创伤分类

2. 常见症状

（1）胸痛。

几乎所有的胸外伤伤病员都伴有不同程度的胸痛。胸壁、肋骨等损伤造成的疼痛往往比胸部脏器疼痛更加尖锐且定位准确。

（2）胸闷。

胸闷是由于伤病员通气量无法达到机体要求而产生的一种主观感觉。胸部创伤伤病员常伴有胸闷症状，除了胸壁受伤外，还有可能是胸内有大量气体等原因所致，如诱因得不到纠正，则可能诱发呼吸困难。

（3）呼吸困难。

呼吸困难表现为呼吸频率加快，端坐呼吸，烦躁不安等。

（4）咳嗽。

咳嗽为较常见的胸部创伤表现，肺部损伤和气管、支气管损伤均可出现咳嗽症状。

（5）咯血。

出现咯血表明肺或支气管受损。

（6）呕吐、吞咽困难。

胸腹联合损伤时常见呕吐、吞咽困难，单纯胸部损伤，出现消化道症状的情况较少。

（7）皮下气肿。

皮下气肿多见于较严重的肺部损伤。

（8）休克。

严重的胸部创伤可在早期出现失血性休克，而且往往伴随呼吸功能障碍、循环功能衰竭。

3. 常见体征

由于胸部创伤经常短时间内导致呼吸、循环衰竭，故需要重点掌握伤病员的血压、呼吸、脉搏等生命体征。

4. 胸部创伤的应急处置

胸部创伤现场急救的重要性是毋庸置疑的，很多伤病员在胸部外伤的早期即表现出呼吸、循环衰蝎及休克，甚至来不及完成检查就要先行处置，如处置不当或延误抢救，会造成严重的后果。

1）保持上呼吸道通畅

在第一现场，要求彻底清理呼吸道是不现实的，应使用各种物理方法，清理口腔、鼻腔、喉部的梗塞物，如血块、分泌物、污物等；对于呕吐或有意识障碍的伤者，应使其保持侧位，预防误吸。

2）封闭创口

若为开放性胸部创伤，如开放性气胸，则应立即封闭创口转为闭合式气胸再进一步处理；对开放性心脏损伤，则更要分秒必争、如肉眼下可见心脏裂口，可用手指压迫裂口止血，再送往医院。对于异物进入体内者，则需妥善保护异物的体外部分，手术中将其除去，切不可贸然拔除。

3）心肺复苏

对于出现心脏骤停或室颤等症状的伤者应及时进行心肺复苏。

（二）肋骨骨折

1. 临床表现

局部疼痛，深呼吸、咳嗽、打喷嚏时加重。胸部疼痛使呼吸变浅、咳嗽无力，呼吸道分泌物增多。体格检查可见局部肿胀、压痛、骨擦感。单根肋骨骨折通常症状较轻，多根多处肋骨骨折可出现严重的呼吸、循环系统表现。

2. 治疗及处理

一般肋骨骨折的对症治疗主要包括胸壁胶布固定、药物或者肋间神经封闭止痛及预防肺部并发症。闭合性单根肋骨骨折，若症状不明显可不给予特殊处理。闭合多根多处肋骨骨折应进行包扎固定、胸壁外固定，同时注意预防并发症。开放性骨折需要彻底清创，如合并内脏损伤应对症处理。

五、腹部创伤

腹部创伤的关键问题在于有无内脏器官的损伤。如果只有单纯腹壁外伤，对伤病员生命不会有多大威胁。内脏损伤后所引起的大出血、感染，将导致病情危重，如不及时处置，会危及伤病员的生命。

（一）腹部创伤分类

1. 开放性腹部创伤

开放性腹部创伤指创伤后体表的完整性受到破坏的腹部损伤，多见于锐器损伤。开放性腹部创伤以腹膜的完整性是否受到破坏，即腹膜是否被穿透可分为穿透伤和非穿透伤两类。前者是指腹膜已经被穿通，多数伴有腹腔内脏器损伤；后者是腹膜仍然完整，腹腔未与外界相通，但并不排除腹腔内脏器损伤。开放伤根据创口的性质和特点可分为贯通伤和非贯通伤，如同一创伤伤口有入口和出口为贯通伤，只有入口没有出口则为非贯通伤。

2. 闭合性腹部创伤

闭合性腹部创伤指创伤后体表的完整性未受到破坏的腹部损伤，多由挤压、碰撞、坠落等钝性暴力引起。

(二) 腹部创伤的症状和体征

腹部创伤因伤及的部位和程度不同而有不同的症状、体征及后果。其主要表现有局部症状和体征、全身症状和体征两类。局部症状和体征主要是腹痛、腹胀、恶心、呕吐及腹膜刺激征等。全身症状和体征主要是神志、面色、脉搏、血压等休克表现。

(三) 腹部创伤的应急处置

腹部创伤急救治疗的首要步骤是抢救生命。较重和重症创伤应从现场着手急救。

现场简单有效的急救措施如下。

1）维持呼吸道通畅和有效止血

先稳定气道、呼吸状态及循环状态，再作腹部的检查，决定处置方法。当有威胁生命的情况存在时，如大出血等，应先给予处理；当有休克征兆时，应进行积极预防和抗休克治疗。

2）正确处理受伤部位及妥善包扎

当发现腹部有伤口时，应立即给予包扎。对内脏有脱出者，一般不可随便回纳以免污染腹腔。可用大块辅料遮盖，然后找物体作为保护圈（如碗等）遮盖住脱出的内脏，防止受压，保护圈外面再包扎。

3）迅速送医

及时送医院治疗以免延误救治。

六、泌尿生殖系统创伤

(一) 泌尿生殖系统创伤的分类

泌尿生殖系统创伤的分类如图 5－41 所示。

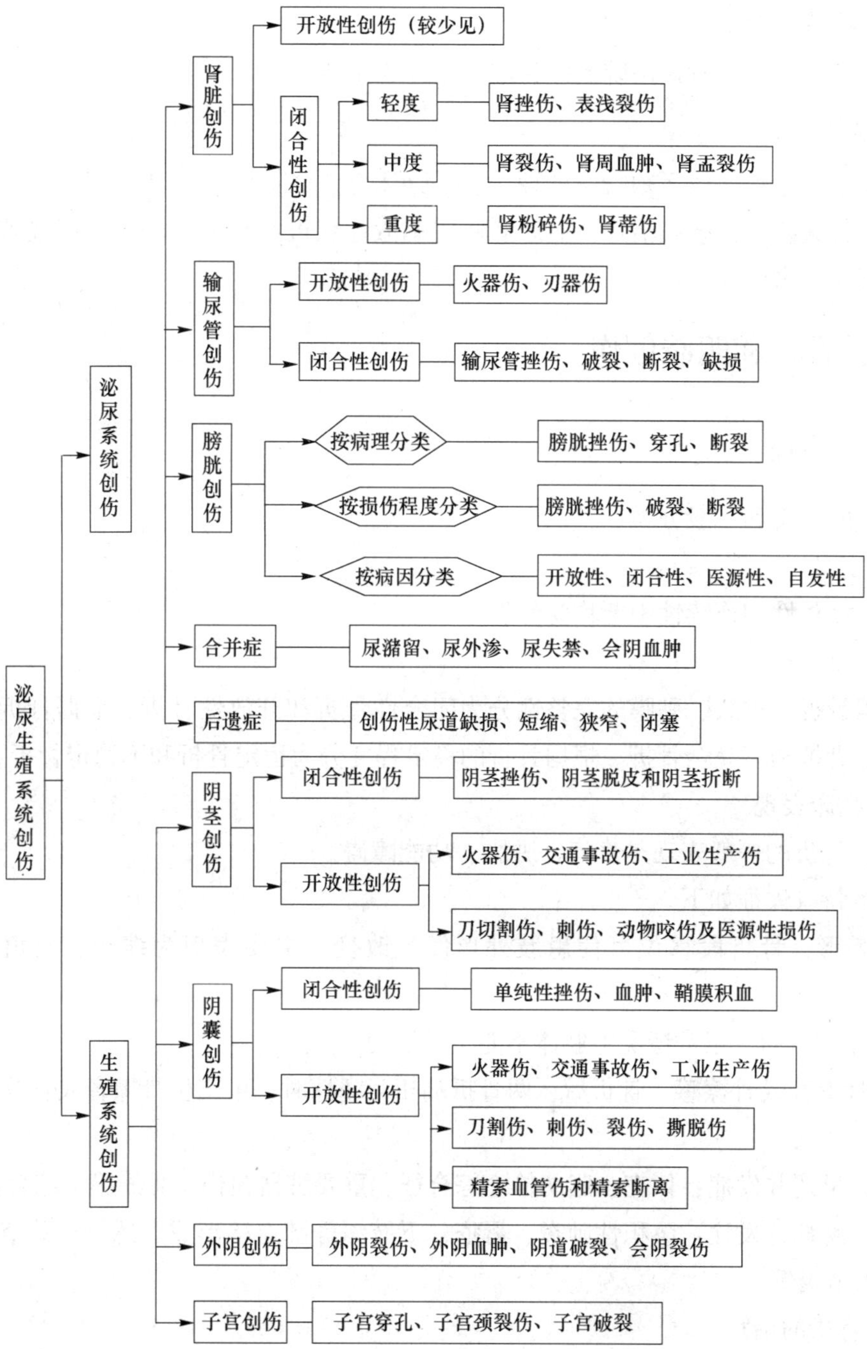

图 5－41　泌尿生殖系统创伤的分类

（二）泌尿生殖系统创伤的应急处置

1. 肾脏创伤

无论有无休克，均应尽快卧床休息，及时送医院治疗。

2. 输尿管创伤

以卧床休息，及时送医院治疗为应急处理的原则。

3. 膀胱创伤

轻微膀胱挫伤一般无须特殊处理，可平卧休息、多饮水、让其自行排尿，下车后在医院进行镇静、抗感染治疗，血尿和膀胱刺激症状可在短期内消失。膀胱破裂，须及时送医院手术治疗。

七、脊柱和四肢创伤

（一）概述

骨折的定义和一般分类。

1）定义

骨的完整性和连续性中断称为骨折。

2）一般分类

根据骨折处皮肤、黏膜的完整性分为闭合性骨折和开放性骨折。根据骨折的程度分为完全骨折和不完全骨折。根据骨折的稳定程度分为稳定骨折和不稳定骨折。

3）临床表现

（1）骨折的一般表现是疼痛、肿胀、功能障碍。

（2）特有体征如下。

① 畸形，骨折段移位可使患肢外形发生改变，主要表现为缩短、成角或旋转畸形。

② 异常活动，正常情况下肢体不能正常活动。

③ 骨擦音或骨擦感，骨折后，两骨折端相互摩擦时，可产生骨擦音或骨擦感。

4）并发症

（1）早期并发症：休克、脂肪栓塞综合征、重要脏器损伤、骨筋膜室综合征。

（2）晚期并发症：坠积性肺炎、褥疮、下肢深静脉血栓形成、感染，关节僵硬和创伤性关节炎等。

5）骨折的治疗

治疗骨折有三大原则，即复位、固定和功能锻炼。我们在急救现场需要做的就是简单的复位及有效的固定。在急救现场，一般采用手法复位，手法复位的成功可以有效地避免骨折断端损伤其他组织、神经或者内脏。急救现场的固定尤为重要。有效的固定不仅可以减轻伤者的痛苦，还可以为接下来的进一步治疗提供帮助。

（二）脊柱及脊髓损伤

脊柱是具有支持和运动功能的整体，其是人体的中轴，承托头颅，支持并传导体重。在人体进行各种运动时，背柱均起着重要的平衡作用，其生理弯曲和椎间盘可以大大减轻外力或剧烈运动时对脑和其他脏器的震荡，容纳并保护脊髓和脊神经根。脊柱除具有支撑和保护功能外，还具有重要的运动功能。脊柱在肌肉作用下可进行前屈、后伸、侧屈、旋转和环转运动。由于颈、腰部的运动轴向多，幅度大，故常发生损伤。

1. 表现

1）脊柱创伤症状

（1）病人感觉受伤部位疼痛，颈部活动障碍，腰背部肌肉痉挛，不能翻身起立。

（2）由于血肿刺激自主神经，致肠蠕动减慢，常出现腹胀、腹痛等症状，此症状须与腹腔脏器损伤相区别。

2）脊髓和脊神经根损伤症状

脊髓和脊神经根损伤的症状差异很大，可以是单纯马尾损伤（双下肢区域性感觉、运动障碍及马鞍区感觉障碍），也可以是部分或完全性脊髓损伤（损伤平面以下感觉、运动、性功能均出现障碍）。脊髓损伤后，相应的皮肤感觉丧失，肌肉不能随意控制。通过详细的体格检查后可确定损伤的节段。

（1）上颈段可有膈肌麻痹引起的呼吸困难、发音和咳嗽无力、四肢痉挛性瘫痪。

（2）下颈段损伤时，上肢可有麻木、无力、肌萎缩、腱反射低等弛缓性瘫痪，下肢则为痉挛性瘫痪。

（3）胸腰段损伤的感觉平面在腹股沟处。

（4）腰段和马尾神经损伤，下肢为弛缓性瘫痪，大小便失禁。

（5）圆锥以上节段损伤时，可出现尿潴留。

2. 应急处置

按照脊髓损伤的病理改变，无论是不完全损伤还是完全性损伤均应在早期进行应急处置。

脊柱损伤者脱离不安全的事故现场，以及转送到车下治疗都涉及搬运的问题，脊柱损伤伤病员的搬运如图 5 – 42 所示。具体搬运方法之前已经进行了介绍，此外不再赘述。

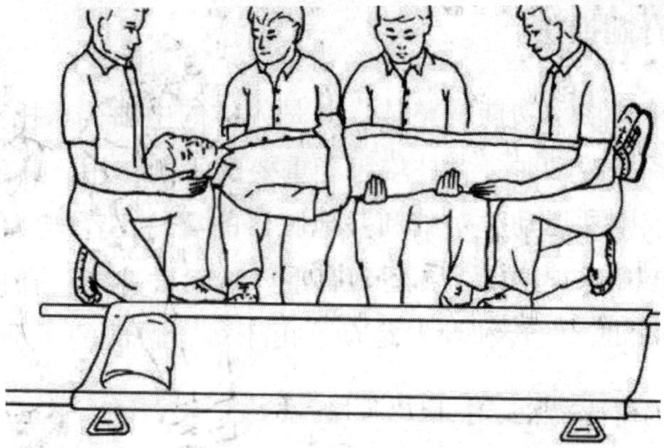

图 5－42　脊柱损伤伤病员的搬运

(三) 四肢骨关节损伤

1. 上肢骨关节损伤

1）锁骨骨折

（1）表现。

局部肿胀、皮下瘀血、压痛或有畸形，畸形处可触到移位的骨折断端。伤侧肢体因疼痛而功能受限。幼儿常不能自诉疼痛部位。有时直接暴力引起的骨折，可刺破胸膜发生气胸，或损伤锁骨下血管和神经，出现相应症状和体征。

（2）应急处置。

安排伤病员休息，注意让伤病员饮水并进行心理调适，等待下车治疗。

2）肩锁关节脱位

（1）表现。局部肿胀、疼痛，肩关节功能障碍，压痛明显。半脱位时外部畸形可不明显。全脱位时肩峰低陷，锁骨外端隆起形成畸形。

（2）应急措施。

安排伤病员休息，注意让伤病员饮水并进行心理调适，等待下车治疗。

3）肩关节脱位

（1）表现。

外伤性肩关节前脱位均有明显的外伤，肩部疼痛、肿胀和功能障碍。外观呈“方肩”畸形，肩峰明显突出，肩峰下空虚。

（2）应急处置。

安排伤病员休息，注意让伤病员饮水并进行心理调适，等待下车治疗。

4）肱骨外科颈骨折

（1）表现。

外伤后患肩肿胀，前、内侧常出现瘀血斑。骨折有错位时，上臂较健侧略短，可有外展或内收畸形。大结节下部骨折处有明显压痛，肩关节活动受限。若骨折端有嵌插，肩关节可活动，此时要注意与肩关节脱位相区别。如腋动、静脉及腋神经损伤，可出现相应体征。

（2）应急措施。

安排伤病员休息，注意让伤病员饮水并进行心理调适，等待下车治疗。

5）肱骨干骨折

（1）表现。

受伤后上臂出现疼痛、肿胀、畸形，皮下瘀斑，上肢活动障碍。若合并桡神经损伤可出现腕下垂、拇指不能外展、掌指关节不能自主伸直、前臂旋后障碍、手背桡侧皮肤感觉减退或消失。

（2）应急处置。

安排伤病员休息，注意让伤病员饮水并进行心理调适，等待下车治疗。

6）肘关节脱位

（1）表现。

肘部明显畸形，只有微小的被动活动度。

（2）应急处置。

安排伤病员休息，注意让伤病员饮水并进行心理调适，等待下车治疗。

7）桡骨头半脱位

（1）表现。

常见于2~4岁小儿。受伤后肘部疼痛、压痛，呈半屈曲位，前臂中度旋前，不能旋转，手臂不能上举。患儿因不能活动，常常啼哭不止。

（2）应急处置。

安排伤病员休息，注意让伤病员饮水并进行心理调适，等待下车治疗。

8）桡骨下端骨折

（1）表现。

腕部肿胀、疼痛，活动受限，伸直型骨折移位明显时，可见“餐叉状”及“枪刺样”畸形。

（2）应急处置。

安排伤病员休息，注意让伤病员饮水并进行心理调适，等待下车治疗。

(四) 骨盆骨折

1. 骨盆骨折分类

第一类是由低能量致伤，大部分为稳定性骨折，如由肌肉骤然用力收缩导致的撕脱骨折。第二类是由高能量致伤，特别是交通事故造成的损伤。此类骨折常伴有严重的软组织损伤及其他骨骼的骨折。

2. 骨盆骨折的表现

有下列因素存在时应考虑为骨盆骨折：①高能量外伤力撞击，砸压骨盆部位；②被覆骨盆部位的皮肤和软组织有受力痕迹或创口；③骨盆周围肿胀，有皮下出血或血肿；④骨盆挤压、分离试验为阳性。

3. 应急处置

安排伤病员休息，注意让伤病员饮水并进行心理调适，等待下车治疗。

(五) 下肢骨关节损伤

1. 髋关节脱位

1）表现

(1) 外伤后患髋肿痛，活动受限。

(2) 后脱位，患髋屈曲，内收、内旋、短缩畸形。

(3) 前脱位，患髋伸直、外展、外旋畸形。

(4) 中心脱位，患肢短缩畸形，髋活动受限。

2）应急处置

安排伤病员休息，注意让伤病员饮水并进行心理调适，等待下车治疗。

2. 股骨颈骨折

股骨颈骨折是老年人常见的骨折之一。

1）表现

(1) 跌倒后诉髋部疼痛，不敢站立和走路，应考虑股骨颈骨折的可能。

(2) 患肢多有轻度屈髋、屈膝及外旋畸形。

(3) 髋部除有自发疼痛外，移动患肢时疼痛更为明显。在患肢足跟部或大粗隆部叩打时，髋部也感疼痛，在腹股沟韧带中点下方常有压痛。

(4) 股骨颈骨折多系囊内骨折，骨折后出血不多，又有关节外丰厚肌群的包围，因此，从外观上不易看到肿胀。

（5）功能障碍：移位骨折病人在伤后就不能坐起或站立，但也有一些无移位的线状骨折或嵌插骨折病例，在伤后仍能走路。对这类伤病员要特别注意，不要使无移位稳定骨折变成移位的不稳定骨折。

2）应急处置

应做好患肢固定，不要随意挪动伤病员，以防引起剧烈疼痛。如需搬运时，应有人专门牵拉患肢，以防止骨折位置发生改变及减少疼痛。让伤病员注意饮水并进行心理调适，等待下车进入医院治疗。

3. 股骨转子间骨折

股骨转子间骨折大多由间接暴力引起。

1）表现

（1）外伤后局部疼痛，肿胀，压痛和功能障碍均较明显，有时髋外侧可见皮下血斑，伤后患肢活动受限，不能站立，行走。

（2）大粗隆部肿胀，压痛，伤肢短缩，远侧骨折段处于极度外旋位，严重者可达90°外旋，还可伴有内收畸形。

2）应急处置

与股骨颈骨折相同。

4. 股骨干骨折

股骨干骨折多因强暴力所致，因此应注意检查全身情况及相邻部位的损伤。

1）表现

（1）全身表现。股骨干骨折多由严重的外伤引起。如系开放性或粉碎性骨折，出血量可能很大，伤病员可伴有血压下降，面色苍白等出血性休克的表现；如合并其他部位脏器的损伤，休克的表现可能更明显。对于此类情况，应首先测量血压并进行动态观察，注意末梢血液循环。

（2）局部表现。可具有一般骨折的共性症状，包括疼痛、局部肿胀、畸形、异常活动、肢体功能受限及纵向叩击痛或骨擦音。此外，应根据肢体的外部畸形情况初步判断骨折的部位，注意勿与粗隆间骨折等髋部损伤的表现相混淆，有时可能是两种损伤同时存在。如合并有神经、血管损伤，足背动脉可无搏动或搏动轻微，伤肢有循环异常的表现，可有浅感觉异常或远端被支配肌肉肌力异常。

2）应急处置

现场急救应采用夹板临时固定，并尽快安排伤病员下车治疗。

5. 胫、腓骨骨折

1）表现

胫、腓骨骨折多为外伤所致，如撞伤、压伤、扭伤或高处坠落伤等。伤肢疼痛并出现肿胀、畸形等。胫骨的位置表浅，局部症状明显，在重视骨折本身症状的同时，还要重视软组织的损伤程度。胫、腓骨骨折引起的局部和全身并发症较多，所产生的后果也往往比骨折本身更严重。要注意有无重要血管神经的损伤，当胫骨上端骨折时，尤其要注意有无胫前动脉、胫后动脉及腓总神经的损伤；还要注意小腿软组织的肿胀程度，有无剧烈疼痛等小腿筋膜间隙综合征的表现。

2）应急处置

临时固定可用胫骨夹板固定。在胫骨两侧，小腿内外侧及后侧各放置一块夹板固定并尽快安排伤病员下车治疗。

6. 足踝部骨折

1）表现

踝部剧烈疼痛、畸形，继而出现肿胀和皮下瘀血等症状。伤病员不能行走，严重时足部出现循环障碍。

2）应急处置

严禁伤肢负重，安排伤病员休息，注意让伤病员饮水并进行心理调适，等待下车治疗。

八、特殊损伤的现场处理

（一）创伤复合伤急救

1. 概念

创伤复合伤是指两种或两种以上致伤因素同时或相继作用于人体所造成的损伤，所致机体病理、生理紊乱，常较多发伤和多部位伤更严重而复杂，是引起死亡的重要原因。

2. 特点

创伤复合伤的基本特点是有多种致伤因素，其中一种主要致伤因素在伤害的发生、发展中起着主导作用。在机体遭受两种或两种以上致伤因素的作用后，创伤不是单处伤的简单相加，而是相互影响，使伤情变得更为复杂。创作复合伤的主要致死原因：要害部位大出血；休克（失血性休克、感染性休克、创伤性休克和烧伤引起的休克)；有害气体急性中毒或窒息；急性肺水肿、肺出血；急性心力衰竭；多器官功能障碍等。

3. 应急处置原则

（1）迅速而安全地使伤病员离开现场，避免再度受伤和产生继发性损伤。

（2）保持呼吸道通畅。

（3）心跳呼吸骤停者，应立即进行心肺复苏。

（二）挤压伤急救

1. 概念

挤压伤广义上是指机体任何一个部位受到挤压，使组织结构的连续性受到破坏而产生功能障碍。临床上的挤压伤特指人体肌肉丰富的部位，如四肢、躯干，受挤压后所造成的损伤。受压肌肉组织大量变性、坏死，组织间隙渗出、水肿，表现为受压部位的肿胀，感觉迟钝或缺失，运动障碍，以及肌红蛋白血症和一过性肌红蛋白尿，进一步可发展为高钾血症及以肌红蛋白血尿为特征的急性肾衰竭。

2. 表现

挤压伤常可见于手、足被钝性物体如砖头、石块、门窗、机器或车辆等暴力挤压所致；也可由爆炸冲击所致，这些伤害常常伤及内脏，造成胃出血、肝脾破裂等；更严重的挤压伤见于地震等引起的压埋伤。

1）手指、脚趾挤压伤

可见指（趾）甲下血肿，呈黑紫色；也可为开放性损伤，甚至有骨折。应立即用冷水或冰块冷敷受伤部位，以减少出血和减轻疼痛；后期可用热敷以促进瘀血吸收。指（趾）甲下积血应及时排除，不仅可以止痛，还可以减少感染，保存指（趾）甲。

2）内脏及肢体伤

应密切观察有无呼吸困难、血压下降等症状，如有相关症状应及时送往医院救治。肢体挤压伤严重者，须及时下车治疗。

3. 筋膜间隔综合征

筋膜间隔综合征是指四肢肌肉和神经都处于由筋膜形成的间隔中，当筋膜间隔内压力增加，会影响该处的血液循环及组织功能，最后导致肌肉缺血坏死，神经麻痹，甚至危及生命。造成筋膜间隔内压升高有多种原因，如重物挤压、包扎过紧、肢体长时间受压，以及血管损伤而致血肿、肌肉过度活动后发生肿胀等，这些都将使间隔内和全身发生一系列的病理、生理变化。

1）临床表现

初期可有伤肢间歇性的麻木和异样感，之后为广泛而剧烈的进行性灼痛、向远端放射，远端动脉搏动减弱。缺血持续 12 h 以上，将导致肢体功能障碍，如肌肉挛缩、感觉消失、运动无力、远端动脉搏动消失等。其早期症状不明显，易被贻误，应紧密观察伤肢局部变化。骨折复位后，无论用棉垫绷带包扎或石膏外固定，都应密切观察伤肢远端血供情况。

2）应急处理

肢体肿胀严重者，应注意外固定包扎的松紧度，局部敷用消肿散以助消肿。如肿胀异常，应立即松解外固定及敷料，切忌按摩和热敷。

4. 挤压综合征

当肌肉丰富的部位被外部重物长时间挤压，或长期固定体位的自压、接触压迫后出现肢体肿胀、肌红蛋白尿、高血钾症为特点的急性肾衰竭，称为挤压综合征。

1）表现

以全身变化为主，而局部只有肢体肿胀、皮肤压痕、皮下瘀血及周围水疱。有时外观可无明显变化，早期常延误诊治。全身变化可有休克、肌红蛋白尿、肾衰竭、高钾血症、酸中毒，其特点是病情重，变化快。受挤压伤后应详细询问挤压时间及伤情，密切观察血压、脉搏及尿色、尿量，注意伤肢肿胀情况，局部皮肤颜色、温度，伤肢感觉及运动情况，如有阳性体征，要警惕挤压综合征的发生并及时处理。

2）应急处置

（1）在事故中，急救人员应迅速进入现场，积极抢救伤病员，尽早解除挤压身体的重物。禁止伤肢活动，尤其对尚能行动的伤病员要说明活动的危险性。

（2）伤肢应暴露在凉爽空气中或用凉水降低伤肢温度，降低组织代谢，减少毒素吸收。伤肢禁止抬高、按摩或热敷，以免加重损伤肌肉的缺氧。

（3）挤压的伤肢有开放伤口出血，应予止血，但禁加压包扎。更不可用止血带。

（4）及时下车治疗。

（三）电烧伤的急救

1. 电烧伤概述

人体为电流的良好导体，触电会损伤机体。电流有六种致人体受伤的因素，即电流的种类、电压的高低、电流强度、身体对电流的阻力、电流通过身体的途径、身体接触电流的时间。电流对人体的损伤分局部损伤和全身损伤。

1）局部损伤

局部损伤是电能转化为热能产生的高温热烧伤，其引起组织损伤，表现为局部缺血、水肿、坏死和炭化，如皮肤、肌肉甚至内脏器官坏死。如面积过大，常引起大量肌红蛋白、血红蛋白释放，钾离子外逸致高钾血症、严重酸中毒、肝脏损伤、急性功能衰竭等。

2）全身损伤

全身损伤是电流通过人体使人体组织去极化，导致意识丧失、昏迷、呼吸中枢抑制、心搏骤停等。

2. 应急处置

（1）脱离电源。应立即拉闸断电，或用干木棒等绝缘物体使人体和电线分开。切勿直接用手，以确保自身安全。

（2）对伤病员进行心肺复苏。

（3）对伤病员进行头颅降温、降压。

（四）冻伤

1. 分类

冻伤即冷损伤，是低温作用于机体的局部或全身引起的损伤；低温强度和作用时间、空气湿度和风速与冻伤的轻重程度密切相关。

1）非冻结性冻伤

非冻结性冻伤是长时间暴露于0～10 ℃的低温、潮湿环境造成的局部损伤，而不发生冻结性病理改变，如冻疮等。临床表现为局部红肿，可出现水疱，去除水疱上的表皮，可见创面发红，有渗液。并发感染时可形成糜烂或溃疡。受冻局部可渐次出现皮肤发红、苍白、发凉，皮肤或肢端刺痛，皮肤僵硬、麻木、感觉丧失。冻疮常发生在手、足部，易复发。

2）冻结性冻伤

冻结性冻伤是身体局部或全部短时间暴露于极低气温，或较长时间暴露于冰点以下造成的组织损伤。

（1）局部冻伤。局部冻伤常发生在鼻、耳、颜面、手和足等暴露部位。患处温度低、皮肤苍白、麻木。

（2）冻僵。冻僵表现为低体温，易由在冷水或冰水中淹溺而造成。体温在34 ℃时可出现健忘症，低于32 ℃时，触觉、痛觉丧失，而后意识丧失、瞳孔扩大或缩小。

2. 应急处置

（1）局部冻伤。迅速脱离寒冷环境；尽快恢复体温，局部涂抹冻伤膏，改善局部微循环。

（2）冻僵。迅速恢复冻伤者中心体温，防止并发症，迅速将冻伤者移入温暖环境，采取全身保暖措施。

（五）气体中毒

常见急性气体中毒包括刺激性气体中毒和窒息性气体中毒。刺激性气体对机体作用的共同特点是对眼和呼吸道黏膜有刺激作用，并可致全身中毒。常见的刺激性气体有氯、光气、氨、氮氧化物、氟化氢、二氧化硫等。窒息性气体是指造成组织缺氧的有害气体。常见的窒息性气体可分为单纯窒息性气体（甲烷、氮气、二氧化碳及惰性气体）和化学性窒息性气体（一氧化碳、硫化氢、氰化物）两大类。化学性窒息性气体吸收后与血红蛋白或细胞色素氧化酶结合，影响氧在组织细胞内的传递、代谢，致细胞缺氧，称为“内窒息”。

1. 刺激性气体中毒——氯气中毒

氯为黄绿色有强烈刺激性的气体，溶于水和碱溶液，遇水生成次氯酸和盐酸，次氯酸再分解为新生态氧、氯和氯酸，对黏膜有刺激和氧化作用，引起黏膜充血、水肿和坏死。较低浓度作用于眼和上呼吸道，高浓度作用于下呼吸道，极高浓度时刺激迷走神经，引起反射性呼吸、心脏停搏。

1）表现

（1）轻度中毒。其主要表现为急性化学性支气管炎或支气管周围炎，主要症状为咳嗽、胸闷等。

（2）中度中毒。其主要表现为急性化学性支气管肺炎、间质性肺水肿，主要症状表现为阵发性呛咳、咳痰，有时咳粉红色泡沫痰或痰中带血，以及胸闷、呼吸困难、心悸、头痛、乏力、恶心、呕吐、腹胀等。

（3）重度中毒。其表现为弥漫性肺泡性肺水肿或成人呼吸窘迫综合征，支气管哮喘，支气管炎。

2）应急处置

（1）立即将伤病员转移至空气新鲜处，注意保暖。眼和皮肤接触液氯时，要立即用清洁的水彻底清洗。

（2）尽快下车治疗。

2. 窒息性气体中毒——急性一氧化碳中毒

1）表现

急性一氧化碳中毒分为轻、中、重度三种，临床表现与血液碳氧血红蛋白浓度有关。

（1）轻度中毒：表现为头晕、头痛、恶心、呕吐、全身无力。

（2）中度中毒：皮肤筋膜可呈“樱桃红色”，出现兴奋、判断力减低，运动失调，幻觉，视力减退，意识模糊或浅昏迷症状。

（3）重度中毒：出现抽搐、深昏迷、低血压、心律失常和呼吸衰竭症状。

2）应急处置

（1）发现中毒伤病员应立即将其撤离现场，转移至空气清新的环境。

（2）立即解开中毒伤病员的衣领，保持其呼吸道通畅；注意保暖；注意观察中毒伤病员的意识状态并检测其生命体征。

（3）让中毒伤病员吸氧，必要时进行心肺复苏。

（4）尽快下车治疗。

项目六

铁路卫生防疫

任务一　消毒基础知识

【知识目标】

- 了解消毒的概念；
- 了解消毒的类型。

【技能目标】

- 掌握消毒方法的分类。

【相关知识】

一、正确消毒才有效

在我们赖以生存的地球上，存在着种类繁多的微生物，其中绝大多数的微生物对我们人类是有益的，有相当一部分微生物甚至是人类生存、繁衍和维持健康不可或缺的，我们把这些微生物称为有益微生物。也有一小部分微生物对人类是有害的，它们可导致人、畜生病或者物品腐败，最终危害人类健康，甚至危及生命。我们把能够引起人或动物生病的微生物称为有害微生物或病原微生物。为预防疾病，保障人类身体健康，我们就必须杀灭或清除环境中的病原微生物，以防止其感染人体。杀灭或清除这些病原微生物必须靠一定的方法来实现，常用的方法就是消毒。

（一）消毒与消毒剂

1. 消毒

消毒是指用物理、化学或生物的方法清除或杀灭外环境中的致病微生物，达到无害化。所谓外环境，原先仅指无生命的物体与表面，现在也包括有生命的机体的皮肤黏膜与表浅体腔。这里所说的致病微生物，是指除细菌芽孢以外的各种致病微生物，如细菌繁殖体、真菌、病毒、衣原体等。另外，从消毒的定义里我们应该明白两点：一是消毒是针对致病微生物而言的，并不要求清除或杀灭所有的微生物；二是消毒的目的只是要达到无害化，即只要求将致病微生物的数量减少到无害的程度，而不要求把所有致病微生物全部彻底地清除和杀灭，因而，消毒只是个相对概念，而不是绝对概念。

2. 消毒剂

我们把可以用作消毒的化学药物称为消毒剂。对消毒剂的要求是能够杀灭细菌繁殖体，而不要求其能杀灭细菌芽孢，当然，能杀灭细菌芽孢的化学药物是更好的消毒剂。

（二）消毒的应用分类

消毒根据应用目的的不同可以分为军事医学消毒（其中最重要的是反生物战消毒）、卫生防疫消毒、医院消毒与工业消毒等。下面介绍与铁路运输关系密切的卫生防疫消毒。

卫生防疫消毒是指对疫源地与疫源地以外的有关对象的消毒处理，主要是防止传染病的流行。卫生防疫消毒根据消毒目的的不同，又可分为两类：预防性消毒与疫源地消毒。

预防性消毒是指在未发现传染源的情况下，对有可能被病原微生物污染的物品、场所和人体所进行的消毒，如公共场所消毒、运输工具的消毒、餐具消毒、饮水消毒、粪便污水处理，等等。进行预防性消毒，一般都不存在已知的传染源。疫源地消毒是指对存在着或曾经存在着传染源的场所进行的消毒。对传染源（伤病员或带菌者）的分泌物、排泄物、接触的物品和停留场所进行的消毒就属于疫源地消毒。

疫源地消毒根据消毒情况的不同又可分为两类：随时消毒与终末消毒。所谓随时消毒，是指为及时杀灭或清除由传染源排出的病原微生物而随时进行的消毒。终末消毒指传染源因住院隔离、转移、病愈或死亡后，对其原有停留场所（疫源地）进行的最后一次彻底的消毒，从而杀灭或清除传染源遗留下来的病原微生物，使疫源地无害化。一般来讲，需要进行终末消毒的情况有：甲类传染病（鼠疫、霍乱）及乙类传染病中的伤寒、细菌性痢疾、病毒性肝炎、肺结核等对人类危害很大的传染病。这些传染病病原体大多对环境的抵抗力较强、传染性强，人群普遍易感，因而必须进行终末消毒。

（三）消毒的方法

消毒有物理、化学及生物三大类方法，下面介绍这三大类消毒方法所包括的具体消毒手段。

1. 物理消毒法

常用的物理消毒法有自然净化、机械除菌（冲洗、刷、擦、清扫与过滤等）、干热消毒（焚烧、烧灼、烤箱干烤等）、湿热消毒（煮沸、高压蒸汽灭菌等）、辐射消毒（紫外线灭菌和电离辐射灭菌等）、微波消毒等。机械除菌是我们日常生活中最常用也是较有效的消毒方法之一。机械除菌虽不能杀灭病原微生物，但可以大大减少其数量，从而减少人们被病原微生物感染的机会。

2. 化学消毒法

化学消毒法是目前用得比较广泛也是较有效的消毒方法，其主要依靠各种化学药物来杀灭微生物。目前化学消毒剂发展很快，种类繁多。化学消毒剂根据作用水平可分为高效、中效与低效三大类，每大类里又有多种化学消毒剂可供选择，宜根据不同的消毒目的选用不同的化学消毒剂。

3. 生物消毒法

生物消毒法消毒过程比较缓慢，且难以杀灭细菌芽孢及某些病毒，因而应用并不广泛。一般只适合粪便、垃圾、污水、污物等的处理。

任务二 常用物理消毒法简介

【知识目标】

- 熟悉常用物理消毒法的种类。

【技能目标】

- 掌握干热消毒与湿热消毒的适用范围；
- 掌握辐射与微波消毒的注意事项。

【相关知识】

一、自然净化

大气、地面、物体表面、水体、瓜果蔬菜表面的病原微生物，有时不经人工消毒，而靠大自然的因素亦可被杀灭或清除，达到无害化，这就是大自然的净化作用。这些大自然的因素包括日晒、雨淋、风吹、干燥、温度、湿度、空气中杀菌性化合物、水的稀释、酸碱度的变化等。自然净化不属于人工消毒，但人们可以利用它，比如日晒，我们可以将物品直接暴露在灼热的阳光下，从而使一些不耐热的微生物死亡。虽然曝晒只能杀灭很少一部分抵抗力较弱的微生物，杀菌很不彻底，但却不失为一种简便易行的消毒方法。

二、机械除菌

机械除菌就是采用机械的方法除去水、空气、物体表面上污染的有害微生物。常用的机械除菌方法有冲洗、擦抹、刷扫、铲除、通风及过滤等。机械除菌的特点是简单、方便、实用、廉价。我们大家都知道的卫生习惯如饭前（便后）用肥皂洗手、呼吸道传染病流行季节外出戴多层口罩，定时冲洗列车卫生间等均属此类方法。

三、干热消毒

干热消毒包括焚烧、烧灼、烤箱干烤等方式。

焚烧是一种彻底消灭微生物及一切有害生物的方法。它的优点是简便、经济、效果稳定，缺点是在彻底消灭微生物的同时，被消毒或灭菌的对象也随之灭失。干热消毒只适用于已无再利用价值又可能被病原微生物污染的物品，如可能被病原微生物污染的被褥、纸张、垃圾，等等，可直接在空地上点燃或在焚烧炉内焚烧。

烧灼也是一种彻底杀灭微生物的方法，主要用于不怕热的金属器材的灭菌。其方法是直接将物品放在火焰上烧灼。在野外急救清创时，在没有其他可靠的消毒灭菌方法时，将需要使用的器械进行烧灼，不失为一种方便又可靠的灭菌方法。

烤箱干烤亦是一种常用的干热消毒方法，但它只适用于在高温下不损坏、不变质又不蒸发的物品的消毒。比如玻璃制品、金属制品、油膏、粉剂等，不适用于溶液、纤维织物与塑料制品等的消毒。烤箱杀灭微生物的效率取决于烤箱的温度。

四、湿热消毒

湿热消毒可分为煮沸消毒法、蒸汽消毒法、巴斯德消毒法等。各种消毒方法各有其优缺点，我们应在不同的场合，根据不同的条件与用途采用不同的湿热消毒方法。

1. 煮沸消毒法

煮沸消毒法是一种古老的消毒方法，它简便易行，经济实用，并且效果较为可靠。一般认为，在正常大气压力下，水煮沸（水温达100℃）持续5～15 min就可达到消毒目的。在此种条件下，某些细菌芽孢并不能被杀灭，如肉毒杆菌芽孢需煮沸5.5 h方能将其杀灭，因而用煮沸消毒法杀灭细菌芽孢是不可靠的。正因为如此，它不能用作外科手术器械的灭菌，而主要用于家庭日常消毒，其具有其他消毒方法无可替代的地位。

由于水的沸点受气压的影响，不同海拔高度地区的气压各不相同，水的沸点同样不同。一般随着海拔高度的增加，水的沸点随之下降，因而在地势较高的地区，为确保消毒效果，必须适当延长煮沸时间。对怀疑有肝炎病毒污染的物品，在常压下，亦应将煮沸时间延长到15～20 min。

煮沸消毒法适用的范围为：食具（碗、盘、筷等）、食物、棉织物、金属制品与玻璃制品等。

煮沸消毒法的缺点如下。

（1）不能用于塑料、毛皮、化纤织物等不耐热物品的消毒。

（2）一般不适用于刀、剪物品的消毒，因该消毒法会损坏刀、剪的锋利性。特殊情况下必须用煮沸消毒法进行金属器械消毒时，最好加入增效剂，煮沸5 min即可达到灭菌要求，同时可防止器械生锈，并保持其锋利性。

（3）该消毒法不能保证完全杀灭细菌芽孢。

（4）如果容器内物品过多，很难保证每件物品均匀受热，从而难以计算达到消毒效果所需时间。

（5）煮沸后的物品从水中取出后，易发生再次污染。

使用煮沸消毒法时应注意的事项如下。

（1）应事先将需消毒的物品清洗干净并全部浸入水中。

（2）放置物品时应注意要利于水的对流，对碗、盘等不透水物品应垂直放置。

（3）消毒棉织物时应不时搅拌，确保棉织物每个部位受热均匀。

（4）消毒所需时间应从水煮沸后开始算起。

2. 蒸汽消毒法

蒸汽消毒法有流通蒸汽消毒法（又称为常压蒸汽消毒）、低温蒸汽消毒法与高压蒸汽消毒法三种。后两种消毒法一般需要特殊的设备装置与操作技能，主要用于医院消毒，本书不作详细介绍。这里仅介绍适合大众使用的流通蒸汽消毒法。

流通蒸汽消毒法需要流通蒸汽消毒器（基本结构为蒸汽发生器、蒸汽回流罩、消毒室及支架）。蒸汽由底部进入消毒室，经回流罩再返回蒸汽发生器内，这样蒸汽消耗少，只需维持较小的火力。家用蒸笼其实就是简易的流通蒸汽消毒器。它的特点是利用蒸汽的穿透力对物品的深处进行消毒。流通蒸汽消毒法所需时间与煮沸消毒法相同，其消毒作用时间应从水沸腾后有蒸汽冒出时算起，其主要用于食品等不适宜水煮物品的消毒。

3. 巴斯德消毒法

巴斯德消毒法是由法国化学家巴斯德提出的一种热力消毒方法，对于低度酒，将其加热到 50 ~ 60 ℃，维持 30 min，可使酒不变质，香味也不改变。巴斯德消毒法后来广泛应用于对牛奶的消毒。

五、辐射消毒

当交流电通过电路时，它的周围伴随有频率相同的交变电磁场，形成电磁波。这种电磁波不依靠任何传输线而在空间传播的现象叫电磁辐射。

紫外线是一种电磁波。各种电磁波的差别仅在于波长，但正是由于波长范围的不同，使各种电磁波性质大不相同。

虽然目前已有不少化学或物理消毒方法可供选择，但任何方法均不能完全取代古老的紫外线消毒。这是由于紫外线消毒有许多优点，它杀菌范围广，对消毒物品无损害，无残留毒性，使用方便，价格低廉，安全可靠。

虽然太阳是最大的紫外线辐射源，但由于 C 波段杀菌紫外线不能到达地面，因而要想用紫外线灭菌必须人工制备紫外线光源。在消毒灭菌上常使用紫外线灯。

紫外线可运用于空气消毒、物品表面消毒、水消毒等领域。

六、微波消毒

微波消毒与紫外线消毒一样也是采用电磁辐射来消毒。

1. 微波消毒的优点

（1）杀菌速度快：微波加热不同于普通热力灭菌依靠热的传导，它能内外同时加热，速度特别快，而且加热均匀。一般只需几秒至几分钟即可达到灭菌效果。

（2）加热均匀：加热均匀是微波消毒的一个显著特点。

物品放于微波炉中消毒时，产生的微波可由炉的内壁辐射到物品的各个部位，并使物品内外同时加热（因微波具有良好的穿透性）。

（3）可用于塑料袋装、瓶装食品及其他密封包装物品（如钱币、纸张、书籍）的消毒。

列车餐车售卖盒饭时，对盒饭进行微波加热，在加热的同时实现了消毒。

2. 微波消毒需注意的事项

（1）有的物品不吸收微波，如金属物品；有的物品很少吸收微波，如塑料、玻璃、石英、陶瓷物品等，从而很难产生微波的热效应，故上述物品不能用微波消毒。

（2）微波对人体可造成多系统、多脏器损害，因而在微波消毒时应谨防微波泄漏。用清洗剂清洁微波炉后，应将清洁剂清除干净，防止其残留在微波炉门附近，否则易使微波炉门密封效果不佳，造成微波泄漏。

任务三　常用化学消毒法简介

【知识目标】

- 熟悉化学消毒剂的种类。

【技能目标】

- 能针对不同物品采用不同的化学消毒法。

【相关知识】

采用化学消毒剂来进行消毒的方法，称为化学消毒法。

一、化学消毒剂的分类

（1）化学消毒剂按其杀灭微生物的效能可以分为高效、中效与低效消毒剂三类。

高效消毒剂能杀灭包括细菌芽孢和真菌孢子在内的各种微生物，也称灭菌剂；中效消毒剂可杀灭细菌芽孢以外的各种微生物；低效消毒剂只能杀灭一般细菌繁殖体、部分真菌和亲脂性病毒，不能杀灭结核杆菌，亲水性病毒和细菌芽孢。

（2）化学消毒剂按其有效成分的化学结构分类，可分成以下若干类。

① 含氯消毒剂，如漂白粉、液氯等，该类消毒剂一般为中效消毒剂，主要用于水消毒、医院消毒与疫源地消毒，也用于环境消毒。

② 含碘消毒剂，如碘伏等，该类消毒剂一般为中效消毒剂，主要用于皮肤黏膜的消毒。

③ 醛类消毒剂，如甲醛等，该类消毒剂一般为高效消毒剂，其气体和液体均具有强大的杀灭微生物作用。

④ 烷基化类消毒剂，主要有环氧乙烷、环氧丙烷等，多为气体消毒剂，其中以环氧乙烷使用最为广泛，其属高效能消毒剂，可杀灭一切微生物，主要用于工业灭菌与医学消毒灭菌。

⑤ 醇类消毒剂，如甲醇、乙醇等，我国使用最广泛的醇类消毒剂是75%的乙醇。该类消毒剂属中效消毒剂，主要用于皮肤黏膜与物体表面消毒。

⑥ 过氧化物类消毒剂，主要有过氧乙酸、臭氧等，属高效消毒剂，可杀灭一切微生物。

⑦ 酚类消毒剂，如酚、甲酚、甲酚皂溶液（来苏尔）等，以来苏尔应用最为广泛，属中效消毒剂。

⑧ 季铵盐类消毒剂，属低效消毒剂。这类消毒剂可杀灭细菌繁殖体，毒性也小，但不能杀灭亲水性病毒与细菌芽孢。

⑨ 胍类消毒剂，属低效消毒剂，但杀灭细菌繁殖体效果很好。

⑩ 其他消毒剂，如酸类消毒剂、金属类消毒剂、高锰酸钾、碱类消毒剂等，这些消毒剂杀微生物作用一般均较弱，属低效消毒剂，一般用于皮肤黏膜的消毒或防腐。

二、含氯消毒剂概述

含氯消毒剂是指溶解于水中能产生次氯酸的消毒剂。

下面介绍几种常见的含氯消毒剂。

1. 漂白粉

漂白粉为白色或淡黄色粉末，除主要成分为次氯酸钙外，还含有氯化钙、氧化钙和氢氧化钙等。由于漂白粉杂质多，溶解度不高，故配制的水溶液呈混浊状，并有大量沉淀。漂白粉的有效氯含量为25%～32%。

漂白粉可用于饮用水消毒、污水消毒、传染病人排泄物的消毒等，亦可用于食具、用具的预防性消毒。

2. “三合二”

“三合二”主要成分为三次氯酸钙合二氢氧化钙，为白色粉末，比漂白粉易溶于水，杂质亦较少，分解速度较漂白粉慢，有效氯含量较漂白粉高出许多，达56～60%。“三合二”的使用范围与漂白粉一样，用量只需漂白粉的二分之一。

3. 次氯酸钠

次氯酸钠别名为高效漂白粉，纯品为白色粉末，通常为灰绿色结晶，稳定性差，其水溶液呈碱性。不管以何种方法生产次氯酸钠，成本都很低，因而价格低廉，性能价格比很高。

次氯酸钠有一个突出优点，就是能快速杀灭微生物，并且毒性极低，安全性极好。次氯酸钠亦具有含氯消毒剂的缺点，其易分解、有腐蚀性与漂白作用。目前市场上广泛使用的84消毒液的主要成分即为次氯酸钠，其添加了某些增效剂与稳定剂，使次氯酸钠分解减慢，保存期可达6～12个月。

4. 漂白粉精（次氯酸钙）

漂白粉精为白色粉末，亦有制成片状的。其易溶于水，杂质少，比较稳定，受潮亦不易分解，含有效氯80%～85%。

5. 二氯异氰尿酸钠（优氯净）

二氯异氰尿酸钠商品名为优氯净，呈白色晶粉状，易溶于水，其性质稳定，不易分解。

任务四　铁路卫生法规与监督制度

【知识目标】

- 了解铁路卫生相关法规；
- 熟悉旅客列车卫生监督判定规则；
- 熟悉铁路公共场所卫生监督管理实施办法。

【技能目标】

- 能将铁路卫生相关法律的规定和监督制度运用于实际工作。

【相关知识】

一、铁路车站、旅客列车卫生监督管理办法

《铁路车站、旅客列车卫生监督管理办法》于1992年2月由原铁道部颁布，目前未修订，该办法中涉及的一些机构名称已经变更，部分机构撤销，本书以下内容摘抄了该办法的原文，特此说明。

1. 总则

（1）为适应我国铁路运输事业的发展，提高车站、旅客列车（以下简称站车）卫生水平，维护广大旅客、铁路职工身体健康，防止传染病借铁路站车传播，保证铁路运输生产安全，依据《中华人民共和国铁路法》《中华人民共和国食品卫生法（试行）》《中华人民共和国传染病防治法》和《公共场所卫生管理条例》等有关法律、法规，特制定本办法。

（2）本办法适用范围为铁路车站、旅客列车及车站管辖范围内的食品生产经营和公共场所，在上述范围内进行营业活动的路内外单位或个人均须遵守。

（3）铁道部、铁路局、铁路分局卫生主管部门为行使本办法的监督机构，并委托铁路卫生防疫机构依据国家有关卫生法律、法规和本办法的规定，实施站车卫生监督管理。

（4）站车卫生监督管理实行铁路卫生许可证、健康合格证和预防性卫生监督制度。

（5）各单位必须把站车卫生工作列为两个文明建设的重要组成部分，并作为社会主义劳动竞赛、检查、评比、考核的条件，凡达不到有关卫生标准或要求者，均不得授予荣誉称号或奖励。

（6）客运、车辆、卫生等部门应积极开展以“除害灭病”为中心的爱国卫生运动，共同搞好站车的“四害”防治工作，蚊、蝇、蟑螂等病媒昆虫指数及鼠密度，均应符合国家卫生标准。

车站、列车要积极做好卫生知识宣传工作。

（7）依据国家指令实施交通检疫时，按《铁路交通检疫管理办法》执行。

2. 车站卫生

（1）车站应有相应的卫生设施，二等和二等以上的车站必须在适当处所设有一定

数量的痰盂、果皮箱、垃圾箱、盥洗、厕所等卫生设施，并做好经常性的保洁工作。车站垃圾应做到日产日清，严禁随意堆放。厕所应有通风、防蝇和洗手设备。车站的客车到发线路、站台要保持清洁卫生。

（2）候车室要提供饮用开水，公用水杯要一客一消毒，未经消毒的水杯不得供旅客使用。列车上水站必须按章向旅客列车上水，上水胶管管口必须离开地面，并保持清洁。

执行候车室内禁止随地吐痰、禁止乱扔脏物及不（准）吸烟候车室内禁止吸烟的规定。

候车室、售票厅（处）的微小气候、空气质量、噪声、照明均要符合国家《公共交通等候室卫生标准》，母婴候室备有的玩具等要定期洗刷和消毒。

承运放射性物品必须经铁路卫生防疫站核查。

（3）车站站房、站前广场、天桥、地道、站台、股道以及驻站单位的室内外环境，均要符合有关卫生标准。

3. 旅客列车卫生

（1）旅客列车（含我国担任乘务的国际联运、广九直通、旅游等旅客列车）要有健全的卫生保洁制度和卫生清扫作业程序，坚持始发、途中、终到列车和返程回到我国始发站的国际联运列车（客车）、广九直通客车的卫生鉴定制度。列车驶经市区、大桥、长大隧道和停车五分钟以上车站时，不得向车下倾倒垃圾、污水，并要锁闭厕所。列车垃圾应在指定的列车垃圾投放站装袋投放。粪便、污水不得带到终到站。入库整备列车不得带有垃圾、粪便和污水。

（2）旅客列车的座席、铺位、洗面盆、整容镜、便池等公用设施，要保持清洁卫生，供旅客使用的被单、褥单、枕巾，硬卧为单程更换一次，软卧一客一换；其它（他）卧具、椅套要定期拆洗消毒，凉席、枕席应保持清洁卫生。

（3）旅客列车的微小气候、空气质量、噪声、照明等在定员状态时均要符合国家《公共交通工具卫生标准》，同时应提供饮用开水，公用茶杯未经消毒不得供旅客使用。

执行车厢内禁止随地吐痰、禁止乱扔脏物及不（准）吸烟车厢内禁止吸烟的规定。

（4）旅客列车禁止携带有碍公共卫生的物品进入车内。邮政车、行李车应保持整洁，凡装运过有碍公共卫生物品的，必须彻底清刷消毒，行李车运输放射性物品必须符合卫生要求。

（5）旅客列车应配备急救药箱，做到专人保管，做好使用登记并及时补充药品器械。

4. 客车车辆卫生

（1）车辆部门对运用的客车要认真进行整备，保证客车的外貌和车内环境整洁，各种卫生设施齐全，性能完好。

（2）检车乘务员所使用的工具、配件要定位存放，并保持整洁。要按时装卸纱窗、电扇，车内通风器应保持使用性能完好，电扇、席别灯、照明灯具和其它（他）电器设备要保持清洁。

（3）要保证餐车电冰箱、冷藏箱正常运用，餐车贮藏室、排风扇、排烟罩、水道管道、洗涤槽、百叶窗、地面脚蹬板、加工台面、茶水炉等均应保持清洁完整，性能良好。

（4）新造、大修的车辆，必须达到防鼠要求。管道、电缆与墙板间的缝隙不得大于5毫米，运用的车辆缝隙大于5毫米时，应予堵塞。餐车后厨车壁及各种设备要消除缝隙，防止鼠、蟑栖息。

（5）加挂及临编客车，有关部门要提前做好各项卫生整备工作，未经卫生整备或达不到卫生要求的车辆不得编组运用。

5. 站车食品卫生

（1）从事食品生产经营者必须遵守《中华人民共和国食品卫生法》和《铁路食品卫生监督实施办法》的有关规定，并应做到：

① 餐车、客车售卖的食品、始发上料、沿途补给、必须有食品专用车辆、容器、工具等，并应符合卫生要求。

② 要做好食品的计划生产、供应，隔餐存放的熟食品，必须冷藏，出售前再行妥善加工。

车站供应的熟食品要严格执行专人负责、专人操作、专用冷藏柜、专用炊具容器和专人消毒制度。

③ 不准在厨房内洗澡、洗脸、刷牙、洗衣物、吸烟等，闲杂人员严禁进入厨房。

④ 冰箱、贮藏室（库、柜、架）、售货柜等应有定位存放标记，并保持清洁。餐车工作人员的私人物品应存放于指定的设有标记的处所。

⑤ 食品容器、刀、板、提桶、抹布必须清洁，有生熟标记，不得混用、混放。食品应生熟隔离，定位存放。

（2）站车食品经营单位，进货时必须向进货单位索取“卫生许可证”及该食品每批检验合格证或检验单，必要时铁路卫生监督机构进行抽样检查，合格后方准销售。

（3）餐具必须洗净消毒，未经洗净消毒的餐具不得供旅客使用。站车使用的洗涤消毒剂均必须经铁路中心卫生防疫站检验合格，并取得铁路工业产品质量监督检验中心安全卫生检验站鉴定核准，由铁路局卫生主管部门批准后方可使用。

（4）食品包装、食品商品标志必须符合国家规定的卫生标准和通用商品包装要求，并必须执行出厂期和保存期限销售的规定，凡无出厂期和超保存期的食品，禁止销售。

（5）旅客列车发生食物中毒时，列车长应及时报告前方铁路卫生防疫部门，并保护现场，封存保留样品，以备查验；铁路卫生防疫站接到报告后应按规定逐级上报，并及时前往调查处理。

6. 站车卫生监督

（1）铁道部、铁路局、铁路分局卫生主管部门和铁路局所属卫生防疫站中的站车卫生监察，应在从事站车卫生工作超过二年的医师、三年的医士及从事客车“消杀灭”工作三年的医师以上人员中选荐，经各铁路局主管部门审查报铁道部（国家铁路局）卫生行政机构任命发证。

（2）站车卫生监察在本管内对车站，各次始发、终到和站停 5 min 以上的通过旅客列车实行卫生监督检查。路局卫生主管部门和局中心卫生防疫站的站车卫生监察可添乘本局属旅客列车；部卫生行政机构的站车卫生监察可添乘国内各次旅客列车。国际联运列车（客车）、广九直通客车添乘办法另定。各铁路局、铁路分局和运输枢纽地区卫生防疫站所在地的车站要有检查用房以及消毒、杀虫、灭鼠药械专用房屋。

（3）站车卫生监督机构依据国家《中华人民共和国传染病防治法》、《中华人民共和国食品卫生法》、《公共场所卫生管理条例》等有关卫生法律、法规行使下列职责：

① 对车站、旅客列车进行卫生监督监测。

② 对站车食品生产经营单位和公共场所进行预防性卫生监督。

③ 审发分管部门的卫生许可证、工作人员健康证，并按规定组织实施体检。

④ 对站车卫生进行技术研究，提出改善、提高站车卫生水平和保护旅客、乘务人员身体健康的建议；对有关人员进行卫生知识技术的培训和指导。

⑤ 编写站车卫生监督通报，开展卫生宣传。

⑥ 对站车消毒、杀虫、灭鼠进行监督监测。

⑦ 站车卫生监察（不包括从事“消杀灭”工作的）同时是管辖范围内的食品卫生、公共场所卫生监督员；其监察证在本办法规定的范围内兼具站车卫生、食品卫生、公共场所卫生、饮水卫生监督检查的效力。凭站车卫生监察证使用铁路电报、电话、住乘务员公寓。

7. 罚则

（1）遇有车站、旅客列车、车辆及站车食品生产经营单位或个人，违反国家卫生法律、法规时，必须按有关法律、法规的罚则的有关规定进行行政处罚。

（2）对违反《铁路车站、旅客列车卫生监督管理办法》有关规定的主管单位，视情节轻重给予警告、限期改进。遇有下列情形经警告后仍无改进者，可以处二十至五百元罚款。

① 卫生监督检查符合率不合格者；

② 车站及车辆卫生设施缺乏、损坏，影响使用，经卫生监督记录提出，仍不增添、修缮改进者；

③ 旅客列车停站五分钟以上不锁闭厕所者；

④ 旅客列车将粪便、污水带入终到车站或客技站者；

⑤ 旅客列车不按规定处理垃圾，沿途随意倾倒者；

⑥ 废弃塑料饭盒及其它（他）固体废弃物，不组织回收，造成污染站区及线路者；

⑦ 供旅客使用的卧具不按规定洗涤、消毒和更换者；

⑧ 鼠密度，蝇、蚊、蟑螂等病媒昆虫指数未达到卫生标准者。

以上各项处罚可单独或合并行使。当事人对行政处罚不服并经上级卫生主管部门复议无效的，按有关法律、法规的法律责任处理。

（3）站车卫生监察对外局旅客列车的行政处罚应据事实填写站车卫生监督记录书，经列车长、餐车长（主任）确认签字后，将监督记录书和处罚通知书委托所属铁路卫生防疫站受理执行。执行结果以书面回执函告原开具处罚通知书的单位。

8. 附则

（1）本办法由铁道部卫生保护司负责解释。

（2）本办法自发布之日起实施。原（80）铁卫字403号《铁路车站、旅客列车卫生条例（试行）》即行废止。

（3）各铁路局可根据本办法制定实施细则，并报部（国家铁路局）备案。

在临管线上运行的旅客列车以及车站的卫生监督管理，应参照本办法在管辖范围内结合实际情况执行。

二、旅客列车卫生监督判定规则

旅客列车卫生监督判定规则表如表6－1所示。

表6－1　旅客列车卫生监督判定规则表

序号	内容	检查方法	判定内容
1	车厢外皮清洁	查验法	外皮无污斑和积垢，光泽度好
2	玻璃明亮	查验法	内外层玻璃无污点、污道，边角无垢
3	扶手无污垢	查验法	扶手无积垢，手摸无黑灰
4	车梯无杂物	查验法	车梯无杂物、无积垢
5	车厢两端连接处洁净	查验法	车厢两端连接处无积垢、无积尘、无污斑

续表

序号	内容	检查方法	判定内容
6	通过台踏板清洁、无杂物	查验法	通过台踏板无积垢、无杂物、无痰迹、无烟头
7	卫生间排污管清洁、无积便	查验法	卫生间排污管表面及四周无积便、无积垢、无杂物
8	洗手池洁净、无污垢	查验法	洗手池无污垢、无杂物、物见本色、下水通畅
9	卫生间四壁无积尘、无污垢	查验法	卫生间四壁无积尘，手摸无黑灰，暖管无积垢，灯罩无积尘、无积虫，化妆台无杂物、无积垢
10	洗面镜光亮、无水渍	查验法 触摸法	洗面镜光亮、无积垢、无水渍、无污迹、无积尘
11	便器洁净、无尿垢	查验法	蹲便器无尿垢、无杂物、物见本色；坐便器外表面清洁、无污垢、无杂物
12	卫生间地面清洁	查验法	卫生间地面和暖管无积垢、无杂物、无积水
13	卫生间通风良好、无臭味	查验法	卫生间应保持通风良好、无臭味
14	车厢地面清洁、无杂物	查验法	车厢地面和暖管清洁、无杂物、无积垢
15	车厢四壁无积尘、无积垢	查验法	车厢四壁（包括壁柜、各类电器设备），要做到无积尘、无积垢，手摸无黑灰。壁柜内物品摆放整齐、无杂物
16	茶桌无积尘、无杂物	查验法	茶桌表面无积尘，边角无细碎杂物。果皮盘内外清洁、无污垢。软卧车厢茶桌上摆放的桌布清洁、无污迹、无破损
17	窗台和窗帘清洁、无积尘	查验法	窗台无积垢、无杂物。窗帘清洁、无污迹、无破损
18	席位和椅套清洁、无污垢	查验法	席位清洁、无污垢，边角缝隙无杂物，椅套清洁、无污迹、无破损
19	灯具无积尘、无积垢	查验法	灯具清洁明亮、无积尘、无积垢、无积虫
20	暖管罩无积灰、无杂物	查验法	暖管罩表面无积尘、无杂物，无污垢
21	地面边角清洁、无杂物	查验法	地面及边角无污垢、无痰迹、无杂物、物见本色
22	地毯清洁	查验法	地毯清洁、无杂物、无污迹
23	端门、行李架、顶棚无积尘、无积垢	查验法	端门、行李架、顶棚无积尘、无积垢。行李架无杂物，端门玻璃明亮，灭火器无积尘、无积垢
24	空调送风、回风口清洁	查验法	空调送风、回风口清洁、无积尘、无积垢
25	卫生间禁止存放公用备品	查验法	严禁将打扫车厢卫生用的水桶、拖把、扫把、簸箕、抹布、毛刷等公用备品存放于卫生间，更不得将卫生间锁闭用作备品、杂品库
26	卫生间清扫工具专用	查验法	清扫卫生间的工具要有明显标记，不得与车厢清扫工具混用
27	清扫工具隐蔽放置	查验法	卫生清扫工具应定位放置于贮藏室

续表

序号	内容	检查方法	判定内容
28	垃圾装袋定点投放	查验法	（1）使用符合相关标准要求的垃圾袋。垃圾袋要用可降解塑料制成，并标明担当段名。 （2）垃圾袋数量应按单程垃圾定点投放站数量的2倍配备。 （3）垃圾袋装满后扎口，在指定垃圾投放站投放。 （4）垃圾袋投放位置：离岗位最近的风雨棚立柱旁或安全线外。 （5）有领取和投放垃圾袋记录
29	“禁止”有措施	查验法	（1）车厢内应有“禁止吸烟”、“禁止随地吐痰”、“禁止乱扔果皮纸屑”、“禁止向便器乱扔废弃物”的标志。在垃圾投放处应有“请将垃圾投入袋内”的标记。 （2）班组应有执法检查员，对违反“禁止”规定的旅客进行劝阻。 （3）列车广播和视频播放节目应有“禁止”和卫生知识宣传内容。 （4）软卧车厢包房内茶桌上应有“禁止吸烟”标牌
30	卧具无异味	查验法	（1）卧具包括毛毯、棉被、棉褥、枕芯、被单、褥单、夏季还应配备毛巾被。 （2）卧具应定期洗涤，受到污染时，随时洗涤、消毒。 （3）旅客使用的卧具应洗净，熨烫，保持整洁。 （4）普通列车枕套、枕巾、被单、褥单等易耗品每年更新一次，动车组列车各类卧具使用周期不应超过半年。 （5）卧具应无异味、无污渍、无破损
31	饮用水洁净	查验法 测定法	（1）茶炉间应保持清洁、无垃圾、无杂物。 （2）水质应符合国家《生活饮用水卫生标准》，确保无色、无味、无异物。 （3）应保证开水供应
32	配有急救药品	查验法	（1）列车应配备铁路红十字药箱，并有专人管理。 （2）铁路红十字药箱按相关规定配置，药品、器械及时更换，相关器械使用后应及时消毒，如超过一周未使用，应重新进行消毒，药品不得超过有效期限。 （3）列车卫生员应经专业培训。 （4）铁路红十字药箱应放置在广播室或列车医疗点

续表

序号	内容	检查方法	判定内容
33	铁路红十字药箱使用有记录	查验法	铁路红十字药箱应有以下两种记录：一、药品、器械清单及更换记录；二、使用记录
34	现场卫生知识考核合格	考　核	每次抽查4名乘务员，按照相关要求，提问有关卫生考核知识题（每人4题），及格者，该项目为合格，否则为不合格
35	卫生知识考核有记录	查验法	检查卫生知识培训合格证，无合格证者该项为不合格

旅客列车餐车卫生监督判定规则表如表6－2所示。

表6－2　旅客列车餐车卫生监督判定规则表

序号	内容	检查方法	判定内容
1	有无食品卫生许可证	索证法	（1）要求出示当年有效（期限、地址、项目）的卫生许可证；无效许可证视为无证。 （2）伪造、涂改、出借卫生许可证视为无证
2	有无健康证明	索证法	（1）要求餐车工作人员出示有效健康证和卫生培训合格证。 （2）伪造、涂改、出借健康证和卫生培训合格证视为无证
3	食品是否腐败变质	查验法	（1）绿叶菜是否腐烂、霉变、生虫，是否被其他有毒、有害物质污染。 （2）畜禽肉类的表皮是否有出血点，是否有肉质深红、脂肪发黄、无弹性、脓肿、异味等现象。 （3）水产品的黏液是否混浊，有无异味、臭味，鳞片是否脱落。 （4）豆制品，是否有酸味，是否发红、发霉。 （5）肉制品是否出现黏液、霉斑，是否有臭味、脂肪发黄、有酸味、无光泽、无弹性等现象。 （6）禽蛋的蛋壳是否破损、有无暗影、霉变斑，以及异臭味。 （7）调味品的色泽是否正常，是否有沉淀、霉变、浮膜、异味等现象。 （8）主食类食材是否有异味、异物、霉变等现象，面粉是否发黄、结块，是否有明显的鼠粪、生虫等现象

续表

序号	内容	检查方法	判定内容
4	食品是否超过保质期限	查验法	餐车经营的定型包装食品是否超过产品标识规定的保质期限
5	食品有无出厂日期、保质期限	查验法	餐车经营的定型包装食品产品标识中是否显示生产日期及保质期限
6	待加工与直接入口食品是否交叉污染	查验法	(1) 待加工与直接入口食品生熟容器是否混用、混放。 (2) 生熟炊具是否混用、混放。 (3) 容器、炊具有无生熟标记
7	餐具洗净度是否合格	碘测法	用碘测法检测，4件以上餐具呈阳性反应为不合格
8	是否违章倾倒垃圾、污水	查验法	垃圾是否按规定进行收集和装袋，是否定点投放；是否在停靠站违章排放污水

三、铁路公共场所卫生监督管理实施办法

《铁路公共场所卫生监督管理实施办法》于1988年1月由原铁道部颁布，目前未修订，该办法中涉及的一些机构名称已经变更，部分机构撤销，本书以下内容摘抄了该办法的原文，特此说明。

1. 总则

(1) 为加强铁路公共场所卫生监督管理，根据《公共场所卫生管理条例》(以下简称《条例》) 和《公共场所卫生管理条例实施细则》的有关规定，结合铁路的实际情况，制定本办法。

(2) 本办法适用于铁路管辖范围内的各类公共场所 (包括铁路公寓)。地方开办的主要为铁路服务的公共场所的卫生监督管理办法，由地方和铁路的卫生行政机构另行商定。

(3) 铁路卫生行政机构要会同人事、财务、计划等有关部门协商在卫生防疫站内组建公共场所卫生监督机构，给予健全机构，配备人员，充实技术装备，以适应实施公共场所卫生监督的需要。

(4) 铁路各类公共场所的经营单位和设计单位一律执行国家颁发的有关卫生标准(国家尚无标准者应执行部颁和参照执行地方有关卫生标准)。

(5) 铁路各级卫生防疫站应按《条例》要求，对管辖范围内公共场所的新建、扩建、改建项目的选址、设计 (包括旅客列车车辆的设计)、施工实行预防性卫生监督。

2. 卫生管理

（1）铁路公共场所的经营单位应实施自身卫生管理，逐级建立、健全必要的卫生制度，并有专人负责。主管部门要为其提供经营所必需的卫生条件和设施，并定期检查卫生状况，检查结果应作为考核评比的条件之一。

（2）公共场所经营单位的负责人对所经营的场所负有全面卫生管理的责任，要组织对所属人员进行卫生知识培训和考核，对存在的有关卫生的问题积极采取措施予以改进，防止危害旅客和顾客健康的情况发生。一旦发生危害其身体健康的事故时，必须及时报告铁路卫生防疫站及主管部门，并及时予以妥善处理。

（3）铁路公共场所一律实行“卫生许可证”制度。“卫生许可证”由铁路卫生行政部门签发或委托卫生防疫站发放。

铁路经营的各类公共场所（包括铁路公寓候班室），必须向铁路卫生防疫站申请领取铁路“卫生许可证”。凡从事经营活动需要进行登记注册的，凭具主管部门批件及铁路“卫生许可证”向工商行政管理机关申请登记，领取“营业执照”后，方可经营。被吊销铁路“卫生许可证”的，铁路卫生防疫站应及时向当地工商行政管理机关通报。

铁路“卫生许可证”有效期为两年，卫生防疫站应每年全面核查一次。

（4）凡在公共场所直接为旅客、顾客服务的人员，从业前必须经过健康检查，并取得铁路卫生防疫站核发的“健康合格证”。从业期间每年进行一次健康检查；受检人员名单由经营单位每年报铁路卫生防疫站。检查时间和组织办法由各单位卫生行政机构决定。

患有痢疾、伤寒、病毒性肝炎、活动期肺结核、化脓性或渗出性皮肤病以及其它（他）有碍公共卫生疾病的，由经营单位负责在接到通知后立即调离，治愈前不得从事直接为旅客、顾客服务的工作。

（5）凡新建、改建、扩建的铁路公共场所，有关单位的选址、设计应符合卫生标准的要求。设计说明书应包括有设计依据、主要卫生问题，卫生保健设施，措施及其预期效果在内的卫生篇章，同时应提供卫生评价报告书，由铁路卫生监督机构审查并报卫生行政管理部门批准，发给建设项目“卫生许可证”后，方可组织施工。

3. 卫生监督

（1）各级铁路卫生防疫站为管辖范围内公共场所的卫生监督机构，受上级铁路卫生行政机构的领导，同时接受上一级地方卫生防疫站的业务指导。其指导单位由铁路和当地的卫生行政机构商定。

铁路卫生防疫站在执行监督、监测任务时，应按工作范围明确分工，避免交叉重复。

（2）铁路卫生防疫站应按工作需要，确定若干专业人员为公共场所卫生监督员和助理卫生监督员。站车卫生监督员可兼任公共场所卫生监督员，负责管辖范围内的公共场所卫生监督。

公共场所卫生监督员须经铁路卫生防疫站申报、分局（级）卫生行政管理机构审议、局（级）卫生行政管理机构批准并发给证书和证章（注：分局即铁路分局已撤销）。

根据工作需要在卫生行政管理机构内确定1～2名专业人员兼公共场所卫生监督员。

各单位任命的公共场所卫生监督员应同时报铁道部和当地省、自治区、直辖市的卫生行政管理机构备案。

（3）铁路公共场所卫生监督员的职责：

① 对管辖范围内的公共场所进行卫生监督和技术指导。

② 宣传卫生知识，指导和协助有关部门对从业人员进行卫生知识培训。

③ 调查危害健康的事故，对现场进行监测、检查，对违反本办法的单位和个人进行处罚。

④ 对新建、扩建、改建的公共场所的选址和设计进行卫生审查及竣工验收。

⑤ 执行卫生监督机构交付的其他任务。

（4）公共场所卫生监督员和助理卫生监督员条件：

① 政治思想好，遵纪守法，工作认真，作风正派，秉公办事，身体健康。

② 铁路卫生监督员由具有医士以上（含医士）技术职称，并掌握公共场所卫生监督、监测业务和有关法规，有独立工作能力的卫生监督机构专业人员担任。

③ 助理卫生监督员应选择具有从事环境卫生三年以上，熟悉公共场所卫生监督法规的人员担任。

铁路公共场所卫生监督人员执行公务时，应佩戴背面标有路徽及编号的《中国卫生监督》证章，出示监督证件。

4. 罚则

（1）对违反《条例》有关规定的单位和个人视情节轻重给予警告、限期改进、罚款、停业整顿、吊销“卫生许可证”的行政处罚。

① 有下列情况之一者给予警告并限期改进：

a）经监测检查公共场所卫生项目：

（a）空气、微小气候、温度、湿度；

（b）水质；

（c）采光、照明；

（d）噪音；

（e）顾客用具和卫生设施中，有一项主要卫生指标不合格者。

b）卫生制度不健全，卫生条件不符合要求者。

c）不按时进行健康检查。

d）未经卫生知识培训上岗。

② 有下列情况之一者给予罚款并限期改进：

a）经监测检查公共场所卫生项目有两项主要卫生指标不符合者，罚款200元以下。

b）直接为顾客服务的工作人员未办理健康合格证或患有碍公共卫生疾病不予调离者，罚款四百元以下。

c）涂改、伪造合格证的罚款五百元以下。

d）拒绝对公共场所卫生监督者，罚款六百元以下。

e）公共场所卫生项目经监测检查有三项主要卫生标准不合格者，罚款八百元以下；三项以上主要卫生指标不合格者罚款一千元以下。

f）有下列行为之一的单位或个人，经“警告并限期改进”处罚逾期仍无改进者罚款一千伍百元以下。

（a）卫生质量不符合国家标准和要求，而继续营业的；

（b）未获得“健康合格证”，而从事直接为旅客服务工作的；

（c）拒绝卫生监督的；

（d）未取得“卫生许可证”，擅自营业的。

g）未经卫生监督机构审查同意，擅自新建、改建、扩建公共场所者，罚款二千元以下，并责令其停工。

h）公共场所因不符合卫生标准和要求发生危害健康事故不及时报告者，罚款二千伍百元以下。造成危害健康事故，受害人数（不包括死亡）在10人以下者罚款三千元以下；受害人数11人以上20人以下罚款四千元以下；受害人数21～50人罚款八千元以下；受害人数51人以上罚款一万元以下；造成死亡的罚款二万元以下。

③ 有下列情况之一者令其停业整顿（七天以内）：

a）公共场所卫生项目三项以上主要指标不合格者；

b）出现危害健康事故后，经营单位需要采取紧急措施的；

c）经“警告并限期改进”处罚后仍无改进者。

④ 有下列情况之一者可吊销卫生许可证：

a）两年内两次被停业整顿处罚后仍无改进者；

b）缺乏基本的卫生条件，在短期内又无法改进者；

c）违法情节严重，造成严重后果者。

⑤ 对五千元以下罚款由卫生监督员提出，报卫生防疫站站长批准后执行；吊销“卫生许可证”须报卫生行政部门批准；五千元以上的罚款须报上级卫生行政机构批准。

（2）对卫生行政处罚不服的单位和个人，在接到处罚通知十五天之内，可向所在地区铁路运输法院起诉，对处罚决定不履行又逾期不上诉的，卫生防疫站可向铁路运输法院申请强制执行。

（3）对违反《条例》造成严重后果及阻挠、谩骂、殴打卫生监督人员和检查人员依法行使职权，对检举、揭发人进行打击报复，情节严重、触犯刑律者，交由司法机关依法追究刑事责任。

任务五　铁路列车、车站消毒

【知识目标】

- 列车、车站空气消毒；
- 列车、车站卫生间的消毒；
- 列车、车站各种织物的消毒；
- 铁路从业人员的卫生防护；
- 列车、车站杀虫、灭鼠。

【技能目标】

- 灵活运用日常消毒方法做好列车、车站卫生保洁与必要的消毒工作。

【相关知识】

一、列车、车站空气消毒

旅客列车的微小气候、空气质量、噪声、照明等在定员状态时均要符合《公共交通工具卫生标准》的相关规定，同时应提供饮用开水。执行车厢内禁止随地吐痰、禁止乱扔脏物及禁止吸烟的规定。进行列车、车站空气消毒的目的是清除或杀灭存在于空气中的各类病原微生物，以预防由于空气媒介引起的各种呼吸道传染病。同时也可减少空气中存在的病原微生物对物体表面的间接污染。可以通过空气传播的疾病有：流行性脑脊髓膜炎、白喉、百日咳、肺结核、肺炎、麻疹、水痘、流行性感冒、流行性腮腺炎、疱疹病毒与腺病毒感染等。大量研究结果表明，室内空气污染要比室外高 2 ~ 5 倍，严重的甚至高达上百倍。室内空气微生物主要来源于以下两个方面：一是飞沫，人在深呼吸、说话、打喷嚏时，会将寄生于人口腔、咽喉部位的微生物以飞沫的形式散布到空气中；二是人的皮屑与尘埃，据测算，每个皮屑上平均含菌量达4万个，随着人在室内的活动，皮屑与尘埃可悬浮于空气中污染空气，特别是列车、车站有传染病人时，在空气中可查找到相应的病原菌。列车、车站空气消毒可采取下列方法。

1. 通风换气与保持室内洁净

定时开窗通风换气是降低列车、车站微生物密度的有效方法。据报道，在室内空气与外界流通的状况下，在最初30 min后空气中微生物可减少77.3%～79.3%，75 min后可减少96.4%～99.5%，140 min后则基本查不到细菌，这说明通风换气是十分简便且行之有效的净化空气的方法。夏季炎热，室内温度高，空气稀薄，对流较差，应注意经常开门窗以通风换气；冬季气候寒冷，室外温度低，保持每日通风换气二次，每次20～30 min即可。另外，保持列车、车站洁净可减少室内尘埃的数量与流动，亦可使空气中微生物含量降低。

2. 负离子发生器净化

开启负离子发生器，利用其产生的电磁场吸附空气中的尘埃与悬浮的微生物颗粒，以达到净化空气的效果。

3. 喷雾与熏蒸消毒

常用于喷雾与熏蒸消毒的化学消毒剂有：含氯消毒剂、过氧乙酸、戊二醛、二氧化氯等。

含氯消毒剂用于空气喷雾消毒的浓度（含有效氯）为400～800 ppm。

二氧化氯活化消毒液是优良而无害的环境消毒剂，喷雾消毒浓度为200～500 ppm，作用15～30 min。其除具有消毒功效外，还有除臭作用。

用化学消毒剂进行空气消毒特别是密闭熏蒸消毒时，任何人不能留在室内。

4. 紫外线杀菌灯消毒

紫外线杀菌灯消毒用于列车、车站空气消毒既经济又高效，紫外线杀菌灯安装好后开启方便，时间便于控制。考虑到臭氧对人体的危害，故一般宜采用无臭氧石英紫外线杀菌灯，且杀菌灯下方宜配反光罩，使光源向天花板照射，以避免人眼直接见到光源。

二、列车、车站卫生间的消毒

卫生间，是列车、车站最易受到病原微生物污染的场所，也是使用化学消毒剂的主要场所，但是，任何化学消毒剂都只能杀灭当时存在的各种微生物，并不能消除后续再污染的各种微生物，因而对卫生间的清洁、消毒应经常进行，特别是对易被各种病原微生物污染的洗脸池、便器、洗涤槽等更应增加清洁、消毒的次数。在正常的公共场合，各种轻微的皮肤病相当普遍，加上人员活动，皮肤上随时可能沾染上各种可能的病原微生物如各种细菌、病毒、真菌，以及寄生虫卵等，而这些病原微生物极易使列车、车站的洗脸池、便器、洗涤槽遭到污染，而对洗脸池、便器、洗涤槽进行经常性的消毒处理，有助于防止各种病菌与皮肤病在列车、车站中的蔓延。

一般认为，对于洗脸池的消毒，以带有去污剂的含氯消毒剂进行洗刷效果较好，其可以彻底清洁油腻附着物，阻止各种病原微生物的附着。

便器的消毒更加困难，因为便器使用频繁，不可能每次用后均进行消毒处理。坐式便器冲洗还会产生大量的气溶胶，有相当数量的气溶胶会沉积于便器表面，污染便器座垫圈，即使经常打扫也难以保证便器周围不受污染。比较合理的消毒法是用装有粉状含氯消毒剂的小布囊或消毒块（如三氯异氰尿酸固体块）挂在便器冲洗边缘，消毒剂随每次冲洗释放部分成分进入便器。这种方法可大大减少便器本身的污染，并可对周围环境（周边地面与空气）产生部分消毒作用，是一种十分理想的消毒方法。

对于卫生间内的洗涤槽，因有机物积聚较多，也是各种微生物容易孳生的地方，而有机物可抵抗消毒剂的消毒作用，因此对这类场所，应将去污粉与含氯消毒剂同时使用，或者使用含有去污成分或表面活性剂的消毒剂，去污与消毒同时进行，将大大提高消毒效果。

对卫生间内的各种物体表面（如水龙头、门把手、便器冲水开关、座垫圈、肥皂盒、洗手液容器、墙壁、地面等）应经常清洁与消毒，防止病原微生物的滞留与孳生。

三、衣服、被褥与各种织物的消毒

对于床单、被面、枕套、桌布、窗帘等一切可以洗涤的物品一般采用洗涤消毒的方法。可用碱性肥皂或普通洗衣粉在洗衣机内进行洗涤。为增强消毒效果，可在洗衣粉中加入部分含氯消毒剂，使有效氯含量达3%左右。用这种消毒洗衣粉洗涤衣服、被褥与各种织物，洗涤后晾干或烘干，一般可去除常见的细菌。

对于被褥、床垫、毛毯、枕芯等不太适合水洗的物品，则首选阳光下暴晒的方法来达到消毒的目的。一般来说，每年1～2次，每次暴晒6 h以上，就能达到防霉、防蛀的效果。当然也可用手提式高效紫外线灯进行移动照射，每次2～3 min。

四、铁路从业人员的卫生防护

铁路从业人员，接触人和物的机会很多，各个岗位都有一些有害因素长期作用于人体，产生不同程度的职业危害，因此，必须加强卫生防护和自我保健。

1. 掌握一定的卫生防疫知识

铁路从业人员要了解不同岗位存在的有害因素及其对健康的影响，要懂得主要传染病发病原因、主要症状、传播途径，以及预防措施。

2. 做好个人防护

铁路从业人员在岗时穿工作服，上下班及时更换。清扫卫生间时，最好穿专用工作服，戴橡胶手套。

3. 正确使用消毒剂、杀虫剂、清洗剂、洗涤剂

要严格按照产品使用说明配制消毒剂、杀虫剂，防止产生过敏反应和损伤眼睛、皮肤。使用便器清洗剂时尤其要注意个人防护。使用酸性和碱性洗涤剂时，兑制浓度要适当，以防损伤皮肤。

4. 改进清扫方式

有条件的场所用吸尘器除尘，采用湿式清扫时应戴口罩。

5. 旅客遗弃物要妥善处理

对旅客遗弃的物品要登记和按规定处理，不要私分、乱拿，以防疾病传播。

6. 注意手卫生

随着社会的进步，越来越多的疾病被我们发现，诸如传染性非典型肺炎、人感染性高致病性禽流感等。洗手是最常使用的个人清洁手段之一，下面介绍常用的“六步洗手法”。

（1）掌心相对，手指并拢，相互揉搓（见图6－1）。

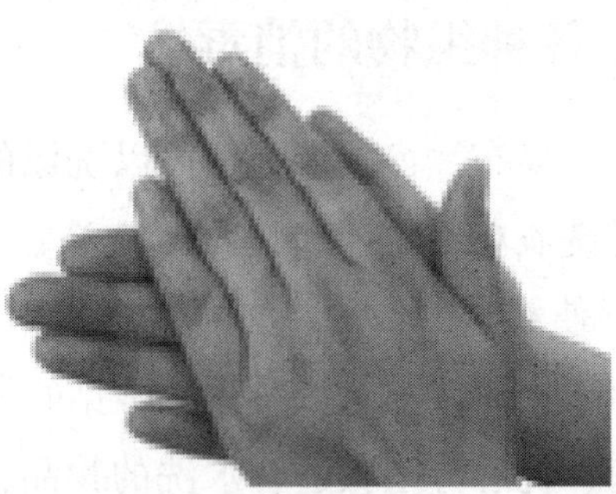

图6－1　掌心相对，手指并拢，相互揉搓

（2）手心对手背沿指缝相互揉搓，交换进行（见图6－2）。

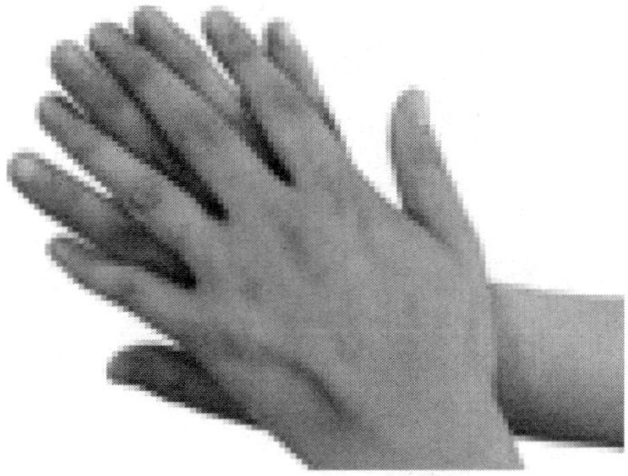

图6－2　手心对手背沿指缝相互揉搓，交换进行

（3）掌心相对，双手交叉指缝相互揉搓（见图6－3）。

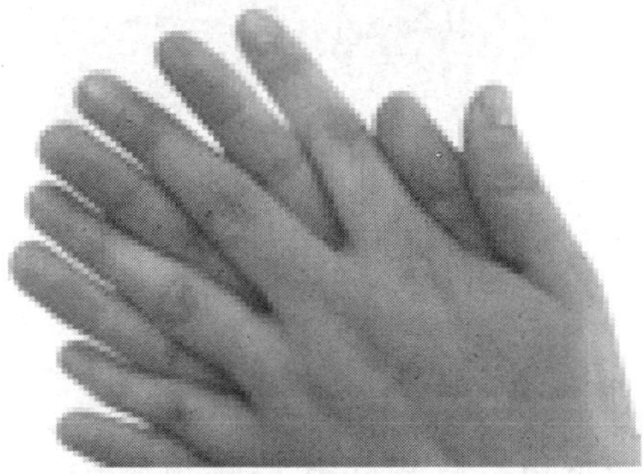

图6－3　掌心相对，双手交叉指缝相互揉搓

（4）弯曲手指使关节在另一掌心旋转揉搓，交换进行（见图6－4）。

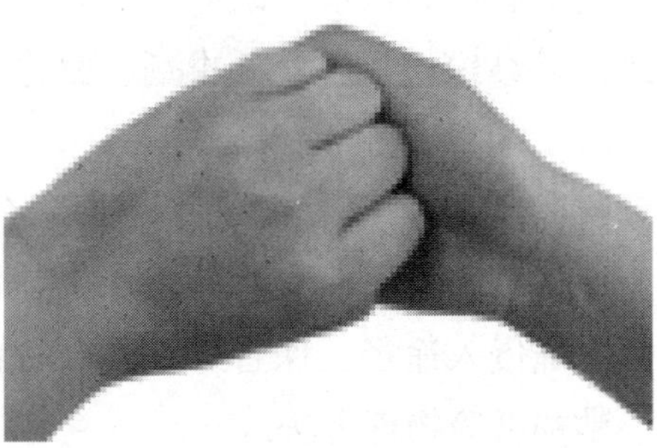

图6－4　弯曲手指使关节在另一掌心旋转揉搓，交换进行

（5）右手握住左手大拇指旋转揉搓，交换进行（见图6－5）。

（6）将五个指尖并拢放在另一掌心旋转揉搓，交换进行（见图6－6）。

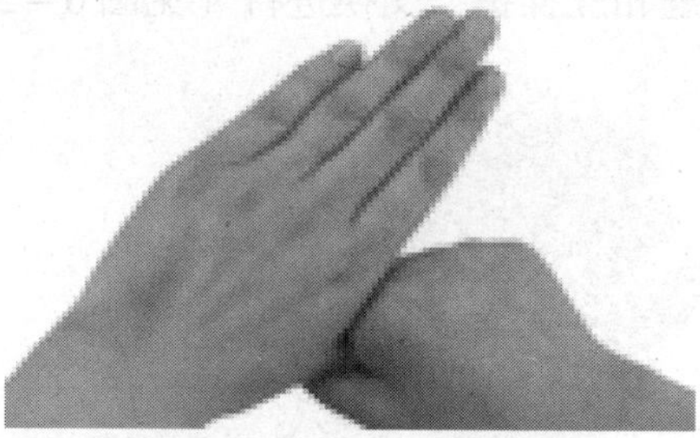

图6－5 右手握住左手大拇指旋转揉搓，交换进行

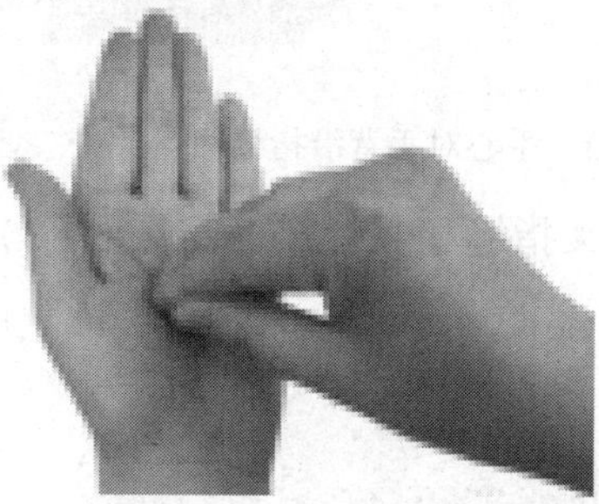

图6－6 将五个指尖并拢放在另一掌心旋转揉搓，交换进行

五、杀虫、灭鼠

杀灭病媒昆虫称为医学杀虫，是预防和控制虫媒传染病发生和流行的一项重要措施。

蚊子可以传播疟疾、乙脑、登革热等疾病。要搞好环境卫生，消除蚊子滋生地。蚊幼虫生活在水中，要将环境中的各类积水加以清理，无法清理的积水可定期投放杀蚊幼虫剂。根据情况选用纱门、纱窗、蚊香、杀虫剂，驱避剂等防蚊、灭蚊用品，防止蚊子叮咬。

苍蝇可以传播霍乱、痢疾、伤寒等消化道疾病。要搞好环境卫生，管理好垃圾、粪便、污物，清除苍蝇滋生地。不乱丢垃圾，列车垃圾袋装化。餐车安装纱门、纱窗、防蝇门帘等防蝇设施，切断苍蝇侵入途径。保管好食物，防止苍蝇叮爬。灭蝇措施可优先使用苍蝇拍、灭蝇灯、粘蝇纸等物理方法。

蟑螂可以携带痢疾、伤寒等多种病原菌，其排泄物与尸体中的蛋白可诱发人的过敏性鼻炎和哮喘。蟑螂多生活在温暖、潮湿、食物丰富的环境中，保持室内干燥、清洁，可以减少蟑螂的滋生，要将食物密闭存放，餐具用热水冲洗干净，炉灶保持清洁，及时清理列车、车站餐厨垃圾。可以使用蟑螂诱饵等药物或粘蟑螂纸来杀灭蟑螂。

老鼠可以传播鼠疫、流行性出血热、钩端螺旋体病等多种疾病。要搞好环境卫生，减少老鼠的藏身之地，优先采取安装防鼠门、设置防鼠网、封堵孔洞等措施。要保管好食物，减少老鼠对食物的污染。杀灭老鼠可以使用鼠夹、鼠笼、粘鼠板等工具，还可以用安全、高效的灭鼠药物。要注意灭鼠药物的保管和使用方法，防止人畜中毒。

任务六　常见重点传染病的表现与防疫

【知识目标】

- 了解重点传染病的表现；
- 了解重点传染病的传染源、传播途径及易感人群。

【技能目标】

- 能够识别重点传染病并能采取预防措施。

【相关知识】

传染病是经由各种途径传染的疾病。传染病不仅危害性高，而且传播途径也比较多，它不仅可以通过空气、水源及接触传播，还可以通过母婴传播，所以对传染病，我们一定要做到早发现和早治疗，这样才能有效降低传染病的危害。控制传染病最高效的方式在于防控，传染病的传播包括传染源、传播途径和易感人群三个基本环节，缺乏任何一个环节都无法造成传染病的流行，所以加强卫生防疫知识的学习很重要。

一、传染性非典型肺炎

传染性非典型肺炎，又称为严重急性呼吸综合征（SARS），是由 SARS 冠状病毒引起的一种严重急性呼吸道传染病。其主要通过近距离飞沫传播，或者接触伤病员呼吸道分泌物及密切接触传播，潜伏期为 1 ~ 16 天，常见为 3 ~ 5 天。其起病急，传染性强，临床主要表现以发热为首发症状，伴有头痛、肌肉酸痛、乏力、干咳少痰、腹泻等，严重者出现呼吸窘迫。本病有明显的家庭和医院聚集特征。

（一）传染源

传染性非典型肺炎伤病员为主要传染源，极少数伤病员在刚出现症状时即具有传染性。一般情况下，该病在发病的第 2 周最具传播力。急性期具有明显症状的伤病员传染性也较强，尤其是持续高热、咳嗽、打喷嚏等时传染性较强。目前尚未发现治愈出院者有传染他人的证据。某些携带或感染 SARS 冠状病毒的动物，如果子狸、狸猫、貂等，可能为人类最初感染此病的来源。

（二）传播途径

近距离飞沫传播即通过与伤病员近距离接触，吸入伤病员咳出的含有病毒颗粒的飞沫，是该病的主要传播途径。一般飞沫传播的移动距离约为 2 米，且在空气中停留时间较短。气溶胶传播是另一种方式，易感者在吸入悬浮在空气中含有 SARS 病毒的气溶胶后可能会感染。

此病还可通过直接接触伤病员的呼吸道分泌物、消化道分泌物或者体液等导致感染。

（三）人群易感性

大部分人群普遍易感此病。病人家属、接触病人的医护人员和到过疫区的人是高危人群。

（四）预防和控制措施

传染性非典型肺炎的控制主要采取加强疫情监测报告、做好传染源的管理和控制、预防和控制医院内传播为主的综合性防治措施。

1. 控制传染源

发现或者怀疑本病时应尽快向卫生防疫机构报告。要做到“早发现、早报告、早隔离、早治疗”，强调就地隔离、就地治疗，避免疫情的播散。临床诊断伤病员及疑似伤病员分别进行严格隔离和治疗，病人应隔离至体温正常、病情显著改善后 7 天；对于密切接触者应在末次接触后进行隔离医学观察 14 天。

2. 切断传播途径

在传染性非典型肺炎的流行期，应减少公共活动，保持公共场所的空气流通；保持个人良好的卫生习惯，不随地吐痰；有咳嗽、咽痛等呼吸道症状者要及时就诊，注意戴口罩；严格隔离伤病员，疑似伤病员与临床诊断伤病员进行分开收治。

3. 保护易感人群

目前尚无效果肯定的预防药物可供使用。应禁止易感人群探视伤病员；应保持乐观的心态，劳逸结合，均衡饮食，增强体质，建立良好的工作、生活环境，培养良好的卫生习惯，提高人体免疫力。

二、人感染性高致病性禽流感

人感染性高致病性禽流感简称人禽流感，是由禽甲型流感病毒某些亚型的毒株引起的急性呼吸道传染病。甲型流感病毒除感染人外，还可感染猪、海洋哺乳动物和禽类。其中感染 H_5N_1 亚型引起的高致病性禽流感，病情严重，病死率高。潜伏期一般为 1 ~7 天。急性起病，早期表现类似普通型流感，以发热为主，体温大多持续在 39 ℃以上，可伴有流涕、鼻塞、咳嗽、咽痛、头痛和全身不适。部分伤病员有恶心、腹痛、腹泻、稀水样便等消化道症状。重症伤病员病情发展迅速，可出现肺炎、急性呼吸道窘迫综合征、肺出血、胸腔积液、全血细胞减少、肾功能衰竭、败血症、休克及瑞士综合征等多种并发症而致人死亡。

（一）传染源

该病传染源主要为患禽流感或携带禽流感病毒的鸡、鸭、鹅等家禽，其他禽类、野禽或猪也有可能成为传染源。人禽流感自然传播过程如图 6 –7 所示，禽类在人禽流感的自然传播中扮演了重要角色。

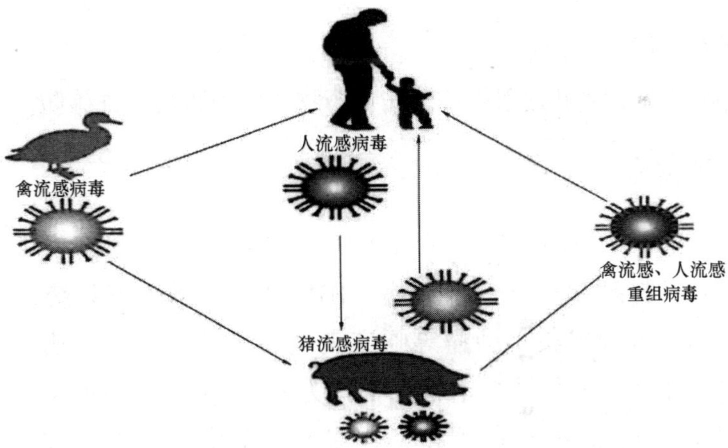

图 6 –7　人禽流感自然传播过程

（二）传播途径

人禽流感主要经呼吸道传播，通过密切接触感染的禽类及其分泌物、排泄物，受病毒污染的水等，以及直接接触病毒毒株而被感染。目前尚无人与人之间传播的确切证据。

（三）人群易感性

因人禽流感病毒具有较严格的宿主特异性，目前认为人对禽流感病毒尚不易感。不过任何年龄均具有被感染的可能性，一般来说12岁以下儿童发病率较高，病情较重。与不明原因病死家禽或感染、疑似感染禽流感家禽密切接触人员为高危人群。

（四）预防和控制措施

1. 监测及控制传染源

加强禽类疾病的监测，一旦发现禽流感疫情，动物防疫部门应立即按有关规定进行处理。养殖和处理禽类的所有相关人员要做好防护工作；并加强对密切接触禽类人员的监测。

2. 切断传播途径

接触人禽流感伤病员应戴口罩、戴手套、穿隔离衣，接触后应洗手；注意饮食卫生，不喝生水，不吃未熟的肉类及蛋类等食品；勤洗手，养成良好的个人卫生习惯；最后应加强检测标本和实验室禽流感病毒毒株的管理，严格执行操作规范，防止医院感染和实验室的感染及传播。

3. 保护易感人群

对密切接触者必要时可试用抗流感病毒药物或用中医药辨证施防。

三、艾滋病

艾滋病是获得性免疫缺陷综合征（AIDS）的简称，是因感染了人类免疫缺陷病毒（HIV）而引起的一种慢性传染病。HIV攻击人体免疫系统，使人体丧失免疫功能，继而出现各种感染、肿瘤等临床表现。其具有传播迅速、发病缓慢、病死率高的特点。HIV在人体内的潜伏期平均为8～9年，感染HIV后，在患艾滋病以前，可以没有任何症状地生活和工作多年。艾滋病发病进展过程如图6－8所示。

（一）传染源

艾滋病的传染源是艾滋病伤病员和HIV感染者。无症状者而血清HIV抗体阳性的HIV感染者是具有重要意义的传染源，在血清HIV抗体阴性而病毒阳性的窗口期感染者亦是重要的传染源。

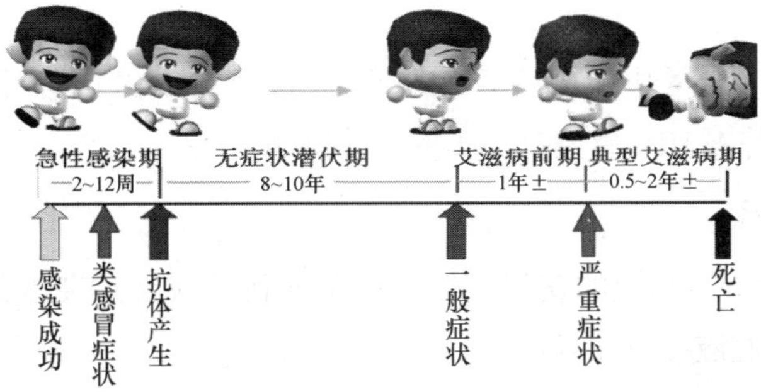

图6－8　艾滋病发病进展过程

（二）传播途径

艾滋病病毒主要存在于艾滋病病毒感染者和艾滋病伤病员的各种体液（血液、精液、阴道分泌液、乳汁、伤口渗出液等）中，任何能交换体液的行为都有可能传播艾滋病病毒。如图6－9所示，艾滋病病毒不会通过一般的社交接触、公共设施或蚊虫叮咬等传播。目前公认的传播途径主要有性接触、血液接触和母婴传播。

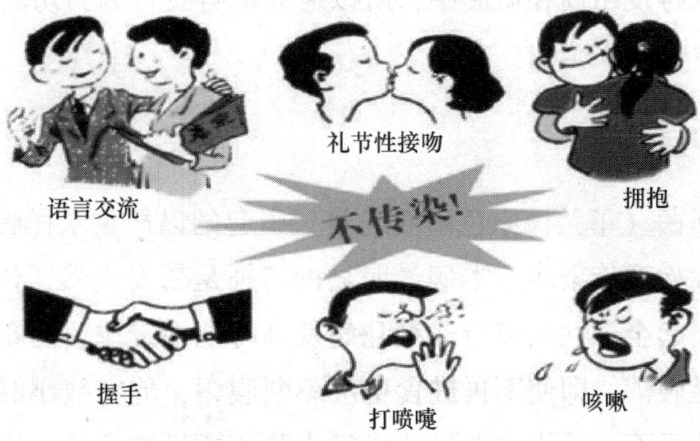

图6－9　一般社交接触不会传染艾滋病

（三）人群易感性

大部分人群普遍易感。高危人群存在于男同性恋者、静脉吸毒者、性乱者、血液病病人及与艾滋病病毒携带者有性或血液接触的人中。

（四）预防和控制措施

AIDS目前尚无法治愈，但可预防。为此倡导预防为主是控制HIV感染和艾滋病的关键。

1. 管理传染源

发现 HIV 感染者应尽快（城镇于 6 h 内、农村于 12 h 内）向当地疾病预防控制中心报告。高危人群普查 HIV 感染有助于发现传染源。

2. 切断传播途径

① 加强艾滋病防治知识的宣传。供输血用的血液应经过艾滋病毒抗体检测。避免直接按触病人的血液、分泌液等。

② 高危人群应用避孕套，规范治疗性病；不与他人共用注射器、刮胡刀、剃刀、牙刷等。及时认真地消毒被血液、精液等分泌物污染的物品。感染艾滋病的妇女不应怀孕，如已经怀孕，要在分娩前 3 个月给予治疗艾滋病的药物治疗，忌母乳喂养，不接受有危险（如卡介苗等）的免疫。

③ 洁身自爱，无性乱行为，提倡安全性生活，使用避孕套。不要与艾滋病伤病员或感染者发生性接触。被艾滋病伤病员、感染者的血液、分泌物、排泄物等污染的物品要及时消毒；有创伤、皮肤病时不要去照顾艾滋病伤病员或感染者；艾滋病患者、感染者的衣物要分开洗涤；接触者定期到医院检查。

防治艾滋病的病毒疫苗尚在研制中，所以应规范自我行为，切断可能感染 HIV 病毒的途径，保护自身健康安全。

四、霍乱

霍乱是由霍乱弧菌（革兰氏染色阴性细菌）引起的以严重水样腹泻为特征的烈性肠道传染病，属国际检疫传染病。本病最明显的特征是暴发突然、传播快、可跨地区和年份流行，甚至引起全球性大流行。霍乱病发高峰期在夏季，因霍乱弧菌能产生霍乱毒素，造成分泌性腹泻，即使不再进食也会不断腹泻，能在数小时内造成腹泻脱水甚至死亡。大多数情况下，感染初期只造成轻度腹泻或没有症状；典型的症状表现为剧烈的腹泻、呕吐，以及由此引起的脱水、肌肉痉挛，严重者导致循环衰竭和急性肾衰竭。霍乱典型临床表现如图 6－10 所示。

（一）传染源

伤病员和带菌者是霍乱的主要传染源。带菌且无症状者更易传染他人，是重要的传染源。

（二）传播途径

霍乱传播途径如图 6－11 示。

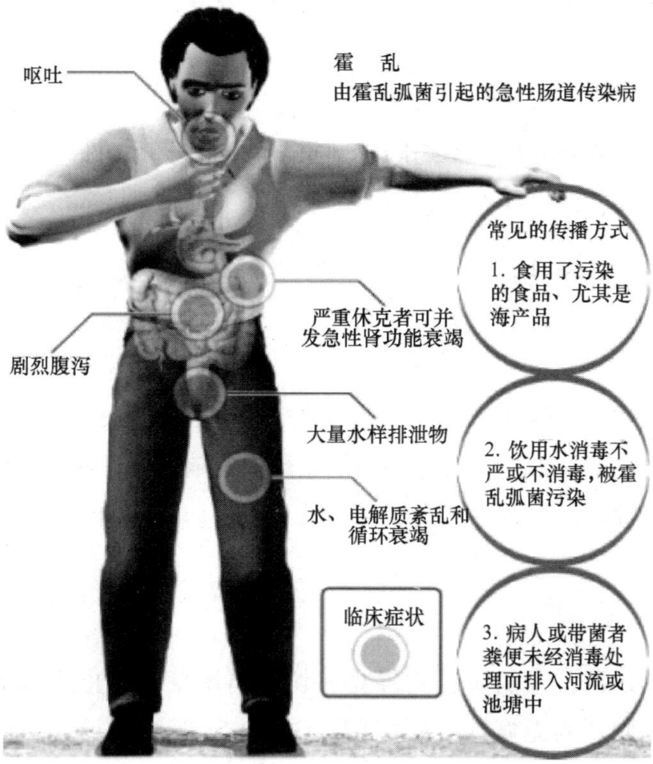

图 6－10　霍乱典型临床表现

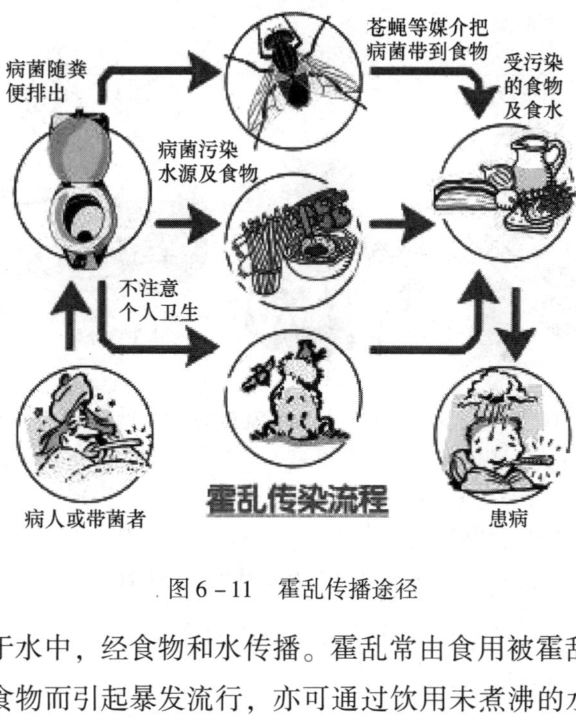

图 6－11　霍乱传播途径

霍乱弧菌存在于水中，经食物和水传播。霍乱常由食用被霍乱病人或者带菌者排泄物污染过的水、食物而引起暴发流行，亦可通过饮用未煮沸的水，进食生的或未煮熟的食物；生熟食品共用同一砧板、餐具等引起的交叉污染而传播。

（三）人群易感性

人群对霍乱弧菌普遍易感，本病隐性感染颇多。病后可获一定免疫力，产生抗菌抗体和抗肠毒素抗体，但仍存在再感染的可能。

（四）预防和控制措施

1. 控制传染源

对发现的霍乱病人应隔离治疗并确定疫点、疫区，对其进行严格消毒管理；治疗以纠正脱水与电解质紊乱为主，合理使用抗菌药物为辅。对于接触者应严格检疫 5 天，留粪便培养并服药预防。与霍乱感染者一起就餐或密切接触的人，也应采集粪便检查，以确定是否感染。

2. 切断传播途径

在发生霍乱的地区，人们应自觉停止一切宴请聚餐，防止疾病的流行。有呕吐、腹泻症状，尤其是剧烈的无痛性水样腹泻，应马上到医院就诊；一旦发现感染霍乱，无论是轻型还是带菌者，均应隔离治疗。另外疾病预防控制中心工作人员对病人和带菌者要做好消毒工作，把握好食物和水源的消毒管控，并且做好消灭苍蝇的清洁工作。

切断霍乱传播途径如图 6－12 示。

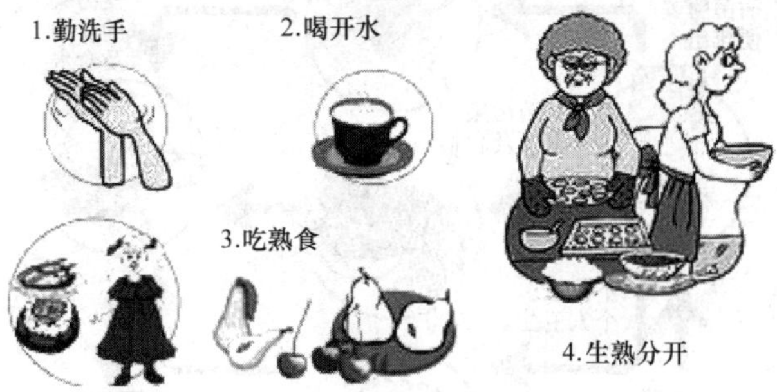

图 6－12　切断霍乱传播途径

3. 提高人群免疫力

目前霍乱疫苗主要用于保护地方性流行区的高危人群。对于一个免疫系统功能良好的人来说，自身的胃酸就有杀灭霍乱弧菌的作用，霍乱的发生除了跟体内短时间内积聚了大量的病菌有关之外，胃酸的缺乏也是诱因之一。因此平时要保护好我们的胃，同时做好个人和食品的卫生工作。

五、鼠疫

鼠疫是由鼠疫耶尔森菌引起的烈性传染病，属国际检疫传染病，我国将其规定为甲类传染病。其主要流行于鼠类、旱獭及其他啮齿动物，可通过多种途径传播，并能引起人际流行。鼠疫在历史上曾有多次大流行，死者以千万计。其传染性强，传播速度快，病死率高。潜伏期一般为2～3天，曾接受预防注射者，则潜伏期延长至9～12天；机体抵抗力弱，而病菌毒力特强时，潜伏期可缩短至数小时。临床主要表现为高热、淋巴结肿痛、出血倾向、肺部特殊炎症及严重毒血症症状等。

(一) 传染源

如图6－13所示，鼠疫为典型的自然疫源性疾病，以鼠类和其他啮齿动物为传染源。各型伤病员亦为传染源。

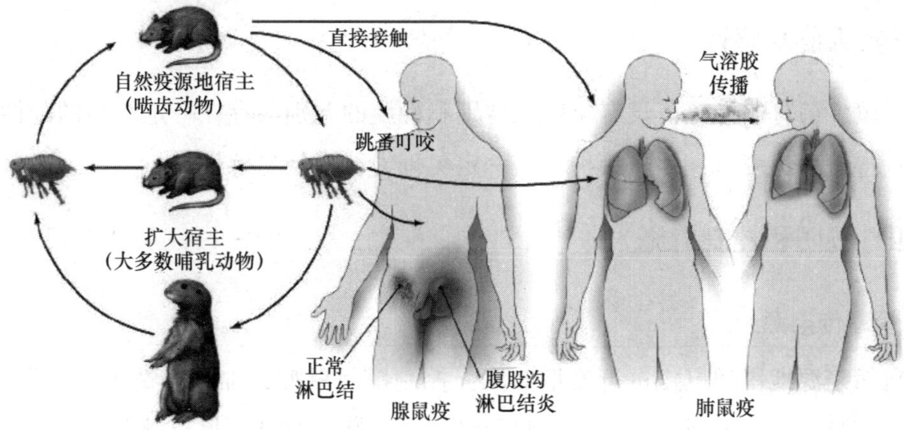

图6－13　鼠疫传染源及传播

(二) 传播途径

鼠疫传播途径如图6－14所示。

(1) 媒介昆虫：主要是通过染疫跳蚤的叮咬感染。其他吸血虫媒，如硬蜱、臭虫、虱子等，在自然条件下也可以携带鼠疫菌。

(2) 直接接触：人直接接触感染鼠疫的动物或食用患病啮齿动物的皮、肉，以及接触鼠疫伤病员及带菌者的脓血或痰而感染。

(3) 呼吸道飞沫传播：续发或原发性肺鼠疫病人可以通过呼吸、谈话、咳嗽、打喷嚏等行为产生飞沫经呼吸道在人与人之间传播鼠疫，并迅速造成肺鼠疫大流行。

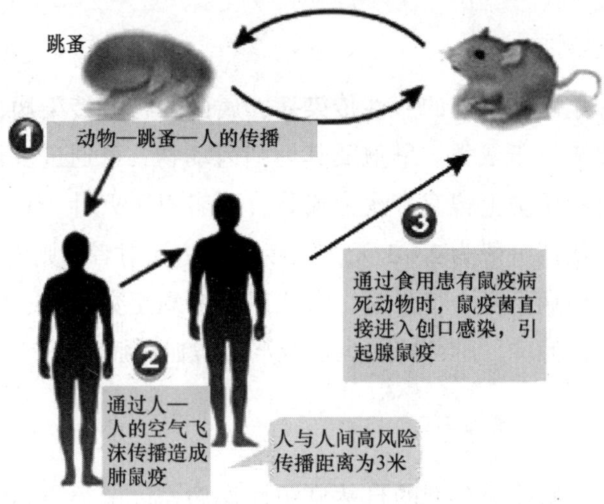

图 6－14　鼠疫传播途径

（三）人群易感性

人对鼠疫菌普遍易感，没有年龄、性别和种族的差别，存在一定数量的隐性感染。病后可获得持久免疫力；预防接种可获一定免疫力，降低易感性。

（四）预防和控制措施

1. 管理传染源

对自然疫源地鼠间鼠疫进行疫情监测，控制鼠间鼠疫，加强疫情报告。发现疑似或确诊伤病员，应立即通过紧急电话和网络报告疫情，城市不得超过 2 h，农村不得超过 6 h。伤病员和疑似伤病员应严密隔离，禁止探视及病人互相往来。伤病员排泄物应彻底消毒，伤病员死亡应火葬或深埋。各型鼠疫伤病员应分别隔离。

2. 切断传播途径

加强交通及国境检疫，对来自疫源地的船只、车辆、飞机等均应进行严格的卫生检疫，实施灭鼠、灭蚤措施，对旅客也应进行隔离留检。

3. 保护易感人群

（1）保护接触者。

接触者是否需要用抗生素进行预防服药要进行评估，一般选用四环素、多西环素、磺胺、环丙沙星等，必要时可肌内注射链霉菌素进行预防性治疗。进入疫区的医务人员必须穿着防护服，戴面罩、帽子、橡皮手套、防护眼镜并穿专用胶鞋。

（2）预防接种。

自鼠间开始流行时，对疫区及其周围的居民、进入疫区的工作人员，均应进行预防接种，一般 2 周后可获免疫。非流行区人员应在接种鼠疫疫苗 10 天后进入疫区。

目前的疫苗仍不能对腺鼠疫和肺鼠疫产生长久的免疫保护。重点人群一般每年接种一次。

附录 A

公共场所卫生管理条例实施细则（2017 年修订版）

【颁布机关】中华人民共和国卫生部

【发布文号】卫生部令第 80 号

【发布日期】2011－03－10

【实施日期】2011－05－01

【修改变更】根据 2016 年 1 月 19 日国家卫生和计划生育委员会令第 8 号《国家卫生计生委关于修改〈外国医师来华短期行医暂行管理办法〉等 8 件部门规章的决定》作第一次修订；根据 2017 年 12 月 26 日国家卫生和计划生育委员会令第 18 号《国家卫生计生委关于修改〈新食品原料安全性审查管理办法〉等 7 件部门规章的决定》作第二次修订。

第一章　总则

第一条　根据《公共场所卫生管理条例》的规定，制定本细则。

第二条　公共场所经营者在经营活动中，应当遵守有关卫生法律、行政法规和部门规章以及相关的卫生标准、规范，开展公共场所卫生知识宣传，预防传染病和保障公众健康，为顾客提供良好的卫生环境。

第三条　国家卫生计生委主管全国公共场所卫生监督管理工作。

县级以上地方各级人民政府卫生计生行政部门负责本行政区域的公共场所卫生监督管理工作。

国境口岸及出入境交通工具的卫生监督管理工作由出入境检验检疫机构按照有关法律法规的规定执行。

铁路部门所属的卫生主管部门负责对管辖范围内的车站、等候室、铁路客车以及主要为本系统职工服务的公共场所的卫生监督管理工作。

第四条　县级以上地方各级人民政府卫生计生行政部门应当根据公共场所卫生监督管理需要，建立健全公共场所卫生监督队伍和公共场所卫生监测体系，制定公共场所卫生监督计划并组织实施。

第五条　鼓励和支持公共场所行业组织开展行业自律教育，引导公共场所经营者依法经营，推动行业诚信建设，宣传、普及公共场所卫生知识。

第六条　任何单位或者个人对违反本细则的行为，有权举报。接到举报的卫生计生行政部门应当及时调查处理，并按照规定予以答复。

第二章　卫生管理

第七条　公共场所的法定代表人或者负责人是其经营场所卫生安全的第一责任人。

公共场所经营者应当设立卫生管理部门或者配备专（兼）职卫生管理人员，具体负责本公共场所的卫生工作，建立健全卫生管理制度和卫生管理档案。

第八条　公共场所卫生管理档案应当主要包括下列内容：

（一）卫生管理部门、人员设置情况及卫生管理制度；

（二）空气、微小气候（湿度、温度、风速）、水质、采光、照明、噪声的检测情况；

（三）顾客用品用具的清洗、消毒、更换及检测情况；

（四）卫生设施的使用、维护、检查情况；

（五）集中空调通风系统的清洗、消毒情况；

（六）安排从业人员健康检查情况和培训考核情况；

（七）公共卫生用品进货索证管理情况；

（八）公共场所危害健康事故应急预案或者方案；

（九）省、自治区、直辖市卫生计生行政部门要求记录的其他情况。

公共场所卫生管理档案应当有专人管理，分类记录，至少保存两年。

第九条　公共场所经营者应当建立卫生培训制度，组织从业人员学习相关卫生法律知识和公共场所卫生知识，并进行考核。对考核不合格的，不得安排上岗。

第十条　公共场所经营者应当组织从业人员每年进行健康检查，从业人员在取得有效健康合格证明后方可上岗。

患有痢疾、伤寒、甲型病毒性肝炎、戊型病毒性肝炎等消化道传染病的人员，以及患有活动性肺结核、化脓性或者渗出性皮肤病等疾病的人员，治愈前不得从事直接为顾客服务的工作。

第十一条　公共场所经营者应当保持公共场所空气流通，室内空气质量应当符合国家卫生标准和要求。

公共场所采用集中空调通风系统的，应当符合公共场所集中空调通风系统相关卫生规范和规定的要求。

第十二条 公共场所经营者提供给顾客使用的生活饮用水应当符合国家生活饮用水卫生标准要求。游泳场（馆）和公共浴室水质应当符合国家卫生标准和要求。

第十三条 公共场所的采光照明、噪声应当符合国家卫生标准和要求。

公共场所应当尽量采用自然光。自然采光不足的，公共场所经营者应当配置与其经营场所规模相适应的照明设施。

公共场所经营者应当采取措施降低噪声。

第十四条 公共场所经营者提供给顾客使用的用品用具应当保证卫生安全，可以反复使用的用品用具应当一客一换，按照有关卫生标准和要求清洗、消毒、保洁。禁止重复使用一次性用品用具。

第十五条 公共场所经营者应当根据经营规模、项目设置清洗、消毒、保洁、盥洗等设施设备和公共卫生间。

公共场所经营者应当建立卫生设施设备维护制度，定期检查卫生设施设备，确保其正常运行，不得擅自拆除、改造或者挪作他用。公共场所设置的卫生间，应当有单独通风排气设施，保持清洁无异味。

第十六条 公共场所经营者应当配备安全、有效的预防控制蚊、蝇、蟑螂、鼠和其他病媒生物的设施设备及废弃物存放专用设施设备，并保证相关设施设备的正常使用，及时清运废弃物。

第十七条 公共场所的选址、设计、装修应当符合国家相关标准和规范的要求。

公共场所室内装饰装修期间不得营业。进行局部装饰装修的，经营者应当采取有效措施，保证营业的非装饰装修区域室内空气质量合格。

第十八条 室内公共场所禁止吸烟。公共场所经营者应当设置醒目的禁止吸烟警语和标志。

室外公共场所设置的吸烟区不得位于行人必经的通道上。

公共场所不得设置自动售烟机。

公共场所经营者应当开展吸烟危害健康的宣传，并配备专（兼）职人员对吸烟者进行劝阻。

第十九条 公共场所经营者应当按照卫生标准、规范的要求对公共场所的空气、微小气候、水质、采光、照明、噪声、顾客用品用具等进行卫生检测，检测每年不得少于一次；检测结果不符合卫生标准、规范要求的应当及时整改。

公共场所经营者不具备检测能力的，可以委托检测。

公共场所经营者应当在醒目位置如实公示检测结果，并对其卫生检测的真实性负责，依法依规承担相应后果。

第二十条　公共场所经营者应当制定公共场所危害健康事故应急预案或者方案，定期检查公共场所各项卫生制度、措施的落实情况，及时消除危害公众健康的隐患。

第二十一条　公共场所发生危害健康事故的，经营者应当立即处置，防止危害扩大，并及时向县级人民政府卫生计生行政部门报告。

任何单位或者个人对危害健康事故不得隐瞒、缓报、谎报或者授意他人隐瞒、缓报、谎报。

第三章　卫生监督

第二十二条　国家对除公园、体育场馆、公共交通工具外的公共场所实行卫生许可证管理。

公共场所经营者取得工商行政管理部门颁发的营业执照后，还应当按照规定向县级以上地方人民政府卫生计生行政部门申请卫生许可证，方可营业。

公共场所卫生监督的具体范围由省、自治区、直辖市人民政府卫生计生行政部门公布。

第二十三条　公共场所经营者申请卫生许可证的，应当提交下列资料：

（一）卫生许可证申请表；

（二）法定代表人或者负责人身份证明；

（三）公共场所地址方位示意图、平面图和卫生设施平面布局图；

（四）公共场所卫生检测或者评价报告；

（五）公共场所卫生管理制度；

（六）省、自治区、直辖市卫生计生行政部门要求提供的其他材料。

使用集中空调通风系统的，还应当提供集中空调通风系统卫生检测或者评价报告。

第二十四条　县级以上地方人民政府卫生计生行政部门应当自受理公共场所卫生许可申请之日起 20 日内，对申报资料进行审查，对现场进行审核，符合规定条件的，作出准予公共场所卫生许可的决定；对不符合规定条件的，作出不予行政许可的决定并书面说明理由。

第二十五条　公共场所卫生许可证应当载明编号、单位名称、法定代表人或者负责人、经营项目、经营场所地址、发证机关、发证时间、有效期限。

公共场所卫生许可证有效期为四年。

公共场所卫生许可证应当在经营场所醒目位置公示。

第二十六条　公共场所进行新建、改建、扩建的，应当符合有关卫生标准和要求，经营者应当按照有关规定办理预防性卫生审查手续。

预防性卫生审查程序和具体要求由省、自治区、直辖市人民政府卫生计生行政部门制定。

第二十七条　公共场所经营者变更单位名称、法定代表人或者负责人的，应当向原发证卫生计生行政部门办理变更手续。

公共场所经营者变更经营项目、经营场所地址的，应当向县级以上地方人民政府卫生计生行政部门重新申请卫生许可证。

公共场所经营者需要延续卫生许可证的，应当在卫生许可证有效期届满 30 日前，向原发证卫生计生行政部门提出申请。

第二十八条 县级以上人民政府卫生计生行政部门应当组织对公共场所的健康危害因素进行监测、分析，为制定法律法规、卫生标准和实施监督管理提供科学依据。

县级以上疾病预防控制机构应当承担卫生计生行政部门下达的公共场所健康危害因素监测任务。

第二十九条 县级以上地方人民政府卫生计生行政部门应当对公共场所卫生监督实施量化分级管理，促进公共场所自身卫生管理，增强卫生监督信息透明度。

第三十条 县级以上地方人民政府卫生计生行政部门应当根据卫生监督量化评价的结果确定公共场所的卫生信誉度等级和日常监督频次。

公共场所卫生信誉度等级应当在公共场所醒目位置公示。

第三十一条 县级以上地方人民政府卫生计生行政部门对公共场所进行监督检查，应当依据有关卫生标准和要求，采取现场卫生监测、采样、查阅和复制文件、询问等方法，有关单位和个人不得拒绝或者隐瞒。

第三十二条 县级以上人民政府卫生计生行政部门应当加强公共场所卫生监督抽检，并将抽检结果向社会公布。

第三十三条 县级以上地方人民政府卫生计生行政部门对发生危害健康事故的公共场所，可以依法采取封闭场所、封存相关物品等临时控制措施。

经检验，属于被污染的场所、物品，应当进行消毒或者销毁；对未被污染的场所、物品或者经消毒后可以使用的物品，应当解除控制措施。

第三十四条 开展公共场所卫生检验、检测、评价等业务的技术服务机构，应当具有相应专业技术能力，按照有关卫生标准、规范的要求开展工作，不得出具虚假检验、检测、评价等报告。

第四章 法律责任

第三十五条 对未依法取得公共场所卫生许可证擅自营业的，由县级以上地方人民政府卫生计生行政部门责令限期改正，给予警告，并处以五百元以上五千元以下罚款；有下列情形之一的，处以五千元以上三万元以下罚款：

（一）擅自营业曾受过卫生计生行政部门处罚的；

（二）擅自营业时间在三个月以上的；

（三）以涂改、转让、倒卖、伪造的卫生许可证擅自营业的。

对涂改、转让、倒卖有效卫生许可证的，由原发证的卫生计生行政部门予以注销。

第三十六条　公共场所经营者有下列情形之一的，由县级以上地方人民政府卫生计生行政部门责令限期改正，给予警告，并可处以二千元以下罚款；逾期不改正，造成公共场所卫生质量不符合卫生标准和要求的，处以二千元以上二万元以下罚款；情节严重的，可以依法责令停业整顿，直至吊销卫生许可证：

（一）未按照规定对公共场所的空气、微小气候、水质、采光、照明、噪声、顾客用品用具等进行卫生检测的；

（二）未按照规定对顾客用品用具进行清洗、消毒、保洁，或者重复使用一次性用品用具的。

第三十七条　公共场所经营者有下列情形之一的，由县级以上地方人民政府卫生计生行政部门责令限期改正；逾期不改的，给予警告，并处以一千元以上一万元以下罚款；对拒绝监督的，处以一万元以上三万元以下罚款；情节严重的，可以依法责令停业整顿，直至吊销卫生许可证：

（一）未按照规定建立卫生管理制度、设立卫生管理部门或者配备专（兼）职卫生管理人员，或者未建立卫生管理档案的；

（二）未按照规定组织从业人员进行相关卫生法律知识和公共场所卫生知识培训，或者安排未经相关卫生法律知识和公共场所卫生知识培训考核的从业人员上岗的；

（三）未按照规定设置与其经营规模、项目相适应的清洗、消毒、保洁、盥洗等设施设备和公共卫生间，或者擅自停止使用、拆除上述设施设备，或者挪作他用的；

（四）未按照规定配备预防控制鼠、蚊、蝇、蟑螂和其他病媒生物的设施设备以及废弃物存放专用设施设备，或者擅自停止使用、拆除预防控制鼠、蚊、蝇、蟑螂和其他病媒生物的设施设备以及废弃物存放专用设施设备的；

（五）未按照规定索取公共卫生用品检验合格证明和其他相关资料的；

（六）未按照规定对公共场所新建、改建、扩建项目办理预防性卫生审查手续的；

（七）公共场所集中空调通风系统未经卫生检测或者评价不合格而投入使用的；

（八）未按照规定公示公共场所卫生许可证、卫生检测结果和卫生信誉度等级的。

第三十八条　公共场所经营者安排未获得有效健康合格证明的从业人员从事直接为顾客服务工作的，由县级以上地方人民政府卫生计生行政部门责令限期改正，给予警告，并处以五百元以上五千元以下罚款；逾期不改正的，处以五千元以上一万五千元以下罚款。

第三十九条　公共场所经营者对发生的危害健康事故未立即采取处置措施，导致危害扩大，或者隐瞒、缓报、谎报的，由县级以上地方人民政府卫生计生行政部门处以五千元以上三万元以下罚款；情节严重的，可以依法责令停业整顿，直至吊销卫生许可证。构成犯罪的，依法追究刑事责任。

第四十条　公共场所经营者违反其他卫生法律、行政法规规定，应当给予行政处罚的，按照有关卫生法律、行政法规规定进行处罚。

第四十一条 县级以上人民政府卫生计生行政部门及其工作人员玩忽职守、滥用职权、收取贿赂的，由有关部门对单位负责人、直接负责的主管人员和其他责任人员依法给予行政处分。构成犯罪的，依法追究刑事责任。

第五章 附则

第四十二条 本细则下列用语的含义：

集中空调通风系统，指为使房间或者封闭空间空气温度、湿度、洁净度和气流速度等参数达到设定的要求，而对空气进行集中处理、输送、分配的所有设备、管道及附件、仪器仪表的总和。

公共场所危害健康事故，指公共场所内发生的传染病疫情或者因空气质量、水质不符合卫生标准、用品用具或者设施受到污染导致的危害公众健康事故。

第四十三条 本细则自2016年1月19日起实施。国家卫生计生委1991年3月11日发布的《公共场所卫生管理条例实施细则》同时废止。

附录 B

国内交通卫生检疫条例

（中华人民共和国国务院令第 254 号）

第一条 为了控制检疫传染病通过交通工具及其乘运的人员、物资传播，防止检疫传染病流行，保障人体健康，依照《中华人民共和国传染病防治法》（以下简称传染病防治法）的规定，制定本条例。

第二条 列车、船舶、航空器和其他车辆（以下简称交通工具）出入检疫传染病疫区和在非检疫传染病疫区的交通工具上发现检疫传染病疫情时，依照本条例对交通工具及其乘运的人员、物资实施交通卫生检疫。

在中华人民共和国国际通航的港口、机场以及陆地边境和国界江河口岸的国境卫生检疫，依照《中华人民共和国国境卫生检疫法》的规定执行。

第三条 本条例所称检疫传染病，是指鼠疫、霍乱以及国务院确定并公布的其他传染病。检疫传染病的诊断标准，按照国家有关卫生标准和国务院卫生行政部门的规定执行。

第四条 国务院卫生行政部门主管全国国内交通卫生检疫监督管理工作。县级以上地方人民政府卫生行政部门负责本行政区域内的国内交通卫生检疫监督管理工作。铁路、交通、民用航空行政主管部门的卫生主管机构，根据有关法律、法规和国务院卫生行政部门分别会同国务院铁路、交通、民用航空行政主管部门规定的职责划分，负责各自职责范围内的国内交通卫生检疫工作。

第五条 省、自治区、直辖市人民政府依照传染病防治法的规定，确定检疫传染病疫区，并决定对出入疫区的交通工具及其乘运的人员、物资实施交通卫生检疫。

第六条 对出入检疫传染病疫区的交通工具及其乘运的人员、物资，县级以上地方人民政府卫生行政部门或者铁路、交通、民用航空行政主管部门的卫生主管机构根据各自的职责，有权采取下列相应的交通卫生检疫措施：

（一）对出入检疫传染病疫区的人员、交通工具及其承运的物资进行查验；

（二）对检疫传染病病人、病原携带者、疑似检疫传染病病人和与其密切接触者，实施临时隔离、医学检查及其他应急医学措施；

（三）对被检疫传染病病原体污染或者可能被污染的物品，实施控制和卫生处理；

（四）对通过该疫区的交通工具及其停靠场所，实施紧急卫生处理；

（五）需要采取的其他卫生检疫措施。

采取前款所列交通卫生检疫措施的期间自决定实施时起至决定解除时止。

第七条 非检疫传染病疫区的交通工具上发现下列情形之一时，县级以上地方人民政府卫生行政部门或者铁路、交通、民用航空行政主管部门的卫生主管机构根据各自的职责，有权对交通工具及其乘运的人员、物资实施交通卫生检疫：

（一）发现有感染鼠疫的啮齿类动物或者啮齿类动物反常死亡，并且死因不明；

（二）发现鼠疫、霍乱病人、病原携带者和疑似鼠疫、霍乱病人；

（三）发现国务院确定并公布的需要实施国内交通卫生检疫的其他传染病。

跨省、自治区、直辖市在非检疫传染病疫区运行的列车、船舶、航空器上发现前款所列情形之一时，国务院卫生行政部门分别会同国务院铁路、交通、民用航空行政主管部门，可以决定对该列车、船舶、航空器实施交通卫生检疫和指令列车、船舶、航空器不得停靠或者通过港口、机场、车站；但是，因实施交通卫生检疫导致中断干线交通或者封锁国境的，须由国务院决定。

第八条 在非检疫传染病疫区的交通工具上，发现检疫传染病病人、病原携带者、疑似检疫传染病病人时，交通工具负责人应当组织有关人员采取下列临时措施：

（一）以最快的方式通知前方停靠点，并向交通工具营运单位的主管部门报告；

（二）对检疫传染病病人、病原携带者、疑似检疫传染病病人和与其密切接触者实施隔离；

（三）封锁已经污染或者可能污染的区域，采取禁止向外排放污物等卫生处理措施；

（四）在指定的停靠点将检疫传染病病人、病原携带者、疑似检疫传染病病人和与其密切接触者以及其他需要跟踪观察的旅客名单，移交当地县级以上地方人民政府卫生行政部门；

（五）对承运过检疫传染病病人、病原携带者、疑似检疫传染病病人的交通工具和可能被污染的环境实施卫生处理。交通工具停靠地的县级以上地方人民政府卫生行政部门或者铁路、交通、民用航空行政主管部门的卫生主管机构，应当根据各自的职责，依照传染病防治法的规定，采取控制措施。

第九条　县级以上地方人民政府卫生行政部门或者铁路、交通、民用航空行政主管部门的卫生主管机构，根据各自的职责，对出入检疫传染病疫区的或者在非检疫传染病疫区发现检疫传染病疫情的交通工具及其乘运的人员、物资，实施交通卫生检疫；经检疫合格的，签发检疫合格证明。交通工具及其乘运的人员、物资凭检疫合格证明，方可通行。检疫合格证明的格式，由国务院卫生行政部门商国务院铁路、交通、民用航空行政主管部门制定。

第十条　对拒绝隔离、治疗、留验的检疫传染病病人、病原携带者、疑似检疫传染病病人和与其密切接触者，以及拒绝检查和卫生处理的可能传播检疫传染病的交通工具、停靠场所及物资，县级以上地方人民政府卫生行政部门或者铁路、交通、民用航空行政主管部门的卫生主管机构根据各自的职责，应当依照传染病防治法的规定，采取强制检疫措施；必要时，由当地县级以上人民政府组织公安部门予以协助。

第十一条　检疫传染病疫情发生后，疫区所在地的省、自治区、直辖市人民政府卫生行政部门应当向有关铁路、交通、民用航空行政主管部门的卫生主管机构通报疫情。铁路、交通、民用航空行政主管部门的卫生主管机构接到疫情通报后，应当及时通知有关交通工具的营运单位。检疫传染病疫情的报告、通报和公布，依照传染病防治法及其实施办法的规定执行。

第十二条　国务院卫生行政部门应当依照传染病防治法的规定，加强对检疫传染病防治的监督管理，会同国务院铁路、交通、民用航空行政主管部门，依照本条例的规定，拟订国内交通卫生检疫实施方案。

第十三条　检疫传染病病人、病原携带者、疑似检疫传染病病人和与其密切接触者隐瞒真实情况、逃避交通卫生检疫的，由县级以上地方人民政府卫生行政部门或者铁路、交通、民用航空行政主管部门的卫生主管机构，根据各自的职责分工，责令限期改正，给予警告，可以并处 1 000 元以下的罚款；拒绝接受查验和卫生处理的，给予警告，并处 1 000 元以上 5 000 元以下的罚款；情节严重，引起检疫传染病传播或者有传播严重危险，构成犯罪的，依法追究刑事责任。

第十四条　在非检疫传染病疫区的交通工具上发现检疫传染病病人、病原携带者、疑似检疫传染病病人时，交通工具负责人未依照本条例规定采取措施的，由县级以上地方人民政府卫生行政部门或者铁路、交通、民用航空行政主管部门的卫生主管机构，根据各自的职责，责令改正，给予警告，并处 1 000 元以上 5 000 元以下的罚款；情节严重，引起检疫传染病传播或者有传播严重危险，构成犯罪的，依法追究刑事责任。

第十五条　县级以上地方人民政府卫生行政部门或者铁路、交通、民用航空行政主管部门的卫生主管机构，对发现的检疫传染病病人、病原携带者、疑似检疫传染病病人和与其密切接触者，未依法实施临时隔离、医学检查和其他应急医学措施的，以及对被检疫传染病病原体污染或者可能被污染的物品、交通工具及其停靠场所未依法进行必要的控制和卫生处理的，由其上级行政主管部门责令限期改正，对直接负责的主管人员和其他直接责任人员依法给予行政处分；情节严重，引起检疫传染病传播或者有传播严重危险，构成犯罪的，依法追究刑事责任。

第十六条 本条例自 1999 年 3 月 1 日起施行。1985 年 9 月 19 日国务院批准、1985 年 10 月 12 日铁道部、卫生部公布的《铁路交通检疫管理办法》同时废止。

附录 C

国内交通卫生检疫条例实施方案

（卫疾控发［1999］第425号）

第一章　一般规定

第一条　根据《国内交通卫生检疫条例》（以下称检疫条例）的规定，制定本实施方案。

第二条　本实施方案适用于对出入检疫传染病疫区的或者在非检疫传染病疫区的交通工具上发现检疫条例第七条第一款规定的情形之一时的交通工具及其乘运的人员、物资的国内交通卫生检疫（以下称交通卫生检疫）。

第三条　当检疫传染病暴发、流行并借交通工具传播或者有借交通工具传播严重危险时，由省、自治区、直辖市人民政府确定检疫传染病疫区，并决定对出入检疫传染病疫区的交通工具及其乘运的人员、物资实施交通卫生检疫。

在检疫传染病疫区内，最后一例鼠疫病人被隔离9日后，最后一例霍乱病人被隔离5日后，以及国务院确定并公布的其他检疫传染病最后一例病人被隔离至最长潜伏期后，未发现新的检疫传染病病人，病人所污染的物资和场所均经卫生处理合格，疫情得到有效控制，借交通工具传播的严重危险已经消除，原决定机关可以宣布解除检疫传染病疫区，停止实施交通卫生检疫。

确定和解除检疫传染病疫区和实施交通卫生检疫的决定，应向国务院卫生行政部门和国务院铁路、交通、民用航空行政主管部门通报。

第四条　实施交通卫生检疫应遵循最大限度地控制检疫传染病的传播、扩散，最小限度地影响社会安定和干扰交通运输及社会经济发展的原则。

第五条　检疫传染病疫区所在地的省级人民政府领导并组织本行政区域内的交通卫生检疫的实施工作。

实施交通卫生检疫期间，省级人民政府成立由卫生、铁路、交通、民用航空等有关部门组成的临时交通卫生检疫指挥组织，并根据需要设置临时交通卫生检疫站、留验站。

第六条 实施交通卫生检疫期间，当检疫传染病有借交通工具及其乘运的人员、物资向国境口岸传播危险时，临时交通卫生检疫指挥组织应及时向国务院卫生行政部门报告，并向海关总署通报。

第七条 检疫传染病鼠疫、霍乱的诊断标准执行国家标准 GB 15991—1995《鼠疫诊断标准》和 GB 15984—1995《霍乱诊断标准及处理原则》。

国务院确定并公布的其他检疫传染病的诊断标准按国务院卫生行政部门的有关规定执行。

第八条 实施交通卫生检疫期间，县级以上地方人民政府卫生行政部门或者铁路、交通、民用航空行政主管部门的卫生主管机构对出入检疫传染病疫区的或者在非检疫传染病疫区的交通工具上发现检疫条例第七条第一款规定的情形之一时的交通工具及其乘运的人员、物资，采取下列交通卫生检疫措施：

（一）实行检疫合格证明和查验制度。

1. 离开疫区的旅客凭有效身份证明和检疫合格证明购票、乘坐交通工具；

2. 离开疫区的交通工具上的其他人员应具有有效身份证明和检疫合格证明；

3. 交通工具凭检疫合格证明离开疫区；

4. 物资凭检疫合格证明放行。

（二）停止承运禁止运输的物资。

（三）对检疫传染病病人、病原携带者、疑似检疫传染病病人和与其密切接触者采取医学措施。

（四）对被检疫传染病病原体污染或者可能被污染的交通工具及其停靠场所和物资实施行政控制和采取卫生措施。

（五）需要采取的其他交通卫生检疫措施。

第九条 县级以上地方人民政府卫生行政部门或者铁路、交通、民用航空行政主管部门的卫生主管机构，对拟离开检疫传染病疫区的人员、物资、交通工具，按职责范围指定医疗和卫生防疫机构检疫，并符合下列条件的，签发检疫合格证明：

（一）根据国家卫生标准进行诊断，排除了检疫传染病病人、病原携带者、疑似检疫传染病病人和与其密切接触者的；

（二）交通工具经过消毒、杀虫、灭鼠等卫生处理，饮用水及食品符合国家卫生标准或者有关规定的；

（三）在鼠疫疫区，属于非禁止运输的物资；在霍乱疫区，海、水产品和可能被霍乱病原体污染的物资，证明未被污染的；

（四）其他经检疫合格的物资。

经检疫合格的物资，在外包装上粘贴检疫合格标志。

第十条　在非检疫传染病疫区交通工具上发现有感染鼠疫的啮齿类动物或者啮齿类动物反常死亡并且死因不明时，交通工具负责人应当立即报告当地县级以上人民政府卫生行政部门或者铁路、交通、民用航空行政主管部门的卫生主管机构。

交通工具经消毒、杀虫、灭鼠等卫生处理，经指定的卫生防疫机构检查合格，由县级以上地方人民政府卫生行政部门或者铁路、交通、民用航空行政主管部门的卫生主管机构发给检疫合格证明后，方准继续运行。

第十一条　实施交通卫生检疫期间，县级以上人民政府卫生行政部门按职责分工负责：

（一）在本行政区域内组织、协调交通卫生检疫的实施工作；

（二）调集本行政区域内各级各类医疗保健机构和卫生防疫机构的人员，实施有关交通卫生检疫的措施；

（三）协调、调集预防控制检疫传染病所需的药品、生物制品、器械、交通工具和个人防护装备等物资；

（四）根据交通卫生检疫的需要，设置临时交通卫生留验站；

（五）指定医疗机构收治铁路、交通、民用航空行政主管部门的卫生主管机构移交的检疫传染病病人、病原携带者、疑似检疫传染病病人；接收因检疫传染病或者疑似检疫传染病死亡的病人尸体；

（六）协助铁路、交通、民用航空行政主管部门的卫生主管机构，实施交通卫生检疫措施。

第十二条　实施交通卫生检疫期间，铁路、交通、民用航空行政主管部门卫生主管机构按职责分工负责：

（一）组织落实检疫条例和本实施方案规定的措施；

（二）调集本系统内的医疗保健和卫生防疫机构的人员，对所辖港口、机场、车站范围内和运行中的交通工具及其乘运的人员、物资实施交通卫生检疫；

（三）根据交通卫生检疫的需要，在管辖范围内的车站、港口、机场、交通工具停靠场所和疫区出入口设置临时交通卫生检疫站；

（四）必要时可派遣交通卫生检疫人员随列车、船舶、航空器等交通工具进行医学巡视和查验；

（五）负责本系统内交通员工的交通卫生检疫工作。

第十三条　临时交通卫生检疫站的职责：

（一）查验出入检疫传染病疫区的交通工具及其乘运的人员、物资的检疫合格证明；

（二）发现检疫传染病病人、病原携带者、疑似检疫传染病病人和与其密切接触者时，立即报告当地县级以上人民政府卫生行政部门，并实施临时隔离、留验、采样、医学检查及其他应急医学措施。

将检疫传染病病人、病原携带者、疑似检疫传染病病人和因检疫传染病或者疑似检疫传染病死亡的病人尸体移交指定的医疗机构，将检疫传染病密切接触者移交临时设置的交通卫生留验站；

（三）对被检疫传染病病原体污染或者可能被污染的物资，实施控制和卫生处理；

（四）对通过检疫传染病疫区的交通工具及其停靠场所，实施紧急卫生处理；

（五）对出入检疫传染病疫区的交通工具和除本实施方案第九条第三项规定以外的物资，未持有检疫合格证明的，经检疫合格后，发给检疫合格证明；

（六）根据检疫传染病疫情处理的需要，可发给旅客就诊方便卡；

（七）宣传交通卫生检疫法规和检疫传染病防治知识；

（八）需要采取的其他交通卫生检疫措施。

第十四条 临时交通卫生检疫留验站的职责：

（一）接收临时交通卫生检疫站移交的检疫传染病密切接触者；

（二）对检疫传染病密切接触者实施诊查、检验和预防性治疗等医学措施；

（三）对污染或可能被污染的物资、环境进行卫生处理。

第十五条 在交通工具上发现检疫传染病病人、病原携带者、疑似检疫传染病病人时，交通工具负责人必须按照要求立即将交通工具驶往指定的临时停靠地点。

临时停靠地点的选定应遵循以下原则：

（一）接受卫生检疫的交通工具可在最短时间内直接到达；

（二）远离重要城镇和人口密集区；

（三）检疫传染病病人、病原携带者、疑似检疫传染病病人和与其密切接触者能够被及时、方便地移送指定的医疗机构或者临时设置的交通卫生检疫留验站；

（四）具备顺利实施交通卫生检疫工作的必要条件；

（五）具有能迅速调集实施交通卫生检疫工作人员和物资的交通条件。

第十六条 医疗保健、卫生防疫人员在进行检疫传染病疫情的调查处理过程中，如发现检疫传染病病人、病原携带者、疑似检疫传染病病人和与其密切接触者，已乘交通工具出行时，应当立即报告。县级以上人民政府卫生行政部门或者铁路、交通、民用航空行政主管部门的卫生主管机构应当立即组织追查，查出后按本实施方案有关规定处理。

第十七条 对国务院确定并公布的其他检疫传染病的疫情处理，应根据其特点，制定相应的疫情处理程序，实施有效的疫情处理。

第十八条 实施交通卫生检疫期间的检疫传染病疫情报告，依照《传染病防治法》及其实施办法的规定执行。

检疫传染病疫情，由国务院卫生行政部门公布。

检疫传染病疫区所在地的省、自治区、直辖市人民政府卫生行政部门和铁路、交通、民用航空行政主管部门的卫生主管机构应当互相通报疫情，并按规定途径和时限上报疫情。铁路、交通、民用航空行政主管部门的卫生主管机构接到疫情报告后，应当及时通知有关交通工具的营运单位。

第十九条　在非检疫传染病疫区的交通工具上发现检疫条例第七条第一款所列情形之一，县级以上地方人民政府卫生行政部门或者铁路、交通、民用航空行政主管部门的卫生主管机构对该交通工具实施交通卫生检疫时，应按规定逐级报告。

执行检疫条例第七条第二款的规定时，国务院卫生行政部门和国务院铁路、交通、民用航空行政主管部门，应当分别向有关的省级人民政府及其所属卫生行政部门和铁路、交通、民用航空行政主管部门的卫生主管机构通报。

在城镇、人口密集区发生鼠疫人与人之间的传播或者其他重大检疫传染病疫情，并有借交通工具传播严重危险，需要实施导致中断干线交通的交通卫生检疫措施时，由国务院卫生行政部门会同国务院铁路、交通、民用航空行政主管部门提出实施方案，报请国务院决定。

第二十条　检疫传染病密切接触者解除隔离、留验的条件：

（一）鼠疫

经预防性治疗9日，无新发鼠疫病人及疑似鼠疫病人时，可以解除隔离、留验；如隔离、留验期间有新发鼠疫病人或者疑似鼠疫病人时，重新隔离、留验9日，9日后无新发鼠疫病人或者疑似鼠疫病人时，可以解除隔离、留验。

（二）霍乱

经预防性服药后，连续2天粪便培养未检出病原体或者5日内无新发霍乱病人或者疑似霍乱病人时，可以解除隔离、留验；如隔离、留验期间有新发霍乱病人或者疑似霍乱病人时，重新隔离、留验5日，5日后无新发霍乱病人及疑似霍乱病人时，可以解除隔离、留验。

国务院公布的其他检疫传染病密切接触者解除隔离、留验的条件按国务院卫生行政部门的有关规定执行。

第二十一条　检疫传染病疫区有渔港时，对离港渔船由县级以上地方人民政府卫生行政部门指定的卫生防疫机构实施交通卫生检疫措施。渔船取得检疫合格证明后方可离港。

第二十二条　卫生检疫人员在实施交通卫生检疫措施时，应当做好自身卫生防护。

第二十三条　临时交通卫生检疫指挥组织负责保障实施交通卫生检疫所需的经费和物资供应，医药部门和其他有关部门应当及时供应预防、控制检疫传染病所需的药品、生物制品、器械和个人防护装备等物资。

第二十四条 县级以上人民政府卫生行政部门和铁路、交通、民用航空行政主管部门的卫生主管机构，负责做好实施交通卫生检疫，控制检疫传染病疫情的队伍建设、人员培训、宣传教育等技术保障和物质准备工作。

第二十五条 对认真贯彻检疫条例和对预防、控制检疫传染病做出显著成绩和贡献的单位与个人，应给予表彰和奖励。

第二章 铁路检疫

第二十六条 实施交通卫生检疫期间，设置由铁路卫生、客运、货运、车辆、公安等有关部门的人员组成的铁路临时交通卫生检疫站。

第二十七条 实施交通卫生检疫期间，检疫传染病疫区内铁路车站的职责：

（一）为铁路临时交通卫生检疫站提供开展交通卫生检疫工作所需的工作用房和通讯等条件；

（二）执行人员、物资凭检疫合格证明乘运或者停止承运禁止运输物资的规定；

（三）接到旅客列车的疫情报告后，立即通知铁路临时交通卫生检疫站；

（四）协助向铁路临时交通卫生检疫站移交检疫传染病病人、病原携带者、疑似检疫传染病病人和与其密切接触者、污染或者可能被污染的物资以及因检疫传染病或者疑似检疫传染病死亡的病人尸体。

第二十八条 检疫传染病疫区的铁路交通卫生检疫工作程序：

（一）车站交通卫生检疫

1. 在进站口查验旅客检疫合格证明、身份证明和车票，拒绝无检疫合格证明的人员乘车；

2. 在候车室内，卫生检疫人员进行医学巡视，抽验旅客检疫合格证明；

3. 对进站、候车、上车的旅客，发现检疫传染病病人、疑似检疫传染病病人或者可疑污染物资时，应当立即移交铁路临时交通卫生检疫站。

（二）物资运输卫生检疫

1. 卫生检疫人员查验物资的检疫合格证明；

2. 卫生检疫人员对于无检疫合格证明的物资，符合本实施方案第十三条第五项规定的，发给检疫合格证明；

经检疫合格的物资，在外包装上粘贴检疫合格标志。

（三）车辆交通卫生检疫

1. 对离开疫区的旅客列车、货运列车经检疫合格，发给检疫合格证明；

2. 外局列车停靠或者折返离开疫区由检疫疫区内铁路部门的卫生主管机构签发检疫合格证明；

3. 通过疫区而不在疫区停靠的旅客列车可免签检疫合格证明。

（四）旅客列车卫生检疫

1. 执行铁路卫生检疫任务的卫生检疫人员要在客运列车乘务人员出乘前，对其进行调查询问和健康状况观察，查验检疫合格证明，发现有疑似检疫传染病症状、体征者，停止其出乘，并做进一步的诊查；

2. 列车运行途中，卫生检疫人员进行车厢巡视，观察旅客健康状况；开展食品卫生监督，对啮齿类动物和媒介昆虫进行监测、控制；

3. 旅客列车停靠车站时，与车站客运值班人员交接乘降旅客健康情况；

4. 列车到达终点后，对全列车进行终末巡视，防止检疫传染病病人、病原携带者、疑似检疫传染病病人或者可能被检疫传染病病原体污染的物资遗留在车厢内。

第二十九条　鼠疫疫情处理程序：

（一）在运行途中的旅客列车上发现鼠疫病人、疑似鼠疫病人时，列车长应立即向前方车站报告，前方车站按有关规定逐级上报。报告内容应包括：车次、时间、地点、病人主要症状、体征、发病人数、发病时间、旅行目的站、病人所在车厢顺（序）号和密切接触者人数等。

（二）立即封锁鼠疫病人、疑似鼠疫病人所在车厢，停止与邻车厢通行；

（三）对鼠疫病人、疑似鼠疫病人就地隔离、采样和进行应急抢救治疗；

（四）确定污染范围，鼠疫病人和疑似鼠疫病人发病后所到过的车厢，均应视为染疫车厢，染疫车厢内的旅客均视为密切接触者。对密切接触者进行详细登记，做好检诊，投服预防药物；

（五）对被污染的列车环境、用具、行李及病人的咳痰、咳（咯）血等分泌、排泄物进行卫生处理；

（六）旅客列车到达指定临时停靠地点后，把鼠疫病人、疑似鼠疫病人和与其密切接触者以及可能被病原体污染的物资或者可能被染疫的动物及其制品，移交铁路临时交通卫生检疫站或者铁路卫生防疫机构；

（七）如遇鼠疫病人、疑似鼠疫病人在车上死亡，必须做好尸体消毒处理，移交铁路临时交通卫生检疫站或者铁路卫生防疫机构；

（八）在对鼠疫病人、疑似鼠疫病人的应急医学处理中，所用的器械要集中管理，进行消毒处理。固体废弃物应当焚烧或者选择远离水源50米以外、远离居民点500米以外处，深埋2米以下；

（九）染疫列车可在指定的地点停靠和采取列车解体、甩挂处理。对染疫列车实施指定点停靠和列车解体、甩挂的，应由列车运行地的铁路主管部门按运输调度的指挥原则，会同当地人民政府卫生行政部门决定。对染疫车厢或者可能被污染的车厢由铁路临时交通卫生检疫站或者铁路卫生防疫机构进行终末消毒、灭蚤、灭鼠，经检疫合格，签发检疫合格证明后，方可继续投入运行。

第三十条 霍乱疫情处理程序：

（一）在运行途中的旅客列车上发现霍乱病人、病原携带者、疑似霍乱病人时，列车长应立即向前方站报告，前方车站按有关规定逐级上报。报告内容应包括：车次、时间、地点、病人的主要症状、体征、发病人数、发病时间、旅行目的站、所在车厢顺（序）号和密切接触者人数等；

（二）立即对霍乱病人、病原携带者和疑似病人所在的车厢进行封锁，停止与所邻车厢通行；

（三）将霍乱病人、病原携带者和疑似病人隔离在车厢一端，进行应急抢救治疗。为霍乱病人、疑似病人提供专用吐泻容器，对吐泻物进行采样送检。停止使用被污染的厕所；

（四）查找密切接触者，与霍乱病人、病原携带者和疑似病人同行者，直接护理者，与霍乱病人、病原携带者和疑似病人共用过餐、茶具或者接触霍乱病人、病原携带者和疑似病人吐泻物的旅客均视为密切接触者。对密切接触者进行详细登记，做好检诊，投服预防药物；

（五）除霍乱病人、病原携带者、疑似病人和密切接触者外，其他人员全部疏散到其他车厢。密切接触者隔离在车厢另一端；

（六）确定污染范围，对霍乱病人、疑似病人的吐泻物、污染或者可能被污染的物资和环境进行卫生处理，同时实行灭蝇。如病人曾在餐车就餐，应对餐车全部餐、茶具进行消毒处理；

（七）在指定停靠站，向铁路临时交通卫生检疫站或者铁路卫生防疫机构移交霍乱病人、病原携带者、疑似病人和与其密切接触者；

（八）如遇霍乱病人、疑似病人在车上死亡，必须做好尸体消毒处理，移交铁路临时交通卫生检疫站或者铁路卫生防疫机构；

（九）列车进行终末消毒，经检疫合格，签发检疫合格证明，方可继续投入运行。

第三章 公路检疫

第三十一条 实施交通卫生检疫期间，疫区交通行政主管部门与县级以上地方人民政府卫生行政部门共同组织，根据临时交通卫生检疫指挥组织的决定，设置临时交通卫生检疫站、留验站，实施临时交通卫生检疫。

第三十二条 检疫传染病疫区的公路交通卫生检疫工作程序：

（一）卫生检疫人员对出入检疫传染病疫区的车辆及其乘运的人员、行包、物资进行查验，凭检疫合格证明放行；

（二）卫生检疫人员对于无检疫合格证明的车辆、行包、物资，符合本实施方案第十三条第五项规定的，发给检疫合格证明。

第三十三条 鼠疫疫情处理程序：

（一）在运行途中的车辆上发现鼠疫病人、疑似病人时，司机和乘务人员应当实施以下临时措施：

1. 以最快方式向疫情发生地的县级以上地方人民政府卫生行政部门或者交通行政主管部门报告。报告内容包括：报告人姓名、车属单位、牌照号码、报告地点、车辆始发地、途经地和终到地、车上人数、货物名称及数量、病人的主要症状、体征、发病人数、发病时间等；

2. 根据指令，将车辆迅速开往指定的停靠地点，阻止旅客离开车辆，严禁其他人员接近或者接触车辆，等待接受卫生检疫。

（二）疫情发生地的交通行政主管部门或者县级以上地方人民政府卫生行政部门在接到报告后，应互相通报疫情，并以最快速度共同组织卫生检疫人员赶赴现场，实施下列交通卫生检疫措施：

1. 向司机和乘务员核实鼠疫病人、疑似病人的情况和乘运人数、行包、货物名称、数量以及有关卫生状况等情况；

2. 对鼠疫病人、疑似病人隔离、采样和进行应急抢救治疗；

3. 确定污染范围，对污染的车辆和可能被污染的行包、物资及病人的咳痰、咳（咯）血等分泌、排泄物进行卫生处理；

4. 车辆上所有人员均应视为密切接触者，并进行详细登记，做好检诊，投服预防药物；

5. 将鼠疫病人、疑似病人移交当地县级以上人民政府卫生行政部门指定的医疗机构，密切接触者移交临时设置的交通卫生检疫留验站；

6. 如遇鼠疫病人、疑似病人在车上死亡，应做好尸体消毒，移交当地县级以上人民政府卫生行政部门指定的医疗机构；

7. 在对鼠疫病人、疑似病人应急医学处理中，所用的器械要集中管理，进行消毒处理。固体废弃物焚烧或者选择远离水源50米以外、远离居民点500米以外处，深埋2米以下；

8. 汽车进行终末消毒、灭蚤、灭鼠，经检疫合格，签发检疫合格证明，方可继续投入运行。

第三十四条　霍乱的疫情处理程序：

（一）在运行途中的车辆上发现霍乱病人、病原携带者、疑似病人时，司机和乘务人员应实施以下临时措施：

1. 以最快方式向疫情发生地的交通行政主管部门或者县级以上地方人民政府卫生行政部门报告。报告内容包括：报告人姓名、车属单位、牌照号码、报告地点、车辆始发地、途经地和终到地、车上人数、货物名称及数量、病人的主要症状、体征、发病人数、发病时间等；

2. 根据指令，将车辆迅速开往指定的停靠地点，阻止旅客离开车辆，严禁其他人员接近或者接触车辆，等待卫生检疫。

（二）疫情发生地的交通行政主管部门或者县级以上地方人民政府卫生行政部门在接到报告后，应互相通报疫情，并以最快速度共同组织卫生检疫人员赶赴现场，实施下列交通卫生检疫措施：

1. 向司机和乘务员核实霍乱病人、病原携带者、疑似病人的情况和乘运人数、行包、货物名称、数量以及有关卫生状况等情况；

2. 对霍乱病人、病原携带者、疑似病人隔离、采样和进行应急抢救治疗；

3. 确定污染范围，对污染的车辆、可能被污染的行包、物资和霍乱病人、病原携带者或者疑似病人的吐泻物等进行卫生处理；

4. 车辆上与霍乱病人、病原携带者和疑似病人同行者，直接护理者，与霍乱病人、病原携带者和疑似病人共用过餐、茶具或者接触霍乱病人、病原携带者和疑似病人吐泻物的旅客均视为密切接触者，并进行详细登记，做好检诊，投服预防药物；

5. 将霍乱病人、病原携带者、疑似病人移交当地县级以上人民政府卫生行政部门指定的医疗机构，密切接触者移交临时设置的交通卫生检疫留验站；如遇霍乱病人、疑似病人在车上死亡，应做好尸体消毒，移交当地县级以上人民政府卫生行政部门指定的医疗机构；

6. 汽车进行终末消毒，经检疫合格，签发检疫合格证明后，方可继续投入运行。

第四章　水运检疫

第三十五条　实施交通卫生检疫期间，设置由水运卫生、客运、货运、公安等有关部门的人员组成的水运临时交通卫生检疫站。

第三十六条　检疫传染病疫区的水运交通卫生检疫工作程序：

（一）卫生检疫人员应对船员进行航前查询和健康状况观察，查验检疫合格证明，发现有检疫传染病症状、体征者，应停止其出航，并做进一步诊查；

（二）在候船大厅入口处，查验旅客检疫合格证明、身份证明和船票，拒绝无检疫合格证明的人员登船；卫生检疫人员对候船旅客进行医学巡视，抽验旅客检疫合格证明；发现检疫传染病病人、疑似检疫传染病病人或者可疑污染物资，立即移交水运临时交通卫生检疫站；

（三）卫生检疫人员对承运的有可能传播检疫传染病的行包、物资凭检疫合格证明放行；

（四）对离开疫区的船舶，经检疫合格后，发给检疫合格证明；

（五）船舶航行中，卫生检疫人员应进行医学巡视，观察乘客健康状况。开展食品卫生监督，对啮齿类动物和媒介昆虫进行监测、控制；

（六）船舶抵达目的港后，卫生检疫人员对客舱、餐厅、厕所、盥洗室等场所进行消毒、杀虫、灭鼠等卫生处理，固体废弃物集中进行卫生处理。在疫区加注的压舱水经过消毒后，方可排放；

（七）港口应该为水运临时交通卫生检疫站开展工作提供便利条件，配合卫生检疫人员做好卫生检疫工作。

第三十七条 鼠疫疫情处理程序：

（一）在航行途中的船舶上发现鼠疫病人、疑似病人时，船长应立即报告前方停靠港或者目的港，前方停靠港或者目的港应按有关规定逐级上报。报告内容包括，船名、船位、病人的主要症状、体征、发病人数、发病时间、旅行目的站、病人所在舱室和密切接触者人数等；

（二）立即隔离鼠疫病人、疑似病人和密切接触者，封锁可能被污染的舱室和周围通道；

（三）对鼠疫病人、疑似病人采样，进行应急抢救治疗；

（四）确定污染范围，鼠疫病人和疑似病人发病后所到舱室，均应视为染疫舱室。染疫舱室内的旅客均视为密切接触者。对密切接触者进行详细登记，做好检诊，投服预防药物；

（五）对被污染的环境、用具、行李及病人的咳痰、咳（咯）血等分泌、排泄物进行卫生处理；

（六）海上航程较长，离停靠点较远的船舶须报经上级主管部门同意就近停靠或者驶往指定的水域抛锚待检。长江等内河航行的船舶上报主管部门以及前方停靠点交通卫生主管机构；

（七）抵港或者到达指定水域后，将鼠疫病人、疑似病人移交水运临时交通卫生检疫站或者移交当地县级以上地方人民政府卫生行政部门指定的医疗机构，密切接触者移交临时设置的交通卫生检疫留验站；

（八）如遇鼠疫病人、疑似病人在船上死亡，应做好尸体消毒，移交水运临时交通卫生检疫站或者当地县级以上地方人民政府卫生行政部门指定的医疗机构；

（九）在对鼠疫病人、疑似病人应急医学处理中，所用的器械要集中管理，进行消毒处理。固体废弃物焚烧或者选择远离水源50米以外、远离居民点500米以外，深埋2米以下；

（十）船舶进行终末消毒、灭蚤、灭鼠，经检疫合格，签发检疫合格证明后，方可继续投入运行。

第三十八条 霍乱疫情处理程序：

（一）在航行途中的船舶上发现霍乱病人、病原携带者、疑似病人时，船长应立即报告前方停靠港或者目的港，前方停靠港或者目的港应按有关规定逐级上报。报告内容包括，船名、船位、病人的主要症状、体征、发病人数、发病时间、旅行目的站、病人所在舱室和密切接触者人数等；

（二）立即隔离霍乱病人、病原携带者、疑似病人和与其密切接触者，封锁可能被污染的舱室和周围通道；

（三）查找密切接触者。与霍乱病人、病原携带者或者疑似病人同行的、直接护理的，共用过餐、茶具或者接触过病人吐泻物的人员应视为密切接触者，对密切接触者进行详细登记，做好检诊，投服预防药物；

（四）提供霍乱病人、疑似病人吐泻物专用容器，对吐泻物进行采样、送检，并做消毒处理。对污染或者可能被污染的盥洗室、厕所等区域消毒后，方可使用；

（五）抵港或到达指定水域后，将霍乱病人、病原携带者、疑似病人移交水运临时交通卫生检疫站或者当地县级以上地方人民政府卫生行政部门指定的医疗机构，密切接触者移交临时设置的交通卫生检疫留验站；

（六）如遇霍乱病人、疑似病人在船上死亡，应做好尸体消毒，移交水运临时交通卫生检疫站或者移交当地县级以上地方人民政府卫生行政部门指定的医疗机构；

（七）船舶进行终末消毒，经检疫合格，签发检疫合格证明后，方可继续投入运行。

第五章　航空检疫

第三十九条　实施交通卫生检疫期间，由机场管理机构负责组织成立由卫生、空中交通管制、客运、货运、公安等有关部门的人员组成的航空临时交通卫生检疫站。

第四十条　实施航空交通卫生检疫时，所采用的卫生处理措施应当符合《中华人民共和国民用航空器适航管理条例》的有关规定，不得对航空器构成损害。

第四十一条　检疫传染病疫区的航空交通卫生检疫工作程序：

（一）在乘客办理登机手续处和机组人员通道口查验乘运人员的检疫合格证明，并对登机人员进行健康观察。无检疫合格证明者，不准予登机；

（二）在旅客候机隔离区内，卫生检疫人员进行医学巡视，抽验旅客检疫合格证明；

（三）对进港、候机、登机的旅客，发现检疫传染病病人、疑似检疫传染病病人时，应当立即移交航空临时交通卫生检疫站；

（四）对离开疫区的航空器，经检疫合格，发给检疫合格证明；

（五）物资运输卫生检疫

1. 卫生检疫人员查验物资的检疫合格证明；

2. 卫生检疫人员对于无检疫合格证明的物资，符合本实施方案第十三条第五项规定的，发给检疫合格证明。经检疫合格的物资，在外包装上粘贴检疫合格标志。

第四十二条　鼠疫疫情处理程序：

（一）在运行途中的航空器上发现鼠疫病人、疑似病人时，机长应当立即通过空中交通管制部门，向民用航空行政主管部门报告以下内容：

1. 航空器所属公司、型号、机号、航班号；

2. 始发机场、经停机场、目的地机场；

3. 机组及乘客人数；

4. 病人的主要症状、体征、发病人数。

（二）机长应当组织人员实施下列临时交通卫生检疫措施：

1. 立即封锁鼠疫病人、疑似病人所在舱位，禁止各机舱间人员流动；控制机组人员进出驾驶舱；

2. 对鼠疫病人、疑似病人采取就地隔离、采样等医学措施；

3. 对污染或者可能被污染的环境和病人的分泌物、排泄物进行消毒处理。

（三）民用航空行政主管部门接到疫情报告后，根据本实施方案第十五条的要求及民航有关规定，指定该航空器降落机场和临时停靠点。

（四）航空器降落后，机场管理机构应当组织有关人员实施下列应急卫生检疫措施：

1. 对鼠疫病人、疑似病人就地隔离，并实施应急医学措施；航空器上其他人员应视为密切接触者。对密切接触者进行详细登记，做好检诊，投服预防药物；

2. 将鼠疫病人、疑似病人移交给当地县级以上地方人民政府卫生行政部门指定的医疗机构，密切接触者移交临时交通卫生检疫留验站；

3. 如航空器上发生鼠疫病人、疑似病人死亡，其尸体应经消毒处理后，移交当地县级以上地方人民政府卫生行政部门指定的医疗机构；

4. 对污染或者可能被污染的物资实施消毒。固体废弃物必须进行焚烧处理；

5. 对航空器实施终末消毒、灭蚤、灭鼠等卫生处理，经检疫合格，签发检疫合格证明后，方可继续投入运行。

第四十三条　霍乱疫情处理程序：

（一）在运行途中的航空器上发现霍乱病人、病原携带者和疑似病人，机长可按原计划飞行，同时按照本实施方案第四十二条第一项的规定，通知空中交通管制部门和目的地机场；并组织人员实施下列紧急措施：

1. 立即封锁霍乱病人、病原携带者和疑似病人所在舱位，禁止各机舱间人员流动；

2. 将霍乱病人、病原携带者和疑似病人隔离在其座位舱一端，实施应急医学措施，提供专用吐泻容器。封闭被污染的厕所，并对吐泻物进行采样留验；

3. 对霍乱病人、病原携带者、疑似病人的吐泻物和污染或者可能被污染的环境进行卫生处理。

（二）航空器降落后，机场管理机构应当组织人员实施下列卫生处理：

1. 确定密切接触者。与霍乱病人、病原携带者和疑似病人的同行人员、直接护理者，接触病人、疑似病人吐泻物和其他污染物的人员均视为密切接触者。对密切接触者进行详细登记，做好检诊，投服预防药物；

2. 对霍乱病人、病原携带者和疑似病人实施医学措施后，移交当地县级以上地方人民政府卫生行政部门指定的医疗机构，密切接触者移交临时交通卫生检疫留验站；

3. 如航空器上发生霍乱病人、疑似病人死亡，其尸体应经消毒处理后，移交当地县级以上地方人民政府卫生行政部门指定的医疗机构；

4. 确定污染范围，对霍乱病人、疑似病人吐泻物和污染或者可能被污染的物资和环境进行消毒处理；

5. 对航空器上的排泄物，废水进行消毒后排放，对固体废弃物进行焚烧；

6. 对航空器进行消毒、杀虫、灭鼠等卫生处理，经检疫合格，签发检疫合格证明后，方可继续投入运行。

第六章 监　督

第四十四条 国务院卫生行政部门主管全国国内交通卫生检疫监督管理工作。

县级以上地方人民政府卫生行政部门负责本行政区域内的国内交通卫生检疫监督管理工作。

第四十五条 县级以上人民政府卫生行政部门对国内交通卫生检疫工作行使下列监督职权：

（一）对实施国内交通卫生检疫措施进行监督、检查；

（二）对拒绝隔离、治疗、留验的检疫传染病病人、病原携带者、疑似检疫传染病病人和与其密切接触者，以及拒绝检查和卫生处理的可能传播检疫传染病的交通工具、停靠场所及物资，采取强制检疫措施；必要时，由当地县级以上人民政府组织公安部门予以协助；

（三）对违反《国内交通卫生检疫条例》的单位和个人的违法行为责令限期改正，并依法给予行政处罚。

铁路、交通、民用航空行政主管部门的卫生主管机构，在管辖范围内行使前款所列职权。

第四十六条 国内交通卫生检疫监督管理工作由传染病管理监督员执行。铁路、交通、民用航空行政主管部门的卫生主管机构在实施交通卫生检疫期间，可以根据需要临时聘任传染病管理监督员，经省级以上人民政府卫生行政部门批准后，执行交通卫生检疫监督管理任务。

实施交通卫生检疫期间，执行交通卫生检疫任务的人员应当携带证件、佩戴证章。证件、证章的格式由国务院卫生行政部门统一制定。

第七章 罚 则

第四十七条 实施交通卫生检疫期间，检疫传染病病人、病原携带者、疑似检疫传染病病人和与其密切接触者隐瞒真实情况、逃避交通卫生检疫的，由县级以上地方人民政府卫生行政部门或者铁路、交通、民用航空行政主管部门的卫生主管机构，根据各自的职责分工，责令限期改正，给予警告，可以并处1 000元以下的罚款；拒绝接受查验和卫生处理的，给予警告，并处1 000元以上5 000元以下的罚款。

第四十八条 在非检疫传染病疫区的交通工具上发现检疫传染病病人、病原携带者、疑似检疫传染病病人时，交通工具负责人有下列行为之一的，由县级以上地方人民政府卫生行政部门或者铁路、交通、民用航空行政主管部门的卫生主管机构，根据各自的职责分工，责令限期改正，给予警告，并处1 000元以上5 000元以下的罚款：

（一）未以最快的方式通知前方停靠点，并向交通工具营运单位的主管部门报告的；

（二）未按规定对检疫传染病病人、病原携带者、疑似检疫传染病病人和与其密切接触者实施隔离的；

（三）未封锁已经污染或者可能被污染的区域，仍然向外排放污物的；

（四）未在指定地点停靠的；

（五）未在指定的停靠点将检疫传染病病人、病原携带者、疑似检疫传染病病人和与其密切接触者以及其他需要跟踪观察的旅客名单移交县级以上地方人民政府卫生行政部门指定的医疗机构或者临时交通卫生检疫留验站的；

（六）未对承运过检疫传染病病人、病原携带者、疑似检疫传染病病人的交通工具进行卫生处理，无检疫合格证明，继续运行的。

第四十九条 县级以上地方人民政府卫生行政部门或者铁路、交通、民用航空行政主管部门的卫生主管机构，对发现的检疫传染病病人、病原携带者、疑似检疫传染病病人和与其密切接触者，未依法实施临时隔离、留验、医学检查和其他应急医学措施的，以及对被检疫传染病病原体污染或者可能被污染的物资、交通工具及其停靠场所未依法进行必要的控制和卫生处理的，由其上级行政主管部门责令限期改正，对直接负责的主管人员和其他直接责任人员依法给予行政处分。

第五十条 有本方案第四十七条、第四十八条、第四十九条所列行为之一，引起检疫传染病传播或者有传播严重危险，构成犯罪的，依法追究刑事责任。

第八章 附 则

第五十一条 本实施方案的用语含义如下：

交通工具：指列车、船舶、航空器、汽车和其他车辆。

交通工具负责人：指列车上的列车长、船舶上的船长、航空器上的机长及车辆上的驾驶员等。

检疫传染病病人、疑似检疫传染病病人：指根据国务院卫生行政部门发布的中华人民共和国国家卫生标准，符合检疫传染病病人和疑似检疫传染病病人诊断标准的人。

病原携带者：指感染病原体无临床症状但能排出病原体的人。

密切接触者：指因与传染源或者被污染的环境接触，因而有可能感染传染病的人。

卫生处理：指消毒、杀虫、灭鼠等卫生措施及隔离、留验、就地检验等医学措施。

留验：指在检疫传染病最长潜伏期内，将密切接触者收留在指定的处所，进行诊查和检验。

隔离：指将检疫传染病病人收留在指定的处所，限制其活动并进行治疗，直到消除检疫传染病传播的危险。

乘运人员：指在交通工具上的所有人员。

第五十二条 本实施方案自发布之日起施行。

参 考 文 献

［1］韩树荣．铁路红十字救护员培训教材．北京：中国铁道出版社，2013.